经治
财法

财税体制改革指引系列

中华人民共和国增值税法解读与适用

蒋亚娟／主编

法律出版社
LAW PRESS·CHINA
北京

图书在版编目（CIP）数据

中华人民共和国增值税法解读与适用／蒋亚娟主编.
北京：法律出版社，2025. -- ISBN 978 - 7 - 5197 - 9962 - 5

Ⅰ. D922.229.5

中国国家版本馆 CIP 数据核字第 2025VE7819 号

中华人民共和国增值税法解读与适用 ZHONGHUA RENMIN GONGHEGUO ZENGZHISHUIFA JIEDU YU SHIYONG	蒋亚娟　主编	策划编辑　陈　妮 责任编辑　陈　妮 张思婕 李晶晶 装帧设计　鲍龙卉

出版发行　法律出版社	开本 A5
编辑统筹　法治与经济出版分社	印张 13.625　　　字数 365 千
责任校对　王晓萍	版本 2025 年 1 月第 1 版
责任印制　吕亚莉	印次 2025 年 1 月第 1 次印刷
经　　销　新华书店	印刷　保定市中画美凯印刷有限公司

地址：北京市丰台区莲花池西里 7 号（100073）
网址：www.lawpress.com.cn　　　　　　　销售电话:010 - 83938349
投稿邮箱：info@ lawpress.com.cn　　　　　客服电话:010 - 83938350
举报盗版邮箱：jbwq@ lawpress.com.cn　　　咨询电话:010 - 63939796
版权所有·侵权必究

书号：ISBN 978 - 7 - 5197 - 9962 - 5　　　　定价:78.00 元

凡购买本社图书，如有印装错误，我社负责退换。电话:010 - 83938349

增值税是我国税收体系的第一大税种。《增值税法》的通过，是我国深化财税体制改革的一项重要成果。本书聚焦《增值税法》条文内容，解读主旨，明晰要点，以案释法，沿着近年来增值税的立法脉络，抽丝剥茧，将具体条文内容清晰且翔实地呈现给读者，具有较强的可读性。本书既是一本面向公众的税收法律科普读物，又为相关专业人士提供实用参考，是理解与适用《增值税法》不可或缺的指南。

2025年1月

刘剑文，北京大学教授、博士生导师，中国法学会财税法学研究会会长。

《增值税法》的出台是我国全面落实税收法定原则、推进税收法治建设的重要里程碑。本书采用深入浅出的方式，逐条解读条文内容、阐述修法原意、剖析案件裁判趋势，系统展现《增值税法》的精髓与要点。通过新旧条文对比，追溯增值税立法的历史变迁，为读者揭示其演变脉络和法治逻辑。同时，书中融入大量典型税案，通过争议焦点分析，明晰增值税在不同行业和业务场景中的具体应用。本书内容丰富且条理清晰，为读者构建了一个既全面又实用的增值税法知识体系，是学习和掌握《增值税法》的理想指南。

2025年1月

朱大旗，中国人民大学教授、博士生导师、经济法学研究中心主任、财税法研究所所长，中国法学会财税法学研究会副会长。

本书把握《增值税法》精髓，逐条释义，精准对接理论与实践，以法律文本为核心，聚焦亮点与变化，结合经典实务案例，构建了清晰的增值税法律框架。全书资料新颖、内容丰富，分析透彻，全面系统地介绍了增值税税率、应纳税额、税收优惠和征收管理等知识。阅读本书，有助于读者精准理解并适用《增值税法》，不仅可以掌握增值税的相关知识，还可以提高应对增值税实务问题的能力，是税务人员、企业财务和法律从业者不可或缺的案头工具书。

2025年1月

熊伟，深圳大学特聘教授、法学院院长，中国法学会财税法学研究会常务副会长。

撰稿分工

第一章　　蒋亚娟

第二章　　茅孝军

第三章　　葛　静　廖明月

第四章　　王婷婷

第五章　　廖呈钱　张　华

第六章　　廖呈钱　茅孝军

其他撰稿人简介（以撰写章节为序）

茅孝军

法学博士，西南政法大学经济法学院讲师，兼任重庆市法学会财税法学研究会理事。

在CSSCI来源期刊发表论文10余篇，参研国家社科基金重点项目、教育部社科规划项目等各类课题多项，主持重庆市教委人文研究项目、重庆市哲学社会科学规划项目等。

荣获重庆市优秀博士论文、中国法学会财税法学研究会青年优秀论文等。

葛 静

经济学博士，西南政法大学商学院副教授、硕士生导师，法学博士后，兼任西南政法大学税务硕士教育中心主任、法税融合中心主任，中国财税法治研究院研究员，重庆市法学会财税法学研究会理事，重庆税务学会理事、专家委员会委员，重庆国际税收研究会理事、专家委员会委员，重庆注册税务师协会常务理事、纪律监督委员。

在各类期刊发表论文10余篇，主持、主研重庆社科基金等各类课题数项。

曾指导学生获德勤税务精英挑战赛优异奖、全国本科院校税收风险管控案例大赛全国一等奖、成渝双城经济圈税务大赛二等奖等荣誉。

廖明月

法学博士，西南政法大学商学院讲师、硕士生导师，兼职律师，兼任重庆市法学会财税法学研究会副秘书长、四川省广安市税收学会理事等职。

在各类期刊发表论文10余篇，出版个人专著2部，参编教材2部，主持、主研国家社会科学基金项目和重庆市社会科学规划项目等省部级以上项目10余项，参与完成的决策咨询被中宣部和国安办等采纳。

其他撰稿人简介（以撰写章节为序）

王婷婷

法学博士，西南政法大学经济法学院副教授、硕士生导师，墨尔本大学法学院访问学者，重庆市巴渝学者青年学者、重庆市学术技术后备人选，兼任中国法学会财税法学研究会理事、重庆市法学会财税法学研究会秘书长、重庆市国际税收研究会副秘书长、《税法解释与判例评注》编委等。

在核心期刊发表论文40余篇，出版著作4部，主持国家社会科学基金项目2项。

荣获重庆市优秀博士学位论文、中国法学会财税法学研究会青年优秀论文等。

廖呈钱

法学博士，西南政法大学经济法学院副教授、硕士生导师，法学博士后，兼任西南政法大学财税法研究中心副主任，中国财税法治研究院研究员，乡村振兴法治研究中心研究员，重庆市法学会财税法学研究会理事、副秘书长。

在各类期刊发表论文10余篇，主持、主研国家社科基金、法学会部级项目、重庆社科基金等各类课题数项。

荣获中国法学会财税法学研究会优秀青年论文一等奖、鄂渝法学专业研究会学术研讨会一等奖等；曾指导学生获挑战杯重庆市一等奖、全国本科院校税收风险管控案例大赛全国三等奖、成渝双城经济圈税务大赛二等奖等。

张　华

法学博士，西南政法大学国际法学院副教授，美国德雷克大学博士后、访问学者。

发表法学论文多篇，参与编写并出版法学教材和专著5部，主持或主研国家级、省部级课题10余项。

序　　言

自1993年《中华人民共和国增值税暂行条例》(以下简称《增值税暂行条例》)颁布以来,增值税制度经历了多次改革和调整,逐步形成了较完善的税制框架。然而长期以来,增值税制度尚未在法律层面得到明确规定,其运行主要依赖于暂行条例和部门规章,这在一定程度上影响了增值税的稳定性和权威性。按照党的二十届三中全会"全面落实税收法定原则"的改革部署,国务院方面起草了《中华人民共和国增值税法(草案)》,全国人大常委会经过三次审议,2024年12月25日,十四届全国人大常委会第十三次会议表决通过《中华人民共和国增值税法》(以下简称《增值税法》),将自2026年1月1日起施行。

增值税是国家在商品和服务的增值部分征收的一种间接税,是现代税制体系中至关重要的一环。党的十八大以来,党中央高度重视税收法治建设,将其作为国家治理体系和治理能力现代化的重要方面加以推进。党的二十届三中全会发布的《中共中央关于进一步全面深化改革推进中国式现代化的决定》明确提出:"健全有利于高质量发展、社会公平、市场统一的税收制度,优化税制结构。"作为我国第一大税种,《增值税法》的实施是我国税制改革的一个重要里程碑,不仅对进一步规范税收征管行为、保障纳税人合法权益展具有极其重要的效用,而且为我国经济持续健康发展、营商环境不断优化提供了新的制度保障。增值税法律地位的提高及其相关制度的精细化,显著提升了市场主体对税收政策的信赖度和对未来的预期,为企业营造了一个更稳定、公正、透明的税收环境。这将有助于增强市场活力与创新能力,推动各类型市场主体健康成长,从而为经济持续增长注入新动力。2022年4月10日,《中共中央 国务院关于加快建设全国统一大市场的意见》正式印发,明确提出"建设全国统一大市场"。税收在全国统一大市场建设中也发挥着举足轻重的作用,加强税收法治建设,是构建全国统一大市场的必然要求。《增值税法》设立专门章节对税收优惠进行系统规范,详列免税项目,授权国务院针对特定情况制定相应的专项优惠政策,并规定国务院应当对增值税优惠政策适时开展评估、调整,这些规定均旨在维护市场公平竞争,促进全国统一大市场的健全与进步。可以预见,随着《增值税法》的落地实施,对完善现代税收制度、优化营商环境以及推动全国统一大市场建设等方面具有重要意义。

《增值税法》共6章38条,分为总则、税率、应纳税额、税收优惠、征收管理及附则,总体上按照税制平移的思路,保持现行税制框架和税负水平基本不变,将《增值税暂行条例》和有关政策规定上升为法律,并对其中的部分内容进行了删减或补充,涵盖了增值税的纳税人、征税范围、税率、纳税义务、税收征管等多个方面。相较于现行的增值税规定,《增值税法》在精练和整合既有规则的基础上,进行了必要的优化和完善。为深入解读《增值税法》的条款内容,本书对法律文本中的关键要点进行了系统梳理和总结,并结合具体案例分析,旨在帮助读者更有效地掌握和运用《增值税法》。

本书根据《增值税法》的特点而撰写,主要有以下几个方面的亮点:

第一,法律条款深析。本书的核心亮点在于其对增值税法条文的深入解析与全面整理,以精确、周密的论述方式,逐字逐句地剖析条文背后的深层含义,有效解决读者在理解上的困惑和难题。书中不仅对法条的每个细节进行了详尽的阐释,还特别强调了读者在解读法条时应当关注的重点,旨在帮助读者规避常见的认知陷阱。此外,本书通过对比分析条文的历史变迁,为读者揭示了一条清晰的条文发展脉络,使读者能够迅速把握立法的演变逻辑,更好理解法条内涵。

第二,内部关联揭示。本书不仅全面系统地梳理了增值税法条文之间的内在逻辑,而且还精心地将这些条文与相关的法律法规进行了有效关联。这种深入浅出的对比分析,意图帮助读者在理解增值税法的同时,建立起一个纵横交错、相互支撑的知识网络。

第三,典型案例精汇。本书为法律条文配备了臻选的司法案例,每个案例均经过精心编辑,提炼案件核心要素,清晰凸显争议焦点,使读者能够迅速把握案件的基本情况。通过对案件的深入分析与细致解读,助力读者深入实际应用场景当中,更好掌握条款内容在司法实践中的运用要点与技巧。

本书作为一本实用的增值税法指南,通过对法条知识点的系统整理和深入分析,以详尽的资料和严谨的论证,旨在提升读者对《增值税法》的理解和应用能力。随着阅读的逐步深入,本书将帮助读者构建一个全面、系统且广泛的增值税知识框架,使之形成一套结构化的知识体系。

张怡[*]

2025 年 1 月

---

[*] 张怡,西南政法大学二级教授、博士生导师、博士后合作导师,西南政法大学税务专业学位研究生教育指导委员会主任,中国法学会财税法学研究会副会长。

法律法规简称表

全称	简称
《中华人民共和国增值税法》	《增值税法》
《中华人民共和国增值税法(征求意见稿)》	《增值税法(征求意见稿)》
《中华人民共和国增值税法(草案一次审议稿)》	《增值税法(草案一次审议稿)》
《中华人民共和国增值税法(草案二次审议稿)》	《增值税法(草案二次审议稿)》
《中华人民共和国增值税法(草案三次审议稿)》	《增值税法(草案三次审议稿)》
《中华人民共和国立法法》	《立法法》
《中华人民共和国税收征收管理法》	《税收征收管理法》
《中华人民共和国税收征收管理法实施细则》	《税收征收管理法实施细则》
《中华人民共和国增值税暂行条例》	《增值税暂行条例》
《中华人民共和国增值税暂行条例实施细则》	《增值税暂行条例实施细则》
《中华人民共和国行政诉讼法》	《行政诉讼法》

续表

全称	简称
《中华人民共和国会计法》	《会计法》
《中华人民共和国营业税暂行条例》	《营业税暂行条例》
《中华人民共和国营业税暂行条例实施细则》	《营业税暂行条例实施细则》
《中华人民共和国个人所得税法》	《个人所得税法》
《中华人民共和国个人所得税法实施条例》	《个人所得税法实施条例》
《中华人民共和国企业所得税法》	《企业所得税法》
《中华人民共和国企业所得税法实施条例》	《企业所得税法实施条例》
《中华人民共和国合同法》	《合同法》
《中华人民共和国发票管理办法》	《发票管理办法》
《中华人民共和国车船税法》	《车船税法》
《中华人民共和国车船税法实施条例》	《车船税法实施条例》
《中华人民共和国环境保护税法》	《环境保护税法》
《中华人民共和国环境保护税法实施条例》	《环境保护税法实施条例》
《中华人民共和国烟叶税法》	《烟叶税法》
《中华人民共和国船舶吨税法》	《船舶吨税法》
《中华人民共和国耕地占用税法》	《耕地占用税法》
《中华人民共和国耕地占用税法实施办法》	《耕地占用税法实施办法》
《中华人民共和国车辆购置税法》	《车辆购置税法》

续表

全称	简称
《中华人民共和国资源税法》	《资源税法》
《中华人民共和国城市维护建设税法》	《城市维护建设税法》
《中华人民共和国印花税法》	《印花税法》
《中华人民共和国契税法》	《契税法》
《中华人民共和国关税法》	《关税法》

目录

第一章 总则
- 第一条 【立法目的】 003
- 第二条 【贯彻国家战略】 013
- 第三条 【应税交易】 019
- 第四条 【管辖权】 030
- 第五条 【视同应税交易】 041
- 第六条 【非应税交易项目】 054
- 第七条 【价外税】 064
- 第八条 【计税方法】 074
- 第九条 【小规模纳税人】 088

第二章 税率
- 第十条 【税率】 105
- 第十一条 【适用简易计算方法】 118
- 第十二条 【兼营行为】 136
- 第十三条 【混合销售】 146

第三章 应纳税额
- 第十四条 【应纳税额计算方法】 161
- 第十五条 【进口环节的扣缴计税】 171

第十六条 【一般计税方法下的销项税额和进项税额】 181
第十七条 【应税销售额】 192
第十八条 【销售额的计价货币】 201
第十九条 【销售额的特别处理】 207
第二十条 【核定销售额】 218
第二十一条 【留抵退税选择权】 228
第二十二条 【不得抵扣的进项税额】 238

第四章 税收优惠
第二十三条 【起征点】 253
第二十四条 【免征增值税项目】 265
第二十五条 【专项优惠政策】 279
第二十六条 【兼营增值税优惠项目】 291
第二十七条 【放弃增值税优惠】 297

第五章 征收管理
第二十八条 【纳税义务发生时间】 313
第二十九条 【纳税地点】 326
第三十条 【计税期间】 338
第三十一条 【预缴增值税】 346
第三十二条 【征收机关】 357
第三十三条 【出口货物及跨境销售退（免）税办法】 371
第三十四条 【增值税发票】 384

第三十五条 【涉税信息共享机制和工作配合
　　　　　　机制】　　　　　　　　　393
第三十六条 【征收管理适用法律】　　400
第三十七条 【法律责任】　　　　　　403

第六章　附则
　　第三十八条 【生效时间】　　　　　413

第一章 总　则

第一条 【立法目的】

条文

> 为了健全有利于高质量发展的增值税制度,规范增值税的征收和缴纳,保护纳税人的合法权益,制定本法。

条文主旨

本条是立法目的条款,系首次明确规定。

在目前完成税收立法的税种法中,《增值税法》是第四个明确立法目的的税种。[①] 明确规定立法目的的意义在于将增值税功能显性化,明确各种功能的边界与具体要求,进而增强对纳税人的保护。在解释《增值税法》条文时,应同时将立法目的、经济意义以及各种关联的发展纳入考量。从具体构成来看,《增值税法》立法目的包括健全增值税制度、规范增值税的征收与缴纳及保护纳税人合法权益三个方面。在此基础上,《增值税法》中的不确定概念及相关授权事项的解释与适用都需要满足本条要求。

条文释义

立法目的是法律适用过程中进行法律解释的宗旨和核心。通过法条阐明立法目的,有助于在税收执法、司法中为法律没有明确、直接规定的问题有章可循地寻找符合立法初衷的答案,这在现阶段税收立法大框架相对简单,多数细节制度有待行政法规、部门规章补充的情况下,尤为

[①] 其他三个明确立法目的的税种法分别是《环境保护税法》《耕地占用税法》《关税法》。

重要。按照各类立法的通例,总则部分应规定立法目的条款,并将其作为首要条款。但我国各类税种立法普遍缺少立法目的条款,如果没有在法律上回答为什么立法、为什么征税、为谁征税等基本问题,会影响人们对立法目的的理解,以及对相关法律原则、具体规则的解释。① 全国人大常委会法制工作委员会《立法技术规范(试行)(一)》规定"法律一般需要明示立法目的",财税领域立法应设置目的条款也已成学界共识。因此,《增值税法》明确立法目的是本次立法的重大突破。

1. 增值税与税收中性

结合税制发展历程来看,中国增值税经历了从无到有、从有到优,再到"第一大税种"的演进过程,在制度层面呈现出与西方增值税制度不同的发展轨迹,且传统增值税理论无法有效解释此种现象。在既有学术研究中,研究重点大都聚焦于增值税制度的税收中性,强调其对于税制建设及经济发展的积极意义。绝对税收中性既是增值税法的理想模式,也是国际组织的核心实践。经济合作与发展组织正通过增值税的国际协调,促进国际税制的优化。经过一系列的协调与谈判,《国际增值税/货劳税指引》(International VAT/GST Guidelines)最终完成,其旨在统一各国增值税制度,保持税收中性的特征,减少对人员、劳务、货物及资本流通的阻碍。② 这种改革的思路源于在均衡经济结构中为避免征税活动对市场经济正常运行机制的干扰,税收立法倾向采用中性原则。从广义上来讲,我国增值税制度与世界其他地区的增值税法存在一些技术方面的共性,都是指借助抵扣机制实现对最终消费课税的链条税。我国增值税制度的特殊之处在于,其整体地贯穿于中央与地方财政关系制度化过程中,尤其是作为规模最大的共享税需要着重回应中央对于财政控制

---

① 参见张守文:《增值税改革与立法的法治逻辑》,载《政法论丛》2023 年第 2 期。
② See OECD, *International VAT/GST Guidelines*, OECD Publishing, 2015, p.9.

力的考量。① 在此进路下,我国增值税制度呈现出灵活性的特征,并未与税收中性原则保持一致。

本条为我国增值税制度偏离税收中性划定了边界。在传统解释过程中,学界及实务界承认增值税制度可以偏离税收中性,强调发挥增值税中性作用,要求行业、地区间统一税率,完善抵扣链条,这可能恶化本就存在的行业、区域间发展不平衡的程度。② 有学者指出,在"效率优先、兼顾公平"原则指导下,增值税法出现了功能异化,忽视"人本"的绝对优先地位。该学者批评了那些过度强调效率的发展观。③ 针对增值税制度带来的社会影响,有研究初步探索并指出,增值税制度虽然具有"累退性"的特点,但在外部视角下可以考虑结合征税权的整体配置,增强消费税法的消费调节功能、个人所得税法的收入调节功能来缓解;在内部视角下可以考虑适用差别化税率结构、细化的起征点制度等课税要素来实现价值的平衡。④ 反过来看,税负实质公平要求我国增值税法的制定与实施充分考虑纳税人在产业链中的议价能力、垄断程度,市场主体进入产业链的难度与门槛以及整体税负是否过高以至于增大消费负担并削弱市场主体营利能力。⑤ 这在税率结构上体现为两个方面:一是差别税率结构具备合理性,低税率应用于保障纳税人基本需要;二是整体税率的水平应当适当,防范增值税法过度侵入纳税人的私领域。

就偏离税收中性的程度,学界并未达成一致。以免税政策为例,首

---

① 参见鲁建坤、李永友:《超越财税问题:从国家治理的角度看中国财政体制垂直不平衡》,载《社会学研究》2018年第2期。
② 参见许晖、岳树民:《"营改增"的经济效应与增值税制度完善:一个文献综述》,载《财经论丛》2018年第6期。
③ 参见张怡:《论非均衡经济制度下税法的公平与效率》,载《现代法学》2007年第4期。
④ 参见朱一飞:《税收调控权研究》,法律出版社2012年版,第29页。
⑤ 参见张怡:《衡平税法研究》,中国人民大学出版社2012年版,第124页。

先,免税使纳税人的进项税额无法抵扣而破坏了增值税链条,导致了生产经营决策的扭曲。其次,免税造成了对"自给"行为的激励,使生产免税产品的企业尽可能多地从事生产流通各个环节的业务,以确保产品生产中间环节的增值额不被征税。最后,免税还造成额外的管理和纳税遵从负担。因为兼营免税产品和应税产品的企业需要在应税与免税产品之间分配增值税进项税额。当免税企业与非免税企业竞争时,免税政策会导致竞争扭曲;当相互竞争的免税企业处于不同的国家时,其购进的货物和服务也按不同增值税税率征税,从而面临不同的成本。[1] 虽然是否偏离税收中性以及偏离多少属于立法者的创制空间,但一定程度上深刻影响着增值税制度的效果和纳税人的基本权利。故其需要被《增值税法》回应。

2. 健全有利于高质量发展的增值税制度

本条明确了我国增值税制度应该有利于高质量发展,属于国家发展目标与具体税种法的结合。这既否定了增值税制度应完全转向中性税制的观点,也肯定了我国增值税制度目前发展的成果。围绕"有利于高质量发展",本条将增值税制度偏离税收中性的程度予以明确。从赶超型发展策略到高质量发展阶段,《增值税法》如何继续发挥重要的宏观调控功效已成为国家治理的焦点议题。《中共中央关于全面深化改革若干重大问题的决定》提出的"使市场在资源配置中起决定性作用和更好发挥政府作用",是对政府与市场关系的全新定位。党的十九大报告指出,"我国经济已由高速增长阶段转向高质量发展阶段,正处在转变发展方式、优化经济结构、转换增长动力的攻关期,建设现代化经济体系是跨

---

[1] 参见[英]詹姆斯·莫里斯、英国财政研究所:《税制设计》,湖南国税翻译小组译,湖南人民出版社2016年版,第174页。

越关口的迫切要求和我国发展的战略目标"①。党的二十届三中全会强调:"健全有利于高质量发展、社会公平、市场统一的税收制度,优化税制结构。"②当前阶段,"我国发展不平衡不充分问题仍然突出,重点领域关键环节改革任务仍然艰巨,创新能力不适应高质量发展要求"③。其中最关键的问题在于如何让市场竞争机制发挥最大效果。从增值税的角度来看,我国增值税制度既要继续维护有效市场与统一市场的建设,也要借助税制工具服务于国家的产业政策。换言之,《增值税法》需要同时担任两种角色:一是减少市场中与增值税相关的扭曲,这涉及回归调控功能与税收中性原则的平衡处理;二是加强政府干预中与增值税相关的治理,这涉及宏观调控功能自身的优化。

理解适用

1. 规范增值税的征收和缴纳

目前在增值税征收和缴纳过程中充斥着大量的税收政策与税务行政裁量。一方面,增值税各项框架需要进一步细化才能被准确适用于纳税人经营活动;另一方面,由于增值税制度的复杂性,纳税人及税务机关在大量事项上仍然存在理解不一致的情形。为解决此问题,定分止争,促进增值税征管秩序的稳定,《增值税法》需要降低管理色彩,着重同时规范纳税人及税务机关的行为。

例如,既有政策中对于增值税专用发票的抵扣有一个不成文的要

---

① 习近平:《决胜全面建成小康社会 夺取新时代中国特色社会主义伟大胜利——在中国共产党第十九次全国代表大会上的报告(2017年10月18日)》,载《人民日报》2017年10月28日,第1版。
② 《〈中共中央关于进一步全面深化改革、推进中国式现代化的决定〉辅导读本》,人民出版社2024年版,第32页。
③ 《中华人民共和国国民经济和社会发展第十四个五年规划和2035年远景目标纲要》,载中国政府网,https://www.gov.cn/xinwen/2021-03/13/content_5592681.htm。

求,即业界所总结的"三流一致"(发票流、货物流、现金流一致)。税务机关通常将"三流不一致"认定为虚开增值税专用发票,纳税人不仅将被追缴税款和滞纳金,还可能面临罚款。营业税改增值税(以下简称"营改增")以后,限制进项税额抵扣权的情形令出多门,且种类繁多,对企业的发票管理、业务核算、纳税管理等都提出了更高的要求,纳税人遵从成本有所增加。如《国家税务总局货物和劳务税司就旅行社业"营改增"反映集中的问题所进行的答复》规定,旅行社向酒店付款,那么酒店发票只能开给旅行社而不能以客户单位为开票抬头;许多旅客以个人名义报团,发票又需要开具公司抬头,旅行社极易不符合"三流一致"的要求。其源头在于《国家税务总局关于加强增值税征收管理若干问题的通知》(国税发〔1995〕192号,部分失效)。该文件明确要求,"纳税人购进货物或应税劳务,支付运输费用,所支付款项的单位,必须与开具抵扣凭证的销货单位、提供劳务的单位一致,才能够申报抵扣进项税额,否则不予抵扣"。对于本规定,实践中存在两种理解:(1)收款方必须与增值税发票的开具方一致,即不管谁支付价款,只要实际收到价款的一方是开具增值税专用发票的销货单位、提供劳务单位,接受这样增值税专用发票的货物、劳务的购买方就可以抵扣进项税。(2)付款方必须与增值税专用发票中注明的购买方一致,即货物、劳务的购买方要抵扣增值税进项税,必须是其自己支付款项。如果不是其自己亲自支付,导致名义上支付款项的主体和增值税专用发票中注明的购买方不一致,那取得增值税专用发票的购买方则不能抵扣进项税。虽然国家税务总局曾在非正式场合作出澄清,但始终未将前述条款废除。"三流一致"的观念给企业带来的顾虑很难打消,交易如严格按照资金流一致进行,无疑会加大企业的交易成本,挤占企业的利润空间,不利于市场经济的繁荣。因此,增值税征收中的很多事项都需要国家税务总局通过规范的方式及时明确,这也是本条的应有之义。

2. 保护纳税人的合法权益

这是增值税相关法律法规首次明确"保护纳税人的合法权益"。在既有增值税政策发展过程中,进项税额抵扣权及留抵退税权争议最大。在既有增值税期末留抵退税政策中,对于纳税人的企业规模(小微企业)、行业范围("制造业""科学研究和技术服务业""电力、热力、燃气及水生产和供应业""软件和信息技术服务业""生态保护和环境治理业""交通运输、仓储和邮政业")、信用评级(纳税信用等级为 A 级或者 B 级)、处罚情况(申请退税前 36 个月未因偷税被税务机关处罚两次及以上)、退税方式(增量留抵税额与存量留抵税额)等作了较多限制。① 相较《增值税法》第 21 条关于留抵退税权的规定,既有政策对于纳税人应当享有的权利作了较大限制,具体情形中纳税人不享有选择权。不管财税主管部门出于何种考量,此种限制在《增值税暂行条例》下无法得到充分、有效的讨论。随着《增值税法》生效,财税主管部门的限制必然面临修正的要求。故在《增值税法》框架下,"保护纳税人的合法权益"至少包括两点含义:(1)本法明确授予纳税人的合法权益不受税务机关随意干预,这是税收法定原则的应有之义;(2)税务机关干预纳税人的合法权益必须具备充分、合法的理由,且干预手段要符合比例原则的要求。

▎新旧对比

本条系新增条款。

---

① 参见《关于进一步加大增值税期末留抵退税政策实施力度的公告》(财政部 税务总局公告 2022 年第 14 号)。

• 典型案例 •

台山温泉协华兴游乐有限公司、
开平市汇欣机械租赁部租赁合同纠纷案[①]

1. 基本案情

2021年1月4日,台山温泉协华兴游乐有限公司(以下简称协华兴公司,甲方承租方)与开平市汇欣机械租赁部(以下简称汇欣租赁部,乙方出租方)签订《施工升降机租赁合同》,约定:甲方向乙方租用施工升降机用于甲方开发建设的御海莲花苑一期项目工程施工;乙方向甲方提供施工升降机4台,月租费11,500元/台,4台施工升降机每月租金46,000元,该单价不含税,如甲方需乙方配合开具增值税专用发票,则甲方需根据乙方提供的发票税率承担税金;租赁时间自2021年1月1日起(且设备进场、安装调试、检验合格正式运行)至甲方以书面形式通知乙方租用设备退场,且租赁设备具备正常拆除条件之日止,安装调试工期5天、拆除工期15天,租赁时间以实际租赁时间为准,租期最低保底3个月,不足3个月按3个月算;租金按日历月计算,不足1个月时,按照本合同月租赁单价/30天实际天数进行计算。甲方项目经理部以书面形式向乙方通知报停之日,无论乙方是否开始拆除设备,其租金停止计取;支付租金方式按实结算,即每个月10日前支付当月租金,如此类推,甲方收到乙方报表后5日内进行审查,审查完毕后5日内支付当月的租金。甲方在支付乙方每一期款项或租金前,乙方须按甲方要求向甲方提供

---

① 广东省台山市人民法院民事判决书,(2021)粤0781民初4748号。

增值税专用发票,否则甲方有权延期支付,由此产生的一切责任及损失由乙方承担;甲方通知停机后,乙方收到甲方结清所有费用后在15日内拆除机械设备并运离现场,若因乙方因素而造成设备不能拆卸退场,导致甲方损失的,自第16日起计算乙方需向甲方支付罚金3000元/天,直至拆除机械设备并运离现场为止;等等。

2021年6月25日,协华兴公司向汇欣租赁部发出《工作联系函》,函件内容为:根据现场施工情况,现通知贵公司以下事项:(1)贵公司所提供的御海莲花一期工程施工升降机我公司将使用至2021年6月30日止,自2021年7月1日起不再承租使用;(2)现通知贵公司清拆御海莲花一期工程施工升降机,请贵公司在自收到本联系函之日起做相关拆除准备工作,请贵公司妥善安排人员在合同约定时间内及时完成。汇欣租赁部于同年同月26日签收该工作联系函。

汇欣租赁部向协华兴公司开具增值税专用发票的情况为:2021年3月18日92,000元(含1%税)、同年5月14日92,000元(含1%税)、同年6月22日46,000元(含1%税)、同年7月13日46,000元(含1%税),共计276,000元。协华兴公司向汇欣租赁部付款情况为:2021年4月20日61,334元、同年6月2日92,000元、同年7月8日46,000元、同年7月26日两笔分别为4600元、41,400元、同年同月28日19,929元,合计265,263元。

2. 争议焦点

汇欣租赁部主张协华兴公司欠付税金应否得到支持?

3. 案情分析

协华兴公司向汇欣租赁部支付款项共计265,263元,协华兴公司在本案中未主张该款项包含增值税税金并提供相关证据，故应认定该款项为不含税的租赁费。涉案《施工升降机租赁合同》约定："……4台施工升降机每月租金46,000元，该单价不含税，如甲方需乙方配合开具增值税发票，则甲方需根据乙方提供的发票税率承担税金。"协华兴公司主张该约定违反税收法律规定，为无效条款，汇欣租赁部据此约定主张税金无依据。该约定应理解为对该条款中月租金金额及相应税费承担的具体约定，即该金额为不含税的金额，在汇欣租赁部开具增值税发票的情况下，协华兴公司需按照发票税率向汇欣租赁部支付相应税金。虽然我国税收管理方面的法律、法规对于增值税的征收明确规定了纳税义务人，但是并未禁止纳税义务人与合同相对人约定由合同相对人承担税款，纳税义务人与合同相对人在合同中约定由合同相对人承担增值税税款，并未排除纳税义务人的法定义务，未违反法律、行政法规强制性规定，应认定为合法有效。汇欣租赁部向协华兴公司开具的增值税发票显示税率为1%，协华兴公司应按约定向汇欣租赁部支付税金2652.63元(265,263元×1%=2652.63元)。

相关规定

1.《环境保护税法》第1条；

2.《耕地占用税法》第1条；

3.《关税法》第1条；

4.《增值税法》第21条。

确,这也是本条的应有之义。

2. 保护纳税人的合法权益

这是增值税相关法律法规首次明确"保护纳税人的合法权益"。在既有增值税政策发展过程中,进项税额抵扣权及留抵退税权争议最大。在既有增值税期末留抵退税政策中,对于纳税人的企业规模(小微企业)、行业范围("制造业""科学研究和技术服务业""电力、热力、燃气及水生产和供应业""软件和信息技术服务业""生态保护和环境治理业""交通运输、仓储和邮政业")、信用评级(纳税信用等级为 A 级或者 B 级)、处罚情况(申请退税前 36 个月未因偷税被税务机关处罚两次及以上)、退税方式(增量留抵税额与存量留抵税额)等作了较多限制。[①] 相较《增值税法》第 21 条关于留抵退税权的规定,既有政策对于纳税人应当享有的权利作了较大限制,具体情形中纳税人不享有选择权。不管财税主管部门出于何种考量,此种限制在《增值税暂行条例》下无法得到充分、有效的讨论。随着《增值税法》生效,财税主管部门的限制必然面临修正的要求。故在《增值税法》框架下,"保护纳税人的合法权益"至少包括两点含义:(1)本法明确授予纳税人的合法权益不受税务机关随意干预,这是税收法定原则的应有之义;(2)税务机关干预纳税人的合法权益必须具备充分、合法的理由,且干预手段要符合比例原则的要求。

新旧对比

本条系新增条款。

[①] 参见《关于进一步加大增值税期末留抵退税政策实施力度的公告》(财政部 税务总局公告 2022 年第 14 号)。

• 典型案例 •

台山温泉协华兴游乐有限公司、
开平市汇欣机械租赁部租赁合同纠纷案[①]

1. 基本案情

2021年1月4日,台山温泉协华兴游乐有限公司(以下简称协华兴公司,甲方承租方)与开平市汇欣机械租赁部(以下简称汇欣租赁部,乙方出租方)签订《施工升降机租赁合同》,约定:甲方向乙方租用施工升降机用于甲方开发建设的御海莲花苑一期项目工程施工;乙方向甲方提供施工升降机4台,月租费11,500元/台,4台施工升降机每月租金46,000元,该单价不含税,如甲方需乙方配合开具增值税专用发票,则甲方需根据乙方提供的发票税率承担税金;租赁时间自2021年1月1日起(且设备进场、安装调试、检验合格正式运行)至甲方以书面形式通知乙方租用设备退场,且租赁设备具备正常拆除条件之日止,安装调试工期5天、拆除工期15天,租赁时间以实际租赁时间为准,租期最低保底3个月,不足3个月按3个月算;租金按日历月计算,不足1个月时,按照本合同月租赁单价/30天实际天数进行计算。甲方项目经理部以书面形式向乙方通知报停之日,无论乙方是否开始拆除设备,其租金停止计取;支付租金方式按实结算,即每个月10日前支付当月租金,如此类推,甲方收到乙方报表后5日内进行审查,审查完毕后5日内支付当月的租金。甲方在支付乙方每一期款项或租金前,乙方须按甲方要求向甲方提供

[①] 广东省台山市人民法院民事判决书,(2021)粤0781民初4748号。

第二条 【贯彻国家战略】

/ 条文

> 增值税税收工作应当贯彻落实党和国家路线方针政策、决策部署,为国民经济和社会发展服务。

/ 条文主旨

本条系宣示性条款,属具体税种法首次规定具体税收工作应贯彻国家战略要求。

本条强调贯彻落实党和国家路线方针政策、决策部署是增值税工作遵循的基本原则。增值税是我国的第一大税种,增值税改革不仅关系着千万家企业税负,也影响着中国税制现代化进程乃至国家治理能力。构建现代增值税制度,服务经济社会发展是增值税税收工作的使命。本条为我国增值税立法、行政执行、司法等工作指明了原则与方向,为及时根据国家最新的方针政策以及国家与人民的现实需求而调整增值税法规范和实务工作原则提供了法律依据,具有重要意义。

/ 条文释义

增值税是我国第一大税种,增值税制度改革是税制改革之中浓墨重彩的一笔。1979年,我国对开征增值税的可行性进行调研。1984年,国务院发布《增值税条例(草案)》,正式开征增值税。1993年,国务院发布《增值税暂行条例》确立生产型增值税模式,并于1994年1月1日在全国范围内正式开征。2008年修订的《增值税暂行条例》改为消费型增值税模式,2012年开始推进"营改增"改革。依照财政部、国家税务总局制定的《营业税改征增值税试点方案》和《财政部 税务总局关于全面推开营业税改征增值税试点的通知》(财税〔2016〕36号),"营改增"改革经历了上海"1+6"(交通运输业+6个现代服务业)模式,在全国范围内推广的"1+7"(交通运输业+6个现代服务业+广播影视服务)模式,以及2014年以来的铁路运输、电信等行业改革。自2016年5月1日起,我国全面推行"营改增"政策。近年来,我国增值税经过数次改革,进一步简化了税制、减少了重复征税、降低了中小企业的税收负担,为市场主体减负纾困发挥了积极作用。增值税立法既以法律的形式巩固增值税改革成果,又为促进经济发展和培育新业态、新模式预留了制度空间。

党的十八大以来,按照党中央、国务院决策部署,深化增值税改革作为实施更大规模减税降费的制度性举措,各项改革工作扎实推进。随着调整增值税税率水平、健全增值税抵扣链条、建立增值税期末留抵退税制度等一系列措施的实施,减税降费成果进一步巩固和扩大,实现了确保制造业税负明显降低、确保建筑业和交通运输业等行业税负有所降低、确保其他行业税负只减不增的目标,基本建立了现代增值税制度。近年来,增值税改革作为大规模减税降费的重要措施,在激发市场活力、有效降低税负、促进社会分工、推动产业结构升级等方面取得了非常明显的效果。

增值税立法和征收管理等工作应当坚持以习近平新时代中国特色社会主义思想为指导,构建适应我国国情的现代增值税制度。按照深化税收制度改革、构建科学财税体制的要求,以法律的形式巩固"营改增"及增值税改革成果,同时为促进经济发展及培育新业态、新模式预留制度空间。增值税工作应当贯彻增值税税收中性和效率原则,进一步发挥增值税筹集财政收入的作用。通过立法巩固"营改增"成果,实现增值税对货物和服务的全覆盖,建立消费型增值税制度框架,促进产业转型升级,推动经济高质量发展。按照推进国家治理体系和治理能力现代化的要求,构建与新税制模式相适应的税收征管制度,提出增值税纳税申报、发票管理等要求,提高征管效率,防止税收漏洞。

理解适用

本条起源于《增值税法(草案一次审议稿)》,其相较《增值税法(征求意见稿)》为直接新增的内容。《增值税法》相较《增值税法(草案一次审议稿)》《增值税法(草案二次审议稿)》,将"增值税工作"替换为"增值税税收工作"。此种调整表明无论是有关增值税的立法工作还是行政执行工作都需要从根本上按照党和国家的路线方针政策进行。我国走的是中国特色社会主义法治道路,中国共产党始终代表最广大人民群众的根本利益,党和国家的路线方针政策对立法有重要的政治指导意义,只有立法切实贯彻落实党和国家的要求,才能够最大限度地反映最广大人民群众的需要。自20世纪中期开始,增值税作为宽税基、中性、透明和经济发展友好型的税种"席卷"全球。增值税对销售货物与提供服务课税,对于构建供应链与国际国内贸易至关重要。在不同国家的增值税立法中,对增值税中性原则的侧重有不同取舍。《增值税法》第25条规定:"根据国民经济和社会发展的需要,国务院对支持小微企业发展、扶持重点产业、鼓励创新创业就业、公益事业捐赠等情形可以制定增值税专项优惠政策,报全国人民代表大会常务委员会备案。国务院应当对增值税优惠政策适时开展评估、调整。"从中可以看出,《增值税法》将增值税保留为政策运用的工具,但规定了严格的启动程序,并要求适时调整。

"为国民经济和社会发展服务"是对增值税法功能的极简表述。鉴于每个税种的目标侧重和功能不同,各类税收立法可能涉及多元目标。从税法体系这一总的层面来看,税法的立法目的应以纳税人权益为核心,兼顾财政目的即维持政府的有效运转,经济目的即维护宏观经济的稳定,以及社会目的即纳税人收入再分配,保障个人与社会的发展和安全。而增值税立法在上述基本目的的基础之上,在强调税收公平之外,也重视税收经济效率、税收中性原则;增值税法应内含税收中性、税收公平、税收效率等增值税制度基本原则,以增强增值税规则在制定和解释的过程中的科学性,使增值税在立法和执法的过程中得以更好地发挥其制度优势,更高效组织财政收入,以保障和促进经济社会稳定发展。增值税法并非空中楼阁,而是建立在真实的经济生活场景之上。因此,增值税的立法目的应当是一个开放性的设计,可以随着经济社会的发展而发展,以回应经济社会发展的新要求。

财税法语境下,"国民经济和社会发展"分别关涉个体发展权与社会经济发展权。针对前者,《增值税法》明确了纳税人留抵退税权并删除了简易计税方法变更的时间限制条款,为私主体营造了自由发展的空间。财税法对社会经济发展权的促进,集中体现在对高质量发展理念的落实。相较《增值税法(征求意见稿)》《增值税法(草案一次审议稿)》,《增值税法(草案二次审议稿)》将授权国务院制定税收优惠政策的范围界定为"支持小微企业发展、扶持重点产业、鼓励创业就业等情形",《增值税法》还增加"公益事业捐赠"情形,意图通过税收的经济诱因作用,将高质量发展贯彻到税收优惠对社会经济发展的影响中,即《增值税法》在这两个维度凸显了增值税法的"发展"意蕴,呼应了第 2 条"为国民经济和社会发展服务"的内容。

新旧对比

表1 贯彻国家战略条款的变化

《增值税暂行条例》	《增值税法(征求意见稿)》	《增值税法(草案一次审议稿)》	《增值税法(草案二次审议稿)》	《增值税法》
		第二条 增值税工作应当贯彻落实党和国家路线方针政策、决策部署,为国民经济和社会发展服务。	第二条 增值税工作应当贯彻落实党和国家路线方针政策、决策部署,为国民经济和社会发展服务。	第二条 增值税税收工作应当贯彻落实党和国家路线方针政策、决策部署,为国民经济和社会发展服务。

• 典型案例 •

蒋某某骗取票据承兑再审改判无罪案[①]

1. 基本案情

蒋某某是威远公司的法定代表人。2011年5月和6月,蒋某某以威远公司名义使用没有实际交易的供销协议、买卖合同和虚假增值税专用发票分两次向桂林银行股份有限公司申请3200万元银行承兑汇票,并提供了超出承兑汇票价值的荣安搬运公司、帝都酒店的土地使用权作为抵押担保,还足额缴纳了约定的保证金1600万

---

① 广西壮族自治区高级人民法院刑事判决书,(2022)桂刑再4号。

元。蒋某某将汇票贴现后用于公司经营。在汇票到期日,威远公司将上述银行承兑汇票全部予以兑付核销。

2. 争议焦点

蒋某某利用虚假增值税专用发票获得银行承兑汇票的行为是否构成骗取票据承兑罪?

3. 案情分析

一审法院以骗取票据承兑罪判处被告人蒋某某有期徒刑3年,缓刑3年,并处罚金。蒋某某提出上诉,二审法院裁定驳回上诉,维持原判。根据当事人的申诉,广西壮族自治区高级人民法院决定再审并提审。广西壮族自治区高级人民法院再审认为,虽然蒋某某在申请银行承兑汇票过程中提供了虚假的申请材料,但同时提供了超额抵押担保并缴纳约定的保证金,且按时兑付核销,未给银行造成实际损失,亦未利用上述款项进行非法活动,未给金融管理秩序造成重大危害,不具备刑事处罚的必要性。

社会主义市场经济是法治经济。市场主体无论是生产经营还是筹集资金,都应当合法合规、诚实守信。实践中,基于种种原因,"融资难"成为长期困扰民营企业经营发展的一大顽疾,民营企业在融资过程中使用不规范手段的现象时有发生。本案被告人在融资过程中确实存在提供虚假证明材料的不诚信行为,应当予以否定性评价,但其提供了足额的抵押担保,尚未达到危害金融机构资金安全、给银行造成实际损失、构成犯罪的程度。

相关规定

《财政部 税务总局关于全面推开营业税改征增值税试点的通知》(财税〔2016〕36号,部分失效)

第三条 【应税交易】

条文

> 在中华人民共和国境内(以下简称境内)销售货物、服务、无形资产、不动产(以下称应税交易),以及进口货物的单位和个人(包括个体工商户),为增值税的纳税人,应当依照本法规定缴纳增值税。
>
> 销售货物、服务、无形资产、不动产,是指有偿转让货物、不动产的所有权,有偿提供服务,有偿转让无形资产的所有权或者使用权。

条文主旨

本条规定了增值税的一般构成要件,将销售货物、服务、无形资产、不动产凝练为"应税交易",是对既有增值税实践的总结。根据本条的规定,增值税纳税义务需要满足以下构成要件:(1)在中华人民共和国境内(境内税);(2)应税交易与进口货物;(3)有偿;(4)法定增值税纳税义务人(单位和个人)。

条文释义

1. 征税对象

《增值税法》将征税对象分为应税交易与进口货物两个大类。由于增值税存在三档税率及优惠政策等,未来需要进一步对各类税目的具体内容作出规定并作清晰分类,以便各类交易对应适用不同的税率及税收政策。在应税交易中,本条正向列举了销售货物、服务、无形资产、不动产四项内容。结合《增值税法》第 10 条的规定,传统的加工、修理修配劳务变更为加工修理修配服务,合并进服务税目中。

按既有政策,服务包含七大类,分别是交通运输服务、邮政服务、电信服务、建筑服务、金融服务、现代服务、生活服务。交通运输服务是指利用运输工具将货物或者旅客送达目的地,使其空间位置得到转移的业务活动。邮政服务是指中国邮政集团公司及其所属邮政企业提供邮件寄递、邮政汇兑和机要通信等邮政基本服务的业务活动。电信服务是指利用有线、无线的电磁系统或者光电系统等各种通信网络资源,提供语音通话服务,传送、发射、接收或者应用图像、短信等电子数据和信息的业务活动。建筑服务是指各类建筑物、构筑物及其附属设施的建造、修缮、装饰、线路、管道、设备、设施等的安装以及其他工程作业的业务活动,包括工程服务、安装服务、修缮服务、装饰服务和其他建筑服务。金融服务是指经营金融保险的业务活动,包括贷款服务、直接收费金融服务、保险服务和金融商品转让。现代服务是指围绕制造业、文化产业、现代物流产业等提供技术性、知识性服务的业务活动。生活服务是指为满足城乡居民日常生活需求提供的各类服务活动,包括文化体育服务、教育医疗服务、旅游娱乐服务、餐饮住宿服务、居民日常服务和其他生活服务。

销售无形资产是指转让无形资产所有权或者使用权的业务活动。无形资产是指不具实物形态,但能带来经济利益的资产,包括技术、商标、著作权、商誉、自然资源使用权和其他权益性无形资产。自然资源使用权是指自然人、法人和非法人组织依法对国家所有或集体所有的土地、森林、草原、荒地、滩涂、水面、矿藏等自然资源,以生产、经营为目的的占有、使用、收益的权利,包括土地使用权、海域使用权、探矿权、采矿权、取水权和其他自然资源使用权。其他权益性无形资产,包括基础设施资产经营权、公共事业特许权、配额、经营权(包括特许经营权、连锁经营权、其他经营权)、经销权、分销权、代理权、会员权、席位权、网络游戏虚拟道具、域名、名称权、肖像权、冠名权、转会费等。销售不动产是指转让不动产所有权的业务活动。不动产是指不能移动或者移动后会引起性质、形状改变的财产,包括建筑物、构筑物等。建筑物包括住宅、商业营业用房、办公楼等可供居住、工作或者进行其他活动的建造物。构筑物包括道路、桥梁、隧道、水坝等建造物。

进口货物是指将货物从境外移送至我国境内的行为。依照《增值税法》的规定,凡进入我国海关境内的货物,应于进口报关时向海关缴纳进口环节增值税。《海关综合保税区管理办法》(海关总署令第273号)第25条规定,综合保税区与其他综合保税区等海关特殊监管区域、保税监管场所之间往来的货物予以保税。综合保税区与其他综合保税区等海关特殊监管区域或者保税监管场所之间流转的货物,不征收关税和进口环节税。

2. 纳税义务人

单位是指企业、行政单位、事业单位、军事单位、社会团体及其他单位。个人是指个体工商户和其他个人。此处专门规定"包括个体工商户"是对个人概念的强调。按照既有政策,增值税制度中的个人包含个体工商户及其他个人,在需要区分处理时,税收政策会采用不同的概念。此外,既有政策规定了一些特殊情形。例如,以承包、承租、挂靠方式经营的,承包人、承租人、挂靠人以发包人、出租人、被挂靠人名义对外经营并由发包人承担相关法律责任的,以该发包人为纳税人;否则,以承包人为纳税人。对于这类政策,新旧政策应如何衔接仍需国务院进一步明确。

理解适用

应税交易的概念在此次立法中得到明确。《增值税法(征求意见稿)》首次将增值税的征税范围分为应税交易、进口货物两类,并对应税交易的明细进行了两项调整:(1)由于"加工修理修配劳务"同样属于服务性质,故将其并入"服务";(2)由于销售金融商品与销售服务存在较大性质差异,将"金融商品"从"服务"中单列。《增值税法(草案一次审议稿)》删除了《增值税法(征求意见稿)》中"金融商品"的单独分类,将增值税的应税交易对象分为货物、服务、无形资产、不动产四大类。其中,和《增值税法(征求意见稿)》一致,《增值税法(草案一次审议稿)》将现行法规中的"加工修理修配劳务"并入服务,按照服务性质进行合并。最终《增值税法》保留了《增值税法(草案一次审议稿)》的基本结构,仅对个人包含个体工商户作专门强调。

学界强调增值税纳税义务的构成要件应包含经营性活动、应税交易与对价之间存在直接联系。对于经营性活动,澳大利亚《商品与服务税法》在第9~20条界定"营业"(enterprises)为"单一活动或系列活动",但该活动是以商业目的的形式进行;新西兰《商品与服务税法》将"营业"表述为"应税活动"(taxable activity);加拿大立法用的是"商业性活动"(commercial activity);英国增值税立法与欧盟指令保持一致,用词是"经济性活动"(economic activity)。我国《增值税法》并未设置。在"营改增"改革过程中,曾围绕"销售服务、销售无形资产或者不动产"专门规定四个要件:(1)在境内;(2)发生了适用注释范围类别的应税行为;(3)有偿;(4)向他人提供服务、转让无形资产、转让不动产。围绕基本要件,"营改增"改革文件还进一步设置了不征税项目、免税项目、视同销售行为等内容来进一步明确增值税的征税范围。《增值税法》并未承继这种安排,而是删去了向他人销售的要求,一定程度上放宽了增值税征税范围。对于应税交易与对价之间存在直接联系,《增值税法》并未直接规定,而是通过"有偿转让""有偿提供"等概念间接明确,并配套增值税发票管理事项进一步限缩应税交易与对价之间的空间。

根据是否满足增值税纳税义务的法律构成要件,将交易行为分为应税行为、免税行为和不征税行为。应税行为是完全满足增值税纳税义务的法律构成要件,属于法律行为。免税行为也是满足增值税纳税义务的法律构成要件,只是基于公共政策需要,暂时免纳增值税。不征税行为则不完全满足增值税纳税义务的法律构成要件。目前《增值税法》第3条(应税交易)、第5条(视同应税交易)、第6条(非应税交易)共同界定了增值税征税范围。

新旧对比

表2　应税交易条款的变化

《增值税暂行条例》	《增值税法(征求意见稿)》	《增值税法(草案一次审议稿)》	《增值税法(草案二次审议稿)》	《增值税法》
第一条　在中华人民共和国境内销售货物或者加工、修理修配劳务(以下简称劳务),销售服务、无形资产、不动产以及进口货物的单位和个人,为增	第一条　在中华人民共和国境内(以下称境内)发生增值税应税交易(以下称应税交易),以及进口货物,应当依照本法规定缴纳增值税。 第八条　应	第一条　在中华人民共和国境内(以下简称境内)销售货物、服务、无形资产、不动产(以下称应税交易),以及进口货物的单位和个人,为增值税的纳税人,应当	第一条　在中华人民共和国境内(以下简称境内)销售货物、服务、无形资产、不动产(以下称应税交易),以及进口货物的单位和个人,为增值税的纳税人,应当	第三条　在中华人民共和国境内(以下简称境内)销售货物、服务、无形资产、不动产(以下称应税交易),以及进口货物的单位和个人(包括个体工商户),为增值税的纳税人,应当依照本法

续表

《增值税暂行条例》	《增值税法(征求意见稿)》	《增值税法(草案一次审议稿)》	《增值税法(草案二次审议稿)》	《增值税法》
值增税的纳税人,应当依照本条例缴纳增值税。	税交易,是指销售货物、服务、无形资产、不动产和金融商品。销售货物、不动产、金融商品,是指有偿转让货物、不动产、金融商品的所有权。销售服务,是指有偿提供服务。销售无形资产,是指有偿转让无形资产的所有权或者使用权。	依照本法规定缴纳增值税。销售货物、服务、无形资产、不动产,是指有偿转让货物、不动产的所有权,有偿提供服务,有偿转让无形资产的所有权或者使用权。	依照本法规定缴纳增值税。销售货物、服务、无形资产、不动产,是指有偿转让货物、不动产的所有权,有偿提供服务,有偿转让无形资产的所有权或者使用权。	规定缴纳增值税。销售货物、服务、无形资产、不动产,是指有偿转让货物、不动产的所有权,有偿提供服务,有偿转让无形资产的所有权或者使用权。

• 典型案例 •

重庆俊凯贸易有限公司与重庆爱莲百货超市有限公司合同纠纷上诉案[①]

1. 基本案情

2015年6月29日,重庆俊凯贸易有限公司(以下简称俊凯贸易公司)与重庆爱莲百货超市有限公司(以下简称爱莲百货公司)签订专柜合同。双方约定,爱莲百货公司(甲方)同意俊凯贸易公司(乙方)在其门店设置专柜,合同有效期为2015年1月1日至12月31日。同日,俊凯贸易公司与爱莲百货公司签订主购货协议(交易条款和条件)。协议约定,甲方是作为购货方与乙方签订本协议,并与乙方构成独立买卖关系的公司。协议第9.1.2条约定,若乙方未将准确的增值税专用发票交付甲方,视为乙方未完成送货。2015年12月10日,案外人易某向重庆市渝中区人民法院提出诉前财产保全申请,请求冻结俊凯贸易公司、案外人吴某、张某某银行账户及应收账款63万元,其中包括本案所涉合同项下的应收账款。2015年12月10日重庆市渝中区人民法院作出(2015)中区法民保字第00956号民事裁定,依法冻结俊凯贸易公司等人价值63万元的财产。

案外人黄某某以俊凯贸易公司明显缺乏清偿能力,不能清偿到期债务为由,申请对俊凯贸易公司破产清算。重庆市第五中级人民法院于2016年6月1日作出(2016)渝05民破27号民事裁定,受理

[①] 重庆市第五中级人民法院民事判决书,(2019)渝05民终3155号。

黄某某对俊凯贸易公司的破产清算申请。该案交由重庆市渝中区人民法院审理。

2. 争议焦点

案涉货款付款条件是否成就以及应付货款金额具体应为多少？

3. 案情分析

二审法院认为，爱莲百货公司、俊凯贸易公司已在合同中明确约定若俊凯贸易公司未将增值税发票交给爱莲百货公司，视为未完成送货，双方已达成先开票后付款的一致意思表示。俊凯贸易公司未按照合同约定开具增值税发票交给爱莲百货公司显属违约，已损害了爱莲百货公司收到交易发票后的正当进项税抵扣权益。但因俊凯贸易公司已进入破产清算程序，俊凯贸易公司在清缴欠付的税款之前无法开具增值税发票，爱莲百货公司要求俊凯贸易公司开具并交付增值税发票已陷入事实上的履行不能。在俊凯贸易公司已经履行了交货主义务的情况下，重庆市渝中区人民法院判决爱莲百货公司支付俊凯贸易公司货款103,644.4元并无不当。因俊凯贸易公司未按照约定开具增值税发票，爱莲百货公司要求俊凯贸易公司赔偿税款损失属于反诉范围，其应当另案解决。至于北京合力中税科技发展有限公司与俊凯贸易公司签订的服务协议，因无北京合力中税科技发展有限公司盖章，且俊凯贸易公司不予认可，故重庆市第五中级人民法院对爱莲百货公司要求从货款中扣除代收服务费3000元的上诉理由不予采信。

在买卖合同中，开具并交付增值税发票是出卖人的法定义务。虽然开具增值税发票义务属于买卖合同卖方的从给付义务，但在当事人没有明确约定、有明确约定以及出卖人作为公司进入破产清算等不同情况下,应当区分情况作出相应的处理及应对。当事人约定开具并交付增值税发票作为付款条件,买受人享有后履行抗辩权。当出卖人处于破产清算状态,买受人不能将合同中约定先开票作为付款条件主张后履行抗辩权。

合同当事人没有约定开具并交付增值税发票作为付款条件时,买受人不能将此作为拒付货款的抗辩理由。买卖合同出卖人的主给付义务是交付货物,与之相对应的买受人的主给付义务是支付相应的约定款项。而交付增值税发票是出卖人的法定义务,但在当事人没有约定先开发票后付款的情况下,买受人对出卖人以未开具发票进行抗辩难以得到司法支持。买受人凭增值税发票折抵进项税额,故需要出卖方及时开具合法有效的发票。《增值税暂行条例》第1条规定:"在中华人民共和国境内销售货物或者加工、修理修配劳务(以下简称劳务),销售服务、无形资产、不动产以及进口货物的单位和个人,为增值税的纳税人,应当依照本条例缴纳增值税。"(现为《增值税法》第3条)第8条规定:"纳税人购进货物、劳务、服务、无形资产、不动产支付或者负担的增值税额,为进项税额。下列进项税额准予从销项税额中抵扣:(一)从销售方取得的增值税专用发票上注明的增值税额。(二)从海关取得的海关进口增值税专用缴款书上注明的增值税额。(三)购进农产品,除取得增值税专用发票或者海关进口增值税专用缴款书外,按照农产品收购发票或者销售发票上注明的农产品买价和11%的扣除率计算的进项税额,国务院另有规定的除外……"(现为《增值税法》第16条)国家税务总局发布的《企业所得税税前扣除凭证管理办法》第5条规定:"企业发生支出,应取得税前扣除凭证,作为计算企业所得税应纳税所得额时扣除相关支出的依据。"第16条规定:"企业在规定的期限未能补开、换开符合规定的发票、其他外部凭证,并且未能按照本办法第十四条的规定提供相关资料证实其支出真实性的,相应支出不得在发生年度税前扣除。"增值税发票是进货方进项税额折抵的直接依据,没有增值税发票或发票不符合税务部门规定,必然导致买受方无法折抵的直接经济损失。

买受人支付货款后出卖方仍拒绝提供增值税发票,买受人有权要求出卖人赔偿相应的税款损失。当事人没有约定先开发票后付款,买受人对出卖人以未开具发票进行抗辩的理由不成立,但不影响买受人要求出卖人赔偿相应的税款损失,当事人既可以通过反诉的方式行使,也可以在要求出卖方开具发票未果的情况下单独起诉。

合同当事人明确约定开具并交付增值税发票作为付款条件,买受人享有后履行抗辩权。爱莲百货公司、俊凯贸易公司在专柜合同及主购货协议中均约定了先提交增值税发票再付货款,该意思表示为当事人的真实意思,且未违反法律、行政法规的禁止性规定,对双方当事人均有约束力。

主购货协议第9.1.1~9.1.2条约定俊凯贸易公司需要提供的发票系增值税发票,且约定若俊凯贸易公司未将增值税发票交给爱莲百货公司,视为未完成送货。本案俊凯贸易公司已进入破产清算程序,如果按照约定判决让俊凯贸易公司先开具增值税发票再领取货款,必然导致俊凯贸易公司因进入破产清算程序而无法履行。如果不存在破产清算的特殊情况,法院查明买卖合同中买卖双方当事人达成了卖方先行开具发票、买方再行付款的一致意思表示,该意思表示为当事人的真实意思,且未违反法律规定,人民法院对当事人的约定就应当予以尊重并优先适用。因出卖人处于破产状态,尽管合同明确约定先开具并交付增值税票作为付款条件,买受人亦不能行使后履行抗辩权。

出卖人进入破产程序以后,因破产前实际欠付的税款无力清缴,致使无法开具新增值税发票,双方合同约定的先开票后付款已陷入实际的履行不能,买受人享有后履行抗辩权的事实基础已不存在。出卖人进入破产清算无法开具增值税发票属于事实上的不能履行。本案中,俊凯贸易公司作为出卖人已实际履行交付货物的主给付义务,且开具发票的从给付义务已陷入实际履行不能,属于事实上不能履行。故买受人以约定先开票后付款为由,要求出卖人继续履行开具并交付增值税发票的约定义务,主张后履行抗辩权拒绝履行自己付款的主给付义务,法院对该诉求在平衡当事人利益的基础上,不宜机械适用责令出卖人限期继续开具增值税发票,否则法院的生效判决将形同空文,根本得不到落实,并直接导致破产清算程序难以推进。

买受人在出卖人进入破产程序后维权,应当优先选择提起赔偿损失诉讼或提起反诉以抵扣货款。出卖人因破产导致不能开具增值税发票,买受人必然因缺乏增值税发票不能作为进货方予以进项税额折抵,为此遭受的直接经济损失在所难免,故买卖合同当事人必须关注市场交易风险,最大限度采取防范措施维护自身合法权益。出卖人进入破产程序,根据《企业破产法》第 40 条的规定,债权人在破产申请受理前对债务人负有债务的,可以向管理人主张抵销。如果出卖人进入破产程序之前,未开具并交付增值税发票所产生的税款损失已存在,买受人可以主张与货款进行抵销。在明知出卖人进入破产清算的情况下,买受人面对出卖人的管理人起诉请求支付货款的最佳应对策略,就是相应地提起反诉,以欠缺增值税发票的进项税损失为由,要求出卖人赔偿相应的税款损失,并从应支付的货款中予以抵扣。

相关规定

1.《增值税暂行条例》第 1 条、第 8 条;
2.《海关综合保税区管理办法》第 25 条;
3.《企业所得税税前扣除凭证管理办法》第 5 条;
4.《增值税防伪税控系统管理办法》(2018 年修正);
5.《电力产品增值税征收管理办法》(2018 年修正);
6.《增值税一般纳税人登记管理办法》(国家税务总局令第 43 号);
7.《财政部 税务总局关于全面推开营业税改征增值税试点的通知》(财税〔2016〕36 号,部分失效)。

第四条 【管辖权】

条文

在境内发生应税交易,是指下列情形:

(一)销售货物的,货物的起运地或者所在地在境内;

(二)销售或者租赁不动产、转让自然资源使用权的,不动产、自然资源所在地在境内;

(三)销售金融商品的,金融商品在境内发行,或者销售方为境内单位和个人;

> (四)除本条第二项、第三项规定外,销售服务、无形资产的,服务、无形资产在境内消费,或者销售方为境内单位和个人。

条文主旨

本条规定了《增值税法》的管辖权范围问题。

在增值税的语境下,"境内"通常是指国境以内,只有在境内发生的应税交易才可能产生中国增值税纳税义务。在既有政策基础上,对于"境内发生"的判定,本条为金融商品设定了独立的境内销售判定规则,同时,本条为销售服务、无形资产设定了服务或无形资产的消费地标准。

条文释义

既有政策采取了"正向列举+反向列举"的模式,判断规则较复杂,在实践中争议很大。本条直接采用正向列举,简单易懂,大幅降低了纳税人的遵从成本。对于销售货物以及销售或者租赁不动产、转让自然资源使用权的"境内"判定方法,本条承接了既有政策的全部内容,但对于销售金融商品,销售服务、无形资产的"境内"判定方法作了一定调整。

1. 销售金融商品

金融商品是指外汇、有价证券、非货物期货和其他金融商品(基金、信托、理财产品等各类资产管理产品和各种金融衍生品);境内销售方、境内发行方一般是指银行、证券公司、期货公司、信托公司、保险公司等金融机构。《财政部 税务总局关于全面推开营业税改征增值税试点的通知》(部分失效)对"销售金融商品"是否属于"在境内发生"没有单独界定,与"销售服务"适用同一标准,即"销售方或者购买方在境内",但不包括"境外单位或者个人向境内单位或者个人销售完全在境外发生的服务"。本条对"在境内发生应税交易"的界定标准进行了明确,并将"销售金融商品"进行单独界定。新的界定标准为,"金融商品在境内发行"的,或者"销售方为境内单位和个人"的,均属于"在境内发生"的销售金融商品。在新的界定标准下,部分原本有争议的涉外金融商品转让交易是否属于我国《增值税法》管辖范围,有了更清晰的答案。例如,转让境内公司在海外证券市场上市的开曼公司股票,转让方为境外主体、受让方为境内主体情况下,按照《增值税法》的规定将直接判定为非在中国境内发生的应税交易,不征收中国增值税,而无须再探讨这一金融商品转让是否属于"完全在境外发生的服务"。

2. 销售服务、无形资产

本条以服务或无形资产的消费地取代了原先的购买方所在地标准,更突出消费地征税原则。《财政部 税务总局关于全面推开营业税改征增值税试点的通知》规定,在境内销售服务、无形资产,是指服务(租赁不动产除外)或者无形资产(自然资源使用权除外)的销售方或者购买方在境内。围绕在境内发生的判定方法,既有政策还形成了完全在境内发生、未完全在境外发生、完全在境外发生三个层次的内容。实践中,围绕完全在境外发生的判定规则产生了大量争议。"完全在境外发生的服务"的"完全",并没有明确界定,相关规定较不明晰,实务中更多地是以该项服务发生地、使用地是否均在境外来判断。例如,部分税务局指出,完全在境外发生的业务是指构成销售行为的全部要素都必须在境外,即应同时符合以下条件:服务(租赁不动产除外)或者无形资产(自然资源使用权除外)的销售方在境外提供;服务(租赁不动产除外)或者无形资产(自然资源使用权除外)的购买方在境外接受;购买方接受境外应税行为时付款的地址、电话、银行所在地、服务发生地等要素均在境外。因此,如果服务的购买方在境内,不属于完全在境外发生的业务,购买方需要代扣代缴增值税。

理解适用

《增值税暂行条例》及其相关文件在判定销售服务、无形资产和金融商品是否在"境内"发生时,一般要求根据其销售方或购买方是否在境内进行判定。《增值税法(征求意见稿)》对此作出了调整,即关注销售方是否为境内单位和个人,或者服务消费地(金融商品为发行地)是否位于境内,而不再强调对购买方所在地的考察。在判定销售服务、无形资产是否在境内发生时,《增值税法》最终保留了《增值税法(征求意见稿)》关于"境内消费"的规定。《增值税法》以服务或无形资产的消费地取代了原先的购买方所在地标准。

1. 税务实务对境内外的判定

税务实务对境内外的判定会参照以下原则:

(1)消费的完整性原则。在"营改增"改革试点过程中,各地税务机关将"完全在境外消费的应税服务"解读为:首先,应税服务的提供方为境外单位或个人;其次,境内单位和个人在境外接受应税服务;最后,所接受的服务必须完全发生在境外并在境外消费。是否在境外全程发生,是境内服务和境外服务的首要区别。如果应税服务不是全环节在境外完成的,那么不应视为"完全在境外消费的应税服务"。提供服务的连续性和完整性,包括服务的开始、中间环节和结束均在境外。例如,国际货物运输代理服务中,由于代理行为服务在接受代理时即算完成,从完整性上判断,不满足完全在境外消费的条件,因此应属于境内服务。

(2)受益的即时性原则。服务的内容是即时性的消费,服务的受益是不存在延伸性的,纳税人不在境外是无法直接消费相应服务的,则视作完全在境外消费。例如,对境外单位、个人在境外提供的文化体育业(除播映外)、娱乐业、服务业中的旅店业、饮食业、仓储业,以及其他服务业中的沐浴、理发、洗染、裱画、誊写、镌刻、复印、打包劳务等。

(3)增值链条的相关性原则。根据对纳税人增值链条是否有影响进行判定,能为纳税人产品销售带来贡献,则属于增值链条的一部分,应视为接受应税服务而代扣代缴增值税;对纳税人增值链条没有影响的境外服务,则可以将其从境内接受服务的范围中排除出去。例如,境外公司为境内纳税人提供认证服务,境内纳税人的产品经认证后用于出口,这一认证服务虽然完全发生在境外,但该服务为纳税人产品销售带来贡献,因此,属于增值链条的一部分,应视为接受应税服务而代扣代缴增值税。

2. 对金融商品的界定

目前理论上对金融商品的界定尚不成熟,《增值税法》下的金融商品缺乏总括性的界定以及更详细的具体列举和类型化,实务处理中也存在诸多争议。《增值税法》虽然将金融商品单列出来,意图区分销售服务与销售金融商品,但是未对金融商品的概念和范围作出具体规定。在现行增值税制度之下,实务中对于特定交易行为是否应当认定为"金融商品转让"的问题,各地税务机关会根据自己的理解作出相应的处理,但这些处理可能存在矛盾。而且,我国税法也并未赋予地方税务部门相关的解释权,各地税务机关的行为在一定程度上违反了税收法定原则,更可能带来权力寻租空间。

因此,还是要尽快完善金融商品的概念及范围。首先,金融商品可以界定为,源于资金融通需要产生、承担投资工具功能且具有流通性的权益凭证,其买卖能成为一项经营活动。其次,通过列举的方式对金融商品的范围进行明确。比如,可以结合金融商品给付行为的类型化,形成"以金融商品种类为分类标准,以各类金融商品给付行为为内容"的列举模式。最后,在立法上明确税务机关的答复具有何种效力,以免造成各地税收制度不统一的局面,并授予国务院或者国家税务总局相应的解释权,以保持金融商品界定的开放性和发展性。

新旧对比

表3 管辖权条款的变化

《增值税暂行条例实施细则》	《增值税法（征求意见稿)》	《增值税法（草案一次审议稿)》	《增值税法（草案二次审议稿)》	《增值税法》
第八条 条例第一条所称在中华人民共和国境内(以下简称境内)销售货物或者提供加工、修理修配劳务,是指: (一)销售货物的起运地或者所在地在境内; (二)提供的应税劳务发生在境内。	第九条 本法第一条所称在境内发生应税交易是指: (一)销售货物的,货物的起运地或者所在地在境内; (二)销售服务、无形资产(自然资源使用权除外)的,销售方为境内单位和个人,或者服务、无形资产在境内消费; (三)销售不动产、转让自然资源使用权的,不动产、	第三条 在境内发生应税交易,是指下列情形: (一)销售货物的,货物的起运地或者所在地在境内; (二)除本条第三项、第四项另有规定外,销售服务、无形资产的,服务、无形资产在境内消费,或者销售方为境内单位和个人; (三)销售或者租赁不动产、转让自然	第三条 在境内发生应税交易,是指下列情形: (一)销售货物的,货物的起运地或者所在地在境内; (二)销售或者租赁不动产、转让自然资源使用权的,不动产、自然资源所在地在境内; (三)销售金融商品的,金融商品在境内发行,或者销售方为境内单位和个人;	第四条 在境内发生应税交易,是指下列情形: (一)销售货物的,货物的起运地或者所在地在境内; (二)销售或者租赁不动产、转让自然资源使用权的,不动产、自然资源所在地在境内; (三)销售金融商品的,金融商品在境内发行,或者销售方为境内单位和个人; (四)除本条第二项、第三项

续表

《增值税暂行条例实施细则》	《增值税法(征求意见稿)》	《增值税法(草案一次审议稿)》	《增值税法(草案二次审议稿)》	《增值税法》
自然资源所在地在境内；(四)销售金融商品的,销售方为境内单位和个人,或者金融商品在境内发行。	资源使用权的,不动产、自然资源所在地在境内；(四)销售金融商品的,金融商品在境内发行,或者销售方为境内单位和个人。	(四)除本条第二项、第三项规定外,销售服务、无形资产的,服务、无形资产在境内消费,或者销售方为境内单位和个人。	规定外,销售服务、无形资产的,服务、无形资产在境内消费,或者销售方为境内单位和个人。

• 典型案例 •

北京恒晨伟业房地产开发有限公司与北京远洋一品房地产开发有限公司合同纠纷案[①]

1. 基本案情

2006年12月8日,北京恒晨伟业房地产开发有限公司(以下简称恒晨伟业公司)与北京京明苑房地产开发有限公司[(以下简称京明苑公司,后改名为北京远洋一品房地产开发有限公司(以下简称远洋一品公司)]就北京市朝阳区的慧忠庵住宅项目签订《联合开发建设慧忠庵住宅项目基本原则协议》(以下简称《原则协议》),双方约定恒晨伟业公司支付给京明苑公司8500万元前期补偿费,并就违约责任等其他权利义务关系进行了约定。2007年双方又签订了《补充协议》约定双方的权利义务。

2008年4月,恒晨伟业公司将京明苑公司诉至北京市第二中级人民法院,要求京明苑公司履行《原则协议》与《补充协议》。经法院调解,双方当事人达成调解协议。北京市第二中级人民法院作出(2008)二中民初字第07965号民事调解书。

2011年8月9日,北京市第二中级人民法院作出(2011)二中民再初字第12849号民事判决书,判决:"一、撤销北京市第二中级人民法院(2008)二中民初字第07965号民事调解书;二、驳回北京恒晨伟业房地产开发有限公司的诉讼请求;三、驳回北京远洋一品房地产开发有限公司的反诉请求。"恒晨伟业公司、远洋一品公司不服该

[①] 北京市第三中级人民法院民事判决书,(2023)京03民终7838号。

判决,向北京市高级人民法院提起上诉。北京市高级人民法院作出(2011)高民再终字第3351号民事判决书,判决:驳回上诉,维持原判。

2013年1月,远洋一品公司将恒晨伟业公司诉至北京市朝阳区人民法院,要求解除《原则协议》及补充协议。恒晨伟业公司提出反诉,要求确认其对慧忠庵项目2号楼拥有完整的所有权、使用权、处置权和经营权的各项合法权益并由远洋一品公司支付3671万元占用期间的银行贷款利息损失407.12万元。北京市朝阳区人民法院作出(2013)朝民初字第06495号民事判决,判决:"一、北京远洋一品房地产开发有限公司与北京恒晨伟业房地产开发有限公司之间的《联合开发建设慧忠庵住宅项目基本原则协议》《补充协议》已经解除;二、北京远洋一品房地产开发有限公司于本判决生效后六十日内返还北京恒晨伟业房地产开发有限公司人民币八千五百万元并按照中国人民银行同期存款利率支付利息……"恒晨伟业公司不服该判决,向北京市第二中级人民法院提出上诉,北京市第二中级人民法院作出(2013)二中民终字第12390号民事判决,判决驳回上诉,维持原判。

2014年3月12日,恒晨伟业公司将远洋一品公司诉至北京市第三中级人民法院,要求远洋一品公司赔偿其损失等11,588万元。经法院调解,恒晨伟业公司与远洋一品公司达成调解协议,北京市第三人民法院出具(2014)三中民初字第04871号民事调解书,其上载明《原则协议》及《补充协议》解除后,协商由被告远洋一品公司给付恒晨伟业公司19,952万元并且分几期给付……

2020年2月7日,恒晨伟业公司与远洋一品公司签订《〈民事调解书〉履行还款协议》,双方约定以(2014)三中民初字第04871号民事调解书确定的6952万元为基数,按日万分之八计算违约,直至付清,并对违约责任及其他权利义务作了规定。同日,恒晨伟业公司作为甲方与乙方远洋一品公司签订了《协议》对还款事宜进一步作出约定:(1)远洋一品公司履行还款协议第1条约定本数和违约金时,恒晨伟业公司应出具《民事调解书》确定远洋一品公司应付款总额中8500万元合资合作款本数之外钱款,以及本协议约定违约金合计钱款总数11,452万元加上633万元,合计12,115万元合格正式发票。(2)恒晨伟业公司出具上述正式发票需要缴纳税款计算依据为票面额乘以百分之五点五的总计税率,合计663万元……

2. 争议焦点

支付行为是否属于应税行为以及是否需要开具增值税专用发票或者增值税普通发票?

3. 案情分析

二审法院认为,《增值税暂行条例》第1条规定:"在中华人民共和国境内销售货物或者加工、修理修配劳务(以下简称劳务),销售服务、无形资产、不动产以及进口货物的单位和个人,为增值税的纳税人,应当依照本条例缴纳增值税。"(现为《增值税法》第3条)《发票管理办法》第3条规定:"本办法所称发票,是指在购销商品、提供或者接受服务以及从事其他经营活动中,开具、收取的收付款凭证。"

远洋一品公司依据其与恒晨伟业公司签订的《协议》,要求恒晨伟业公司为其开具票面金额为11,705.631万元的发票。结合《协议》中关于远洋一品公司付款内容的约定以及双方之前诉讼的情况,远洋一品公司向恒晨伟业公司支付11,705.631万元系对生效民事调解书的履行,一审法院认定该行为并非基于销售货物、不动产等原因,不属于应税行为,并无不当,法院予以维持。鉴于远洋一品公司因履行生效民事调解书而向恒晨伟业公司支付11,705.631万元的行为并非《增值税暂行条例》规定的应税行为,亦非基于购销商品、提供或者接受服务以及从事其他经营活动,虽然双方在《协议》中约定恒晨伟业公司负有开具发票的义务,但该合同义务不符合《增值税暂行条例》以及《发票管理办法》的相关规定,无法实际履行。

从理论上分析,需要缴纳增值税的应税行为(应税交易)有其法律构成要件,一般认为具体包括给付、应税给付、对价、直接连接性、营业和一定的管辖权相连接。本案二审法院判决无疑是正确的。其一,远洋一品公司所为支付并不构成给付的对价,因为该给付并不是远洋一品公司支付的价金,而是远洋一品公司退还给恒晨伟业公司的本金和违约金等。其二,该给付行为并不是在营业中作出的,或者说并不是远洋一品公司日常经营的业务,一个给付要负担增值税义务,该给付必须是在营业中实施的给付。我国《营业税改征增值税试点实施办法》第10条规定,销售服务、无形资产或者不动产,是指有偿提供服务、有偿转让无形资产或者不动产,但属于非经营活动的情形除外。远洋一品公司支付金钱实际上发生在营业和交易之中,判断一个给付,必须分析现存发生的实际交易,而在本案中并没有交易的发生。

相关规定

1.《营业税改征增值税试点实施办法》(部分失效)第 1 条、第 10 条、第 12 条；

2.《增值税暂行条例》第 1 条；

3.《增值税暂行条例实施细则》第 2 条、第 3 条、第 8 条；

4.《发票管理办法》第 3 条。

第五条 【视同应税交易】

条文

> 有下列情形之一的,视同应税交易,应当依照本法规定缴纳增值税：
> (一)单位和个体工商户将自产或者委托加工的货物用于集体福利或者个人消费；
> (二)单位和个体工商户无偿转让货物；
> (三)单位和个人无偿转让无形资产、不动产或者金融商品。

条文主旨

为实现公平征税,防止抵扣链条断裂,简化税收征管,提高税收征管效率,本条规定了视同应税交易的情形。本条规定的视同应税交易的情形虽然在形式上不属于一般意义上民商法规定的"销售"行为或者不符合《增值税法》第 3 条规定的"应税交易"的要求,但是从实质课税的目的出发,这些情形具备课税的条件,仍应当征收增值税。本条是对增值税征税范围的补充，以拟制规范的形式，均使税收征收程序的适用更明确，为稽征提供便利。

条文释义

"视同应税交易"是指行为从形式上看不符合《增值税法》所规定的"应税交易"的条件或者不符合财务会计制度规定的"销售"条件，但税务机关在征税时要将其看作应税交易征税的行为。虽然这部分特殊行为不属于《增值税法》第3条规定的应税交易，但出于维护增值税链条完整、平衡增值税税负、体现增值税计算的配比原则的原因，《增值税法》将其拟制为应税交易，从而纳入征税范围。

1. 单位和个体工商户将自产或者委托加工的货物用于集体福利或者个人消费

"单位和个体工商户将自产或者委托加工的货物用于集体福利或者个人消费"是指货权不发生转移，只在单位内部消耗的情形。此种情形相当于将产品卖给职工或个人，又将收到的款项发给了职工或个人，也可以理解为单位将自产或者委托加工的货物销售给自己。这样处理的原因在于，从增值税原理来看，这类货物实际已经进入最终消费环节。由企业作为货物的最终消费者，补足最终消费环节的增值税税款，可以避免造成该行为与正常流通行为之间的税收负担不公问题。与此同时，当增值税纳税人将自产或委托加工的货物用于集体福利或个人消费时，这批货物实际已经过生产加工过程，其价值往往大于原材料本身。对于这种未在增值税发票链条中明确呈现的增值额，按照增值税法的一般原理，需要作出明确回应。

2. 单位和个体工商户无偿转让货物

"单位和个体工商户无偿转让货物"是指单位和个体工商户将自产、委托加工或者购进用于经营的货物无偿转让。之所以这样规定，是因为要保障增值税链条的完整性。将货物无偿转让给他人时,其他个人为最终的消费者,此时增值税链条尚未结束,只要增值税链条往下传递了,就会产生相应的增值,则该行为要视为销售。如果是增值税链条在本环节终止,则本环节就要承担税负,将抵扣的进项税转出。从税款征收的角度考虑,如果不将该行为视同应税交易的话,实践中就会出现"名为无偿转让,实为销售"的逃税行为,也会加大税收执法和监管的难度。此外,所转让货物还要求为"用于经营的货物",是因为如果该单位并不经营此类货物,那么单位在从生产者处获得该货物的流通环节中已经缴纳了增值税,此时单位再无偿转让货物就不会产生增值,也就不需要将其视同应税交易。

3. 单位和个人无偿转让无形资产、不动产或者金融商品

无形资产包括技术、商标、著作权、商誉、自然资源使用权和其他权益性无形资产。其他权益性无形资产包括基础设施资产经营权、公共事业特许权、配额、经营权(包括特许经营权、连锁经营权、其他经营权)、经销权、分销权、代理权、会员权、席位权、网络游戏虚拟道具、域名、名称权、肖像权、冠名权、转会费等。不动产包括建筑物、构筑物等。金融商品是指外汇、有价证券、非货物期货和其他金融商品。其他金融商品包括基金、信托、理财产品等各类资产管理产品和各种金融衍生品。将该情形规定为视同应税交易是为了防止产生增值税链条断裂和税负不配比的情况。无偿转让的特点在于所有权发生了变化但由于是企业单方面的无偿支出,未能引起企业经济利益的流入,所以不属于日常经营活动,在会计上不作收入。虽然无偿转让不符合销售的"有偿性"要求,但因为过往单位和个人在购进无形资产、不动产或者金融商品时已经抵扣了进项税,故对外转移时也应当"拟制"相应的销项税额。因此,将无偿转让无形资产、不动产或者金融商品与有偿转让同等对待,既可以体现税收的公平性,也可以堵塞税收漏洞,防止纳税人利用无偿行为不征税的规定逃避税收。

▮理解适用

本条精简了《增值税暂行条例》框架下的"视同销售"规则,仅正向列举三类"视同应税交易"的情形:单位和个体工商户将自产或者委托加工的货物用于集体福利或者个人消费;单位和个体工商户无偿转让货物;单位和个人无偿转让无形资产、不动产或者金融商品。增值税上的"视同应税交易"实质为增值税"抵扣进项并产生销项"的链条终止,而会计上没有作销售处理。[①]"视同应税交易"可以避免抵扣链条断裂。增值税一般纳税人采取抵扣法计算应纳税额。如果货物发生了实质上的应税交易行为,却没有销售额和相应的销项税额,这与增值税环环相扣、多环节道道征税的设计原理相悖,造成抵扣环节的中断。此外,设置视同应税交易条款还可以简化税收征管、提高税收征管效率。[②]

《增值税法暂行条例实施细则》第 4 条规定:"单位或者个体工商户的下列行为,视同销售货物:(一)将货物交付其他单位或者个人代销;(二)销售代销货物;(三)设有两个以上机构并实行统一核算的纳税人,将货物从一个机构移送其他机构用于销售,但相关机构设在同一县(市)的除外;(四)将自产或者委托加工的货物用于非增值税应税项目;(五)将自产、委托加工的货物用于集体福利或者个人消费;(六)将自产、委托加工或者购进的货物作为投资,提供给其他单位或者个体工商户;(七)将自产、委托加工或者购进的货物分配给股东或者投资者;(八)将自产、委托加工或者购进的货物无偿赠送其他单位或者个人。"

---

① 参见张怡主编:《财税法实务》,中国人民大学出版社 2023 年版,第 184 页。
② 参见叶金育:《回归法律之治:税法拟制性规范研究》,载《法商研究》2016 年第 1 期。

《营业税改征增值税试点实施办法》第 14 条规定了"视同销售服务、无形资产或者不动产"的情形:"(一)单位或者个体工商户向其他单位或者个人无偿提供服务,但用于公益事业或者以社会公众为对象的除外。(二)单位或者个人向其他单位或者个人无偿转让无形资产或者不动产,但用于公益事业或者以社会公众为对象的除外。(三)财政部和国家税务总局规定的其他情形。"

本条删去既有视同销售行为中的下列内容:(1)将货物交付其他单位或者个人代销;(2)销售代销货物;(3)设有两个以上机构并实行统一核算的纳税人,将货物从一个机构移送其他机构用于销售,但相关机构设在同一县(市)的除外;(4)将自产、委托加工或者购进的货物作为投资,提供给其他单位或者个体工商户;(5)将自产、委托加工或者购进的货物分配给股东或者投资者;(6)向其他单位或者个人无偿提供服务(金融商品除外)。视同销售服务是目前争议最大的领域。2024 年第 3 季度,药企一心堂披露,该公司接受主管税务局的税收辅导,涉及视同销售事项,需缴纳税费 2.33 亿元,滞纳金 0.77 亿元,合计超 3 亿元。[①] 具体情况如下:一心堂药业集团总部于 2020~2023 年统一租进各地的门店,无偿分配给各个独立门店使用。税务机关认为总部已经构成了无偿提供不动产租赁服务,要求总部视同销售补缴增值税。如果这些独立门店是一般纳税人,可能损失并不是特别大。但将滞纳金剥离后,一心堂税款损失仍有 1.6 亿元。这意味着要么时间过久无法开具增值税专用发票,要么小规模纳税人的"独立纳税门店"太多,无法抵扣。总体而言,这样的增值税评价显然不利于增值税征管秩序的稳定以及企业的良性发展。

---

① 参见《一心堂药业集团股份有限公司 2023 年年度报告》(公告编号:2024-044 号),https://q.stock.sohu.com/newpdf/202458006129.pdf。

本条删除了《增值税法(征求意见稿)》中对公益事业的除外情形。一方面,从征税范围上来看,对公益事业的界定过于宽泛,如若规定该除外情形可能会导致该条款的滥用;另一方面,从征税程序上来看,删除该除外情形可以避免核实无偿赠送的货物是否用于公益事业的困难,便利税收征管。①《增值税法(征求意见稿)》新增"单位和个体工商户无偿赠送货物,但用于公益事业的除外"的例外规定。《增值税法(征求意见稿)》不再保留将无偿提供服务视为应税行为的规定。在实际征管过程中,服务的无形性使"无偿提供服务"的情形难以监管,也不利于纳税人遵从,因此这一调整将有望减少服务业有关"视同应税交易"的争议。《增值税法(征求意见稿)》删除了"以社会公众为对象"的除外情形,一是因为"以社会公众为对象"的内涵难以明确;二是"以社会公众为对象"的情况不完全是出于公益的目的。但该视同应税交易的规定并不会完全排除公益捐赠的税收优惠,对特定的公益捐赠仍可豁免视同应税交易处理。此外,《增值税法(草案一次审议稿)》规定赠与货物、无形资产、不动产或者金融商品属于视同销售行为。《增值税法(草案二次审议稿)》将"赠与"调整为"无偿转让",概念更准确,有利于通过视同销售制度实现反避税目的。本法最终采用了《增值税法(草案二次审议稿)》的表述方案。

本条删去了《增值税法(征求意见稿)》《增值税法(草案一次审议稿)》《增值税法(草案二次审议稿)》的授权立法兜底条款。若授权国务院或财税主管部门规定其他视同应税交易规则,可能会出现目前本法未保留的诸多视同应税交易类型,与精简视同应税交易行为的目的相违背。

---

① 参见翁武耀、芮雪:《欧盟增值税视同应税交易规则解析与中国镜鉴》,载《国际税收》2021年第3期。

新旧对比

表4 视同应税交易条款的变化

《增值税暂行条例实施细则》	《增值税法(征求意见稿)》	《增值税法(草案一次审议稿)》	《增值税法(草案二次审议稿)》	《增值税法》
第四条 单位或者个体工商户的下列行为,视同销售货物: (一)将货物交付其他单位或者个人代销; (二)销售代销货物; (三)设有两个以上机构并实行统一核算的纳税人,将货物从一个机构移送其他机构用于销售,但相关机构设在同一县(市)的除外; (四)将自产或者委托加工的货物用于非增值税应税项目; (五)将自产、委托加工的货	第十一条 下列情形视同应税交易,应当依照本法规定缴纳增值税: (一)单位和个体工商户将自产或者委托加工的货物用于集体福利或者个人消费; (二)单位和个体工商户无偿赠送货物,但用于公益事业的除外; (三)单位和个人无偿赠送无形资产、不动产或者金融商品,但用于公益事业的除外; (四)国务院	第四条 下列情形视同应税交易,应当依照本法规定缴纳增值税: (一)单位和个体工商户将自产或者委托加工的货物用于集体福利或者个人消费; (二)单位和个体工商户赠与货物; (三)单位和个人赠与无形资产、不动产或者金融商品; (四)国务院财政、税务主管部门规定的其他情形。	第四条 有下列情形之一的,视同应税交易,应当依照本法规定缴纳增值税: (一)单位和个体工商户将自产或者委托加工的货物用于集体福利或者个人消费; (二)单位和个体工商户无偿转让货物; (三)单位和个人无偿转让无形资产、不动产或者金融商品; (四)国务院规定的其他情形。	第五条 有下列情形之一的,视同应税交易,应当依照本法规定缴纳增值税: (一)单位和个体工商户将自产或者委托加工的货物用于集体福利或者个人消费; (二)单位和个体工商户无偿转让货物; (三)单位和个人无偿转让无形资产、不动产或者金融商品。

续表

《增值税暂行条例实施细则》	《增值税法（征求意见稿）》	《增值税法（草案一次审议稿）》	《增值税法（草案二次审议稿）》	《增值税法》
物用于集体福利或者个人消费； (六)将自产、委托加工或者购进的货物作为投资，提供给其他单位或者个体工商户； (七)将自产、委托加工或者购进的货物分配给股东或者投资者； (八)将自产、委托加工或者购进的货物无偿赠送其他单位或者个人。	财政、税务主管部门规定的其他情形。			

• 典型案例 •

青岛五铢钱网络科技有限公司与邹城市
唐村镇易兴综合厅侵害商标权纠纷案[①]

1. 基本案情

第1624372号"好太太"商标(第一个字体较大,后两个字体较小)的注册人是石家庄市艾洁日用化工厂,后该注册商标经核准转让给河北纳利鑫洗化有限公司(以下简称纳利鑫公司)。第7307702号"好太太"注册商标和第17400710号"好太太"注册商标的注册人均为纳利鑫公司。

2019年11月18日,纳利鑫公司与原告青岛五铢钱网络科技有限公司签订《商标许可使用授权—补充确认书》,纳利鑫公司授权许可原告使用"好太太"商标,许可使用期间,原告有权以自己名义实施广告发布、媒体宣传、招商、产品销售等行为,有权以自己名义对侵犯"好太太"商标专用权的行为进行调查取证、提起诉讼等。被告邹城市唐村镇易兴综合厅未经许可,在其所经营的商品"好太太洗衣液"上使用了与"好太太"注册商标相同或近似的文字,原告以商标侵权对被告提起了诉讼,后被告不服一审判决提起了上诉。

2. 争议焦点

(1)青岛五铢钱网络科技有限公司是否为案涉注册商标的许可使用人?是否为本案的适格原告?

[①] 山东省曲阜市人民法院民事判决书,(2020)鲁0881民初2791号。

(2) 公证封存的洗衣液是否构成对涉案"好太太"商标权的侵犯?

(3) 被告对于公证封存产品是否构成销售?

3. 案情分析

青岛五铢钱网络科技有限公司经第 1624372 号、第 7307702 号、第 17400710 号"好太太"注册商标的注册商标专用权人纳利鑫公司的授权取得上述注册商标的许可使用权利,并经授权取得以自己名义调查取证、提起诉讼的权利。属于本案的适格原告。被告在其商品上使用与案涉注册商标相似的商标,足以使普通消费者产生混淆,故被告的行为属于《商标法》第 57 条第 2 项规定的侵犯注册商标专用权的行为。被告主张对于被控侵权封存产品不属于销售而是"销售老村长酒时,作为促销赠品从老村长酒厂获得",属于搭赠的商品。根据《增值税暂行条例实施细则》第 4 条第 8 项的规定,搭售商品的行为视同销售,①因此对于被控侵权产品被告可构成《商标法》第 57 条第 3 项②规定的"销售侵犯注册商标专用权的商品"的行为,仍然构成对注册商标专用权的侵犯。

原告提供的证据证明其商标在国内有一定的知名度,被告不可

---

① 《增值税暂行条例实施细则》第 4 条规定:"单位或者个体工商户的下列行为,视同销售货物……(八)将自产、委托加工或者购进的货物无偿赠送其他单位或者个人。"《北京市高级人民法院关于审理商标民事纠纷案件若干问题的解答》规定:"搭赠是销售的一种形式……"

② 《商标法》第 57 条:"有下列行为之一的,均属侵犯注册商标专用权……(二)未经商标注册人的许可,在同一种商品上使用与其注册商标近似的商标,或者在类似商品上使用与其注册商标相同或近似的商标,容易导致混淆的;(三)销售侵犯注册商标专用权的商品的……"

能不知道被控侵权产品属于商标侵权产品,不能以善意作为抗辩;[1]被告企图通过搭赠来逃避其对被控侵权商品的"销售"的构成,否定其侵权行为,在视同销售的规则之下,显然是不能成立的,必然会构成侵犯注册商标专用权的行为。因此,在本案中,被告关于善意和搭赠商品的抗辩均不能被支持,其销售该产品的行为侵犯了原告对于涉案商标的专用权,应当停止侵权,承担赔偿责任。

六安市瑞斯杰羽绒制品有限公司与江苏中羽联羽绒制品有限公司买卖合同纠纷案[2]

1. 基本案情

自2018年1月4日起,原告六安市瑞斯杰羽绒制品有限公司(以下简称瑞斯杰公司)陆续向被告江苏中羽联羽绒制品有限公司(以下简称中羽联公司)运送羽绒,根据"企业对账单"和实际开具税票19份,货物总价款为14,479,657元(以实际开具税票金额为准)。中羽联公司在接到瑞斯杰公司开具的增值税专用发票后,在其公司的账务处理中进行了增值税进项税额抵扣,中羽联公司通过银行转账方式先后向瑞斯杰公司支付4笔货款合计2,268,135元。现今货物早已交付中羽联公司,但中羽联公司迟迟未给付货款,瑞斯杰公司请求中羽联公司给付货款,中羽联公司以《购销合同》系瑞斯杰公

---

[1] 《商标法》第64条第2款:"销售不知道是侵犯注册商标专用权的商品,能证明该商品是自己合法取得并说明提供者的,不承担赔偿责任。"
[2] 安徽省六安市裕安区人民法院民事判决书,(2019)皖1503民初6806号。

司伪造,其与瑞斯杰公司之间不存在买卖合同为由否定给付义务。

2. 争议焦点

(1)瑞斯杰公司与中羽联公司是否签订了买卖合同?

(2)瑞斯杰公司向中羽联公司所供货物是基于买卖关系,还是夏某田的投资?

3. 案情分析

瑞斯杰公司提供的入库单等一系列证据证明瑞斯杰公司已实际交付了货物,中羽联公司对实际收到货物不持异议,且瑞斯杰公司开具给中羽联公司的与货物对应的增值税专用发票和中羽联公司已作增值税进项抵扣的税务局证明,以及中羽联公司已支付的部分款项均表明中羽联公司对交易事实确认后已实际履行合同义务,因此,双方之间存在真实交易。从股东大会决议的约定看,如案涉羽绒系夏某田出资,则须由会计师验资,并出具验资报告,中羽联公司发给出资证明书,而中羽联公司并未提供相关证据,并且案涉货物的价值已经远超夏某田的出资范围,①将其认定为出资行为于法无据;且认定双方之间的买卖关系并非仅凭借签订《购销合同》的事实,②中羽联公司认可了瑞斯杰公司的供货事实并且也实际支付了2,268,135元的货款,应当认定为中羽联公司承认双方之间存在货物的买卖关系,故案涉货物是中羽联公司基于买卖关系对瑞斯杰公

---

① 2018年《公司法》第27条第2款:"对作为出资的非货币财产应当评估作价,核实财产,不得高估或者低估作价。法律、行政法规对评估作价有规定的,从其规定。"(现为2023年《公司法》第48条第2款)

② 《最高人民法院关于审理买卖合同纠纷案件适用法律问题的解释》第1条第1款:"当事人之间没有书面合同,一方以送货单、收货单、结算单、发票等主张存在买卖合同关系的,人民法院应当结合当事人之间的交易方式、交易习惯以及其他相关证据,对买卖合同是否成立作出认定。"

司的供货而非夏某田对中羽联公司的出资。

本案中与"视同销售"相关的争议点在于认定案涉货物的性质上,法院的判决均将中羽联公司对案涉货物"已作增值税进项抵扣"用以证明瑞斯杰公司对中羽联公司的供货是基于双方之间的买卖关系而进行的给付销售,作为中羽联公司承认双方之间存在买卖关系的一个佐证。而一审判决认为根据《增值税暂行条例实施细则》第4条第6项的规定,将自产、委托加工或者购进的货物作为投资,提供给其他单位或者个体工商户,应当视同销售货物,观点在于即使把供货行为认定为夏某田对中羽联公司的出资也同样应当"视同销售",进行增值税的抵扣,因此该证据不能用以证明双方之间存在买卖关系。

关于本案案涉货物性质的认定关键应在于中羽联公司承认了瑞斯杰公司供货的事实,且实际向瑞斯杰公司支付了一部分的货款,履行了合同义务。而且夏某田与瑞斯杰公司之间虽然存在关联关系,但中羽联公司的其他股东也有相同的交易事实,并支付了购货款,这应当认定为中羽联公司正常的、普遍的交易行为,而非夏某田用瑞斯杰公司货物对中羽联公司的出资行为。增值税发票以及增值税的进项抵扣对于买卖关系认定的证明力较弱。

相关规定

1.《增值税暂行条例实施细则》第4条;
2.《营业税改征增值税试点实施办法》第14条;
3.《商标法》第57条;
4. 2023年《公司法》第48条。

第六条 【非应税交易项目】

条文

> 有下列情形之一的,不属于应税交易,不征收增值税:
> (一)员工为受雇单位或者雇主提供取得工资、薪金的服务;
> (二)收取行政事业性收费、政府性基金;
> (三)依照法律规定被征收、征用而取得补偿;
> (四)取得存款利息收入。

条文主旨

本条列举了非应税交易项目。

非应税交易的规定与应税交易、视同应税交易的规定紧密关联,三者共同明确了增值税课税范围。增值税应税交易具有先天的广泛性,厘清少数非应税交易并在法律上进行界定,是界定增值税应税交易或明确其构成要件合理且有效的方式。明确非应税交易的认定标准和具体范围,既有利于纳税人法律确定性利益的保护,也有利于明确增值税课税边界,避免征税权力的不当扩张,对国家税收利益维护和纳税人财产保护具有重要的意义,符合我国提高直接税比重、降低税负的税制结构改革方向,更好发挥税法对税收活动的指引作用。

条文释义

本条通过正向列举非应税交易项目,将《财政部 税务总局关于全面推开营业税改征增值税试点的通知》及其附件中"免征增值税"或"不征收增值税"的诸多项目予以筛选、提炼。本条限缩了非应税交易范围,仅明确列举4种情形。"不征收增值税"是指不属于增值税的征税范围的项目,其没有硬性的适用时间段规定,即自始至终就不征收增值税。不征收增值税除特殊情形外,不需要开具增值税发票;特殊情况可以开具"不征税发票"。

1. 非应税交易的判定条件

结合增值税原理来看,非应税交易是指不满足增值税应税交易的构成要件且未被法律拟制为应税交易的情形。非应税交易本身不属于增值税的征税范围,不具有经济上或法律上的可税性。尽管我国增值税立法尚未对此作出统一明确的规定,但理论界与实务界基本认同以下几个要件:(1)非给付;(2)非对价;(3)非经营活动;(4)非境内;(5)非纳税主体。《营业税改征增值税试点实施办法》第10条规定了"非经营活动",但这一概念及具体要件没能在《增值税法》中承继。纵观我国现行的增值税制,除本条明确规定的4种非应税交易情形外,诸多增值税不征税项目的规定散见于《财政部 税务总局关于全面推开营业税改征增值税试点的通知》及其附件以及税务规范性文件中。这些政策的效力如何,其中规定的相应内容是否均被认定为非应税交易,在衔接各类规范的同时,梳理重整非应税交易相关的税收文件,都亟须明确。

2. 删除兜底条款

对于"不属于应税交易"的情形,本条沿袭了《增值税法(草案一次审议稿)》《增值税法(草案二次审议稿)》的做法,删除了《增值税法(征求意见稿)》中授权"国务院财政、税务主管部门规定的其他情形",收紧了对应税交易的判定授权。删除兜底条款使非应税交易范围确定具体,那么现行有效的其他规范性文件中所规定的非应税交易项目在《增值税法》正式出台后还能否继续适用就值得商榷,其法律效力有待明确。例如,被保险人获得的保险赔付(医疗保险赔偿、人身意外伤害保险赔偿和自然灾害保险赔偿等)虽同样不具有《增值税法》上的可税性,但本条未予以列明。因此,这类情形需要结合专项税收优惠条款,判断是否构成前述条款的应税交易而缴纳增值税。

理解适用

1. 员工为受雇单位或者雇主提供取得工资、薪金的服务

此处属于税制平移。员工为受雇单位或者雇主提供取得工资、薪金的服务属于员工的履职行为,这类履职行为从形式上看属于员工在境内有偿向雇主提供应税交易,满足《增值税法》应税交易构成要件的一般要求,但履职行为基于劳动合同关系,雇主确定员工提供劳务的内容和要求,同时为员工提供劳务条件,并确定员工的劳动报酬。双方形成管理与被管理、支配与被支配的从属关系,员工实施活动也就缺乏实质上的独立性。因此,这类履职行为不构成经营性活动,在世界范围内都属于增值税非应税交易情形。对于工资、薪金,《个人所得税法实施条例》第6条第1款第1项规定,"工资、薪金所得,是指个人因任职或者受雇取得的工资、薪金、奖金、年终加薪、劳动分红、津贴、补贴以及与任职或者受雇有关的其他所得"。《企业所得税法实施条例》第34条第2款也有类似规定:"前款所称工资薪金,是指企业每一纳税年度支付给在本企业任职或者受雇的员工的所有现金形式或者非现金形式的劳动报酬,包括基本工资、奖金、津贴、补贴、年终加薪、加班工资,以及与员工任职或者受雇有关的其他支出。"

2. 收取行政事业性收费、政府性基金

行政事业性收费、政府性基金都用于公共服务和公共事业发展,前者是按照成本补偿和非营利原则向特定服务对象收取的费用,后者则是为支持特定公共基础设施建设和公共事业发展而向公民、法人和其他组织无偿征收的具有专项用途的财政资金。两者都不具备经营性,属于非经营活动。相较《增值税法(征求意见稿)》,《增值税法》删除了"行政单位"这一主体要求,使行政单位以外的其他单位的代为收取行为同样属于非应税交易,修正了《营业税改征增值税试点过渡政策的规定》第1条第13项将行政单位之外的其他单位的收取行为认定为免税交易的规定。① 与此同时,《增值税法》删除了既有政策中行政事业性收费、政府性基金需满足的限制性条件。② 这些批准主体的限制性条件属于《预算法》及其相关规定的明确要求,此处调整应属于法律体系性与一致性的体现。

3. 依照法律规定被征收、征用而取得补偿

被征收、征用而取得的补偿不属于销售土地使用权和不动产取得的收入,不属于发生应税交易而取得收益的范畴,而属于非给付,也因为取得收入不具有持续性和营业性,而属于非经营活动。"被征收、征用而取得补偿"是《增值税法》的新增项目,这项内容将有助于降低涉及市政拆迁等事项的纳税人税收负担,而对于"征收、征用"的具体范围界定和征管要求还有待进一步明确。如果仅是执行法律的要求,而缺乏特定给付人的积极行动,则不能构成增值税意义上的给付。③ 政府依照法律规定作出征收、征用行为,并不以双方自愿交易为前提;而被征收、征用人更不具有持续经营以获取收入的营利目的,故而征收、征用属于非经营活动。税收的作用之一是通过调节收入分配促进社会公平。补偿是为了

---

① 《营业税改征增值税试点过渡政策的规定》第 1 条:"下列项目免征增值税:……(十三)行政单位之外的其他单位收取的符合《试点实施办法》第十条规定条件的政府性基金和行政事业性收费……"
② 《营业税改征增值税试点实施办法》第 10 条:"……由国务院或者财政部批准设立的政府性基金,由国务院或者省级人民政府及其财政、价格主管部门批准设立的行政事业性收费……"
③ 参见杨小强:《中国增值税法:改革与正义》,中国税务出版社 2008 年版,第 38 页。

填补损失,若对补偿还要征税反而可能会造成另一种形式上的不公平。相较《增值税法(征求意见稿)》,《增值税法》加上了"依照法律规定"的限定,表述更严谨。实践中征收征用行为会出现一些有争议的情形,"依照法律规定"的前提会使处理相关情况时于法有据,降低损害国家和公众利益的风险。

4. 取得存款利息收入

从交易结构来看,取得存款利息收入可被视为存款人将资金借给银行业金融机构的过程,但银行存款具有储蓄性质,不属于货币出借(提供贷款服务),利息并不是提供服务的对价,存款属于非经营活动。

新旧对比

表5 非应税交易项目条款的变化

《增值税暂行条例实施细则》	《增值税法(征求意见稿)》	《增值税法(草案一次审议稿)》	《增值税法(草案二次审议稿)》	《增值税法》
第十二条 条例第六条第一款所称价外费用,包括价外向购买方收取的手续费、补贴、基金、集资费、返还利润、奖励费、违约金、滞纳金、延期付款利息、赔偿金、	第十二条 下列项目视为非应税交易,不征收增值税: (一)员工为受雇单位或者雇主提供取得工资薪金的服务; (二)行政单位收缴的行政事业性收	第五条 下列情形不属于应税交易,不征收增值税: (一)员工为受雇单位或者雇主提供取得工资、薪金的服务; (二)收取行政事业性收费、政府性	第五条 有下列情形之一的,不属于应税交易,不征收增值税: (一)员工为受雇单位或者雇主提供取得工资、薪金的服务; (二)收取行政事业性收	第六条 有下列情形之一的,不属于应税交易,不征收增值税: (一)员工为受雇单位或者雇主提供取得工资、薪金的服务; (二)收取行政事业性收费、政府性基金;

第一章 总　则

续表

《增值税暂行条例实施细则》	《增值税法（征求意见稿）》	《增值税法（草案一次审议稿）》	《增值税法（草案二次审议稿）》	《增值税法》
代收款项、代垫款项、包装费、包装物租金、储备费、优质费、运输装卸费以及其他各种性质的价外收费。但下列项目不包括在内： （一）受托加工应征消费税的消费品所代收代缴的消费税； （二）同时符合以下条件的代垫运输费用： 1. 承运部门的运输费用发票开具给购买方的； 2. 纳税人将该项发票转交给购买方的。 （三）同时符合以下条件代为收取的	费、政府性基金； （三）因征收征用而取得补偿； （四）存款利息收入； （五）国务院财政、税务主管部门规定的其他情形。	基金； （三）依照法律规定被征收、征用而取得补偿； （四）取得存款利息收入。	费、政府性基金； （三）依照法律规定被征收、征用而取得补偿； （四）取得存款利息收入。	（三）依照法律规定被征收、征用而取得补偿； （四）取得存款利息收入。

059/

续表

《增值税暂行条例实施细则》	《增值税法（征求意见稿）》	《增值税法（草案一次审议稿）》	《增值税法（草案二次审议稿）》	《增值税法》
政府性基金或者行政事业性收费： 1. 由国务院或者财政部批准设立的政府性基金，由国务院或者省级人民政府及其财政、价格主管部门批准设立的行政事业性收费； 2. 收取时开具省级以上财政部门印制的财政票据； 3. 所收款项全额上缴财政。 (四)销售货物的同时代办保险等而向购买方收取的保险费，以及向购买方收取的代购买方缴纳的车辆购置税、车辆牌照费。				

• 典型案例 •

佛山市南海区西樵天地源置业有限公司、任某良等合同纠纷案[①]

1. 基本案情

佛山市南海区人民政府决定对南海区××镇××片区(×××片区)规划红线范围内国有土地上的商品房、房改房及产权商铺等房屋(××××住宅小区除外)实施征收,确定佛山市自然资源局为本项目房屋征收部门,并委托××办为房屋征收实施单位,负责房屋征收补偿安置的具体工作。2012年4月30日,佛山市自然资源局(征收部门)、××办(征收实施单位)与任某良签订《国有土地上房屋征收补偿安置协议》,就征收任某良房屋补偿安置事项进行约定。

2013年12月27日,经佛山市人民政府批准,佛山市国土资源和城乡规划局委托佛山市南海区公共资源交易中心采用网上挂牌方式出让南海区西樵镇×××片区面积24003.6平方米的地块(以下涉讼地块)的国有建设用地使用权。2014年1月26日,佛山市南海区天地源房地产发展有限公司(以下简称南海天地源公司)竞得涉讼地块,并于2014年2月7日与佛山市南海区公共资源交易中心签订了《网上挂牌交易成交确认书》。

2014年2月7日,南海天地源公司(甲方)与佛山市南海区西樵镇人民政府(以下简称西樵政府,乙方)签订附加条件协议书。2016年

[①] 广东省佛山市中级人民法院判决书,(2021)粤06民终4586号。

12月8日,佛山市南海区西樵天地源置业有限公司(以下简称西樵天地源公司,甲方)与西樵政府、××办(乙方)签订附加条件协议书的补充协议,载明本补充协议为出让合同和附加条件协议书的补充。

2016年12月11日,西樵天地源公司(甲方)与任某良(乙方)、××办(丙方)分别签订调换安置协议,载明了乙方被征收房屋的位置、面积等情况,乙方应向丙方支付14,476元,以及丙方收到乙方全部结算款项后,丙方向乙方开具收款收据及结算证明,甲方根据相关法律法规的要求向乙方开具增值税发票等等。任某良已支付增购款14,476元。

2017年3月26日,西樵天地源公司、西樵政府、××办签订《安置房车位无偿提供确认书》,确定西樵天地源公司无偿提供121个车位于西樵政府用于回迁安置,并附上具体车位名单。同日,任某良参与安置房车位选取,任某良确认选取××花园A××2号地下室车位(以下简称涉讼车位)。

2017年6月6日,××办向西樵天地源公司寄送《关于××花园安置房办理不动产权证的函》,载明西樵天地源公司已办理了××花园住宅物业的确权手续,已具备给回迁户办理安置房不动产权登记手续的条件,要求西樵天地源公司协助办理×××片区回迁户安置房不动产权登记手续。2017年9月8日,××办向西樵天地源公司发送《关于××花园安置房发票开具问题的函》,要求西樵天地源公司开具安置房增值税发票给回迁户。

诉讼中,一审法院依职权向国家税务总局佛山市南海区税务局发函调查本案情况,该局已回函称:××花园由西樵天地源公司开发,对该项目纳税人选择简易计税办法计征增值税,对125套政策性回迁房,纳税人已按视同销售,于 2018 年 5 月申报缴纳增值税及相关税费共 5,265,996 元。另查明,涉讼车位已办理商品房首次登记,确权人为西樵天地源公司,均未设定抵押和查封。

2. 争议焦点

(1)西樵天地源公司应否协助办理案涉地下室车位的变更登记手续至任某良名下?

(2)西樵天地源公司应否开具并交付案涉房屋和地下室车位的增值税发票?

(3)一审法院是否违反了法定程序?

以下仅针对第二个争议焦点进行分析。

3. 案情分析

根据《增值税暂行条例》第 1 条"在中华人民共和国境内销售货物或者加工、修理修配劳务(以下简称劳务),销售服务、无形资产、不动产以及进口货物的单位和个人,为增值税的纳税人,应当依照本条例缴纳增值税",以及《营业税改征增值税试点实施办法》第 14 条"下列情形视同销售服务、无形资产或者不动产:……(二)单位或者个人向其他单位或者个人无偿转让无形资产或者不动产,但用于公益事业或者以社会公众为对象的除外……"的规定,西樵天地源公司交付案涉房屋和地下室车位,系其依约履行向土地出让主体和任某良等被征收人交付还建不动产的义务,属于视同销售的行为,西樵天地源公司作为增值税纳税主体应当开具增值税发票;西樵天地源公司上诉主张其与西樵政府、任某良之间没有交易或者合同,不应按照视同销售进行申报纳税和开票,其不负有开具增值税发票的义务,理由不成立。

相关规定

1.《个人所得税法》第 2 条;

2.《个人所得税法实施条例》第 6 条;

3.《预算法》第 9 条、第 27 条;

4.《预算法实施条例》第 12 条、第 14 条;

5. 国家税务总局《关于营改增试点若干征管问题的公告》(国家税务总局公告 2016 年第 53 号)第 1~4 项;

6.《财政部 国家税务总局关于营业税改征增值税试点若干政策的通知》(财税〔2016〕39 号);

7.《企业所得税法实施条例》第 34 条。

第七条 【价外税】

条文

> 增值税为价外税,应税交易的销售额不包括增值税税额。增值税税额,应当按照国务院的规定在交易凭证上单独列明。

条文主旨

本条是我国在法律层面首次明确交易凭证需单独列明增值税税额,充分体现增值税价外税的特征。在既有实践中,大量案例围绕合同交易价格是否含税产生争议。其根源在于,虽然增值税属于典型的价外税,但此种原理与特征并未被法律明确,尤其是当前日常交易习惯仍未仔细区分含税价及不含税价。这将间接影响增值税制改革的推进。为此,本条不仅明确了增值税的价外税特征,还通过设置法定义务,要求在交易凭证上单独列明增值税税额来促进增值税价外税特征的落地。这将显著影响既有交易习惯。

条文释义

1. 在交易凭证上单独列明增值税税额

在销售额中明确排除销项税额已经足够体现增值税的价外税特征,实际呈现为购买方承担增值税税款,实质仍属于税制平移。但要求在交易凭证上单独列明增值税税额意义重大。在既有民商事交易实践中,交易各方往往关注支出/收取的总价款,并在此基础上反向作价税分离,即在合同未明确约定时,价款应为含税。此种观点已被法院接受。通过《增值税法》明确增值税是价外税的特征,结合在交易凭证上单独列明增值税税额的要求将有利于民商事交易中对于价款约定不明时的处理。这意味着,未来合同对于价款是否含税约定不明时,涉及增值税的合同价款均应推定为不含税价。这能避免增值税税率调整导致的经济利益在交易双方之间分配的争议。申言之,未来交易价格概念体系将和增值税发票中的销售额保持一致。

2. 授权国务院细化单列增值税税额的要求

在交易凭证上单独列明增值税税额的要求与我国既有交易习惯并不完全一致。我国民商事交易中,尤其在最终消费环节,商品价格均为含税价。我国除了增值税发票上会明确列出税额外,其他交易凭证如商场购物小票上基本不会单列税额。消费环节明确需要价税分离的情形仅涉及离岸或离岛退税。这与国外的情况有所不同。在交易凭证上单独列明增值税,意味着未来民商事交易习惯需要尽快契合《增值税法》的要求。因此,增值税发票以外的其他交易凭证实现价格和税款分离的具体方案还需国务院进一步细化。

理解适用

本条源于《增值税暂行条例》第6条"销售额界定"相关内容,在《增值税法(征求意见稿)》第4条首次单独提出,并在《增值税法(草案一次审议稿)》《增值税法(草案二次审议稿)》中逐步完善,并最终定型。

1. 交易凭证的范围

我国现行法律对于"交易凭证"的界定并不明确,虽然各类法律规范文件中多有提及"交易凭证"一词,但其应用场景也因其所处不同法律部门而有所差异。在商业语境中,交易凭证通常指可以证明经济业务事项发生、明确经济责任并据以记账、具有法律效力的书面证明,包括但不限于账单、发票、订单、合同等。在法律框架中,"交易凭证"是指能够用来证明经济业务事项发生、明确经济责任并据以登记账簿、具有法律效力的书面证明,包含原始凭证、记账凭证、收付款凭证、转账凭证、票据、结算单等类型。目前,实践仅在增值税专用发票及普通发票中通过分别列明销售额、税额、价税合计来呈现价外税的原理。因此,首要问题是本条规定的"交易凭证"应解释为全部交易凭证还是部分交易凭证?按照增值税价外税的基本原理,为进一步降低适用上的复杂性与提高适用的统一性,此处的"交易凭证"应解释为涉及增值税税额的全部交易凭证。

2. 在交易凭证上单独列明增值税税额构成法定义务

本条强调"应当"按照国务院的规定在交易凭证上单独列明增值税税额。这显然设定了一个法定义务。其实质是尝试改变已经形成的交易习惯与裁判逻辑。由此带来的问题有:(1)此法定义务由增值税制中的哪个主体承担?(2)当违反此法定义务时,其法律效果为何?

对于问题(1),考虑到增值税的法定间接税特征,此法定义务应归属于纳税义务人,通常情况下应税交易的销售方承担此义务。在此基础上,本条将有利于激励纳税义务人在促成应税交易时,满足在交易凭证上单独列明增值税税额之要求。为此,这在一定程度上将影响交易双方的议价能力。问题(2)通常涉及当交易双方就交易价格是否含增值税约定不明时《增值税法》的评价。《增值税法》生效后,当交易双方就交易价格是否含增值税约定不明时,意味着交易双方并未在交易凭证上将增值税税额单独列明,违反了本条设定的法定义务。基于推行在交易凭证上单独列明增值税税额的目标,充分体现增值税的价外税特征,减少交易中的不确定情形,避免因税率调整带来的利益分配问题,当违反此法定义务时,本条应推定交易双方约定的交易价格为不含税价。这种解释方向虽然直接不利于购买方,但明确此种法律效果将有利于促进交易双方在议价环节解决价款及增值税税额的问题。

新旧对比

表6 价外税条款的变化

《增值税暂行条例》	《增值税法(征求意见稿)》	《增值税法(草案一次审议稿)》	《增值税法(草案二次审议稿)》	《增值税法》
第六条 销售额为纳税人发生应税销售行为收取的全部价款和价外费用,但是不包括收取的销项税额。销售额以人民币计算。纳税人以人民币以外的货币结算销售额的,应当折合成人民币计算。	第四条 增值税为价外税,应税交易的计税价格不包括增值税税额。	第六条第一款 增值税为价外税,应税交易的销售额不包括增值税税额。	第六条 增值税为价外税,应税交易的销售额不包括增值税税额。增值税税额,应当按照国务院的规定在交易凭证上单独列明。	第七条 增值税为价外税,应税交易的销售额不包括增值税税额。增值税税额,应当按照国务院的规定在交易凭证上单独列明。

> 典型案例

陈某某与被申请人国家税务总局中山市税务局神湾税务分局、国家税务总局中山市税务局税务行政管理纠纷案[①]

1. 基本案情

梁某某、叶某某所有的房地产由该案原一审法院通过淘宝网司法拍卖平台进行公开拍卖,后陈某某以 5,848,346 元的价格竞得涉案房地产。神湾税务分局以涉案房地产的拍卖成交价 5,848,346 元作为计税基础,计算出应缴纳的增值税等税金,中山市税务局在《行政复议决定书》中认定拍卖成交价 5,848,346 元为不含税销售额并将其作为计税基础。陈某某认为,涉案房地产的拍卖成交价属于采用销售额和应纳税额合并定价方法,主张涉案房地产销售额 = 拍卖成交价 ÷ (1 + 征收率),原一审、二审法院对此不予支持,并判决驳回陈某某关于撤销中山市税务局作出的《行政复议决定书》、责令神湾税务分局更正违法行为及退回多缴税款的诉讼请求。陈某某因此向广东省高级人民法院申请再审且坚持认为 5,848,346 元系含税销售额,主张神湾税务分局的征税行为违法。广东省高级人民法院认为,陈某某的理由不能成立,而神湾税务分局的计税方式理据充分,原一审、二审法院的判决无不当之处,最终驳回陈某某的再审申请。

[①] 广东省高级人民法院行政裁定书,(2019) 粤行申 2590 号。

2. 争议焦点

神湾税务分局计征涉案房地产应缴税费的计税基础(销售额)是否正确?

3. 案情分析

本案中,再审申请人陈某某称:增值税为价外税,其在交易成功时已经产生并内含在成交的价格中,不属于过户时产生的税费。由于增值税实行价税分离,因此成交确认的价格减去其中已向买方收取的增值税额方为净销售额。神湾税务分局的征税行为改变了增值税的本质和属性,违背了"营改增"的政策背景和立法原意,违反了税收法定原则。

受理再审申请的法院认为:原一审法院在涉案房地产的拍卖公告中已提示涉案房地产在办理过户登记时所涉及的一切税费均由买受人承担,在拍卖成交确认裁定中亦已明确涉案房地产过户应缴税金及所需费用均由陈某某承担。由上述事实可知,陈某某作为买受人,除了要支付拍卖成交价5,848,346元外,还需遵循原一审法院拍卖公告和拍卖成交确认裁定的要求承担过户应缴税金及所需费用,故拍卖成交价5,848,346元应为原一审法院执行梁某某、叶某某涉案房地产的变现款,该款项全额作为执行款由原一审法院执行案件所得,为执行法院净收入的不含税销售额。神湾税务分局和中山市税务局以涉案房地产的拍卖成交价5,848,346元作为计税基础,计算出应缴纳的增值税等理据充分。原一审、二审法院对此不予支持陈某某主张并判决驳回陈某某的诉讼请求无不当之处。陈某某申请再审的理由不能成立。

由此可见,增值税的价外税特征有时会因为"价"金本身的界定不清而使民事主体和行政主体对计税基础产生争议。为解决该问题,除了要在实务中尽量避免价金的模糊或者歧义,将应税交易的销售额和增值税税额在交易凭证中单独列明也非常重要。

广州连云大数据有限公司与中建投租赁股份有限公司融资租赁合同纠纷案[1]

1. 基本案情

2016~2017年,广州连云大数据有限公司(以下简称连云公司)与中建投租赁股份有限公司(以下简称中建投公司)先后签订了4份《融资租赁合同》,约定了中建投公司以融资租赁(直租)方式向连云公司出租租赁物并收取租金的相关事宜。连云公司主张:前述4份合同签订时,增值税税率为17%。合同履行过程中,增值税税率发生调整,具体为:自2018年5月1日起,税率自17%调整为16%;自2019年4月1日起,增值税税率进一步自16%税率调整为13%。其后,连云公司多次要求中建投公司按照《融资租赁合同》及相关法律规定对租金及其发票予以相应调整,但中建投公司拒绝进行调整,并仍按照原《租金支付表》向连云公司收款。连云公司认为,中建投公司未按照合同约定及法律规定对增值税税款进行正确调整且擅自增加租金销售额,向连云公司收取了合同约定范围之外的费用,其行为构成违约。一审法院认定,本案合同约定租金不因增值税税率调整而受到影响,连云公司将因增值税税率下调而最终获益等说法没有事实和法律依据,据此判决驳回连云公司的全部诉讼请

---

[1] 北京市第二中级人民法院民事判决书,(2020)京02民终4817号。

求。连云公司认为法院判决存在重大错误,依法应予纠正。因此提起上诉,要求二审法院依法撤销一审判决,改判支持连云公司的全部诉讼请求。

一审法院审理认为:根据合同条款,连云公司不能因国家政策调整等客观情况发生变化而要求迟延支付或者进行减免租金。本案中的增值税税率调整,属于国家政策调整的范畴,连云公司不能因增值税税率调整而要求少交租金。双方约定的租赁物租金总数额和每期租金数额,在合同签订之初就已确定,不受增值税税率变化的影响。同时,双方合同并未对税率调整产生的影响进行约定,在合同无相关约定的情况下,增值税税率调整时,双方仍应按照原有合同约定履行义务,即连云公司仍应按照每期租金标准及时间支付相应租期的租金,中建投公司仍应按照既定的每期租金数额为连云公司开具增值税专用发票。另外,增值税税率调整对连云公司、中建投公司均会产生有利或不利影响,增值税税率调整对连云公司、中建投公司双方产生的作用是双向的。中建投公司基于国家增值税税率的下调而享受了减税红利,该减税获益具有国家税收政策的调整依据,现连云公司主张中建投公司获得减税红利,遂要求中建投公司向其支付已享受的减税利益,既无合同依据也不符合诚实信用原则,更不利于维护交易稳定。因此,对连云公司的诉讼请求,一审法院不予支持。二审法院经审理认为一审判决认定事实清楚,适用法律正确,应予维持,遂驳回上诉,维持原判。

2.争议焦点

连云公司应支付的每期租赁本金是否应随着税率下调而相应调整?

3. 案情分析

本案中,上诉人连云公司主张,依据本案合同附件一《特殊约定》第2.1条"租赁本金仅为概算金额"以及第4.3条"若国家对融资租赁业务相关税务制度进行调整或修订,本合同……项下租赁物发票及租金发票开具安排按届时有效的税务制度相应调整"的约定,租赁本金并不是固定的、不可调整的价税合计额,而是双方根据缔约时的增值税税率得出的概算价格,进而主张增值税税率下调后每期租赁本金价税合计额亦应相应调整。

二审法院认为,首先需要解决的是租赁本金的构成问题。双方没有约定租赁本金仅指销售额,也没有约定在租赁本金之外另行支付税款,由于我国的价格通常是含税价格,连云公司主张租赁本金仅指销售额既无合同依据,也不符合商业惯例。其次,连云公司主张,双方约定的租赁本金是概算价格,非固定数额。双方之所以约定"租赁本金仅为概算金额",是因为租赁本金为"货款+其他费用-首付款"。双方均认可,在签约时未产生其他费用,连云公司也未支付首付款。故租赁本金仅是中建投公司已向供应商支付的货款,在双方签约时租赁本金是能够确定的固定数额。最后,双方在签约时以固定的租赁本金为总数,按照租期得出的每期租赁本金亦是固定的数额。双方未明确约定在合同履行过程中如遇税率下调则之后的每期租赁本金随之减少,因此,即使税率下调,连云公司仍应按照签约时确定的每期固定的租赁本金数额支付相应的租金。

简言之,连云公司主张的租赁本金仅指按照签约时的税率得出的销售额且该销售额是固定的。按照其主张,当税率下调时,以签约时固定的销售额为基数计算的税额必然减少,价税合计数额亦相应减少。但通过上述分析,连云公司的理由不能成立,故二审法院对其主张不予采纳,判决驳回其上诉请求,维持原判。

本案和案例一的相同之处在于,二者都是基于增值税属"价外税"这一特质而使价税界限不清引发的纠纷。不同之处在于,本案由于涉及增值税税率的下调,因此,上诉人连云公司认为,如在合同没有明确约定的情况下,"一刀切"地将价税合计额认定为不受税率调整影响的固定总价,并据此将销售方的行为认定为享受减税红利,这不仅是在本案中对合同条款和增值税"价外税"法律性质作出错误认定,而且会导致更多市场主体采取类似的投机及不当牟利行为,利用税率下调政策损害交易相对方利益并获取额外营业收入,造成更多的价格争议,对交易稳定造成不利影响。而一审法院除了依据当事双方合同认为连云公司所应承担的租金不受增值税税率的调整影响外,更阐释了增值税作为价外税,逐环节征收,逐环节抵扣,其对税率的调整作用具有双向性。国家降低增值税税率的直接目的在于减轻企业税负、激发企业活力,降税必将产生一系列的连锁效应,但该效应的释放有一个过程,连云公司最终也会因增值税税率下调而获益。

应该注意的是,此类纠纷的根源仍在于交易过程中是否能够清晰明确界定交易款项是含税总价,抑或不含税款的销售额。尽管《增值税法》中明确规定交易凭证中应将税额单独列明以作区分,但合同双方仍应将交易价款本身所代表的意思表示内容约定清楚,以规避不必要的商业风险。

相关规定

1.《增值税暂行条例》第6条、第21条;

2.《营业税改征增值税试点实施办法》第20条;

3.《增值税法(征求意见稿)》第 4 条；

4.《国务院批转国家税务总局工商税制改革实施方案的通知》第 4 条。

第八条 【计税方法】

/ 条文

> 纳税人发生应税交易，应当按照一般计税方法，通过销项税额抵扣进项税额计算应纳税额的方式，计算缴纳增值税；本法另有规定的除外。
>
> 小规模纳税人可以按照销售额和征收率计算应纳税额的简易计税方法，计算缴纳增值税。
>
> 中外合作开采海洋石油、天然气增值税的计税方法等，按照国务院的有关规定执行。

/ 条文主旨

本条是关于增值税纳税人计税方法技术原理及适用原则的规定。

计税方法是增值税法的核心机制，分为一般计税方法与简易计税方法。除明确一般计税方法与简易计税方法的原理外，本条首次明确一般计税方法优先原则，即只要发生应税交易，优先适用一般计税方法。在全面落实税收法定原则的背景下，本条提高了例外情况的门槛：一是强调由《增值税法》设定一般计税方法的例外情形；二是否定了由国务院及其财税主管部门设定简易计税方法的例外情形，即一般纳税人选择适用简易计税方法的情形，这样安排增强了增值税法的体系性与科学性;三是仅单独授权国务院制定中外合作开采海洋石油、天然气增值税的计税方法。

条文释义

1. 一般计税方法的界定

一般计税方法是增值税法通过抵扣链条实现税收中性的核心机制。相较于《增值税暂行条例》,本法首次明确一般计税方法的概念及内涵,并在适用顺序上作出重大变更。

具体而言,第一,本法改变了《增值税暂行条例》"先例外后一般"的立法模式,强调"先一般后例外"的原则性安排。这样安排有两个好处:(1)"先例外后一般"原则在实践中不断被突破,尤其是全面"营改增"改革以来,一般纳税人选择适用简易计税方法的特殊情形,无法与《增值税暂行条例》相适应。改为"先一般后例外"原则将大幅提高增值税法的体系性,增强一般计税方法的包容性,稳定拓展增值税抵扣链条。这从制度层面呼应了"十四五"规划中的"聚焦支持稳定制造业、巩固产业链供应链,进一步优化增值税制度",对于降低行业整体税负、鼓励小规模纳税人深度参与产业链意义重大。(2)《增值税暂行条例》"先例外后一般"实际将例外情形作为重心,导致后续财税政策需要不断细化各种例外情形,进而使人产生理解上的冲突与困难,并最终令增值税法计税方法异常复杂。这既增加了增值税法的复杂程度,也提高了纳税人的遵从成本。本法改为"先一般后例外"后,后续实施细则与财税政策将重点围绕一般计税方法展开细化,例外情形将变成有限情形,不再处于增值税法的核心地带。这标志着增值税法在立法科学性方面有重大进展。

第二,明确一般计税方法优先适用原则。《增值税暂行条例》明确将一般计税方法与一般纳税人挂钩,简易计税方法与小规模纳税人挂钩。这导致两个问题:(1)纳税人增值税计税方法的转换往往以身份的转换为前提条件,并辅之以期限、标准等限制,如《增值税暂行条例实施细则》第33条限制一般纳税人转为小规模纳税人。此种制度安排在设计之初也许包含防止纳税人偷逃税的考量,但随着增值税发票制度不断完善、抵扣机制不断优化,此种风险不断降低,已经直接阻碍增值税法的进一步优化。(2)《增值税暂行条例》将计税方法规定得相对固定,直接导致财税主管部门的财税政策解释权与立法权产生了冲突。本法明确一般计税方法优先适用原则,将有效回应这两个问题。一方面,只要纳税人发生应税交易,原则上均应适用一般计税方法,小规模纳税人亦不例外;另一方面,小规模纳税人并非必须适用简易计税方法,本法为其留有一定选择余地,且此种选择余地不再与其小规模纳税人身份绑定。这将明显降低小规模纳税人的纳税成本。

第三,严格限制一般计税方法的例外情形仅能由本法规定。这是在全面落实税收法定原则背景下,首次尝试将一般计税方法的例外情形完全法律化。换言之,在本法规定之外,国务院及其他任何部门无权直接设置一般计税方法的例外情形。这是朝着税收实质法定迈进的重要一步。同时,结合本法将例外情形的设置权授权给国务院,这基本形成一种"二阶细化机制":其一,由《增值税法》明确一般计税方法的例外情形及核心规则,在一般计税方法优先适用的基础上,强调例外情形仅能由《增值税法》规定。这要求例外情形需要符合《增值税法》的立法目的、核心理念与一般原理。其二,国务院在对例外情形进行进一步细化时,需要结合例外情形所处的增值税法规则环境,根据当时经济社会发展需要,并与《增值税法》的立法目的保持一致。这将减少既有增值税制中的不合理情形并降低其复杂程度。

2. 简易计税方法

因行业的特殊性、部分纳税人无法取得原材料或货物的增值税进项发票,而按照一般计税方法核算增值税应纳税额对该部分纳税人而言税负过高,因此,对特殊的行业、特定的纳税人采取按照简易计税方法适用征收率征收增值税。核心变动有两个:(1)相较于《增值税暂行条例》,明确限制适用简易计税方法的主体为小规模纳税人,本法通过设置"符合国务院规定的纳税人",将既有实践中的特殊做法、特殊情形纳入其中,改变特定行业的税收政策决策权,由财税主管部门上升为国务院。这符合税收法定主义的核心理念。(2)在具体措辞上,突出"可以"所代表的选择权,即小规模纳税人原则上适用一般计税方法,但可以结合自身具体情况选择适用简易计税方法。虽然小规模纳税人适用一般计税方法存在一定门槛(如会计资料健全、准确提供税务资料等,见本法第九条),但当特定小规模纳税人满足要求后,仍然可以选择是否适用一般计税方法。这将最大限度减少简易计税方法对小规模纳税人及特定行业的影响。此外,本条仍未完全囊括全部例外情形。在既有税收政策中,当一般纳税人符合增值税简易计税方法相关规定条件时,一般"可选择"简易计税方法。① 但当一般纳税人符合"为地基与基础、主体结构提供工程服务"项目规定条件时,则强制适用简易计税方法。② 本法生效后,税收政策同增值税法的衔接问题无法回避。从强制适用向可以适用的转变,意味着小规模纳税人及特定行业纳税人将获得更多发展空间与决策自主权。

3. 中外合作开采海洋石油、天然气增值税的计税方法

对于中外合作开采海洋石油、天然气增值税的计税方法,本法在一

---

① 参见《财政部 税务总局关于全面推开营业税改征增值税试点的通知》(财税〔2016〕36号)。
② 参见《财政部 税务总局关于建筑服务等营改增试点政策的通知》(财税〔2017〕58号)第1条。

般框架外专设一款以承接既有政策①,属于税制平移。按目前政策的规定,中外合作油(气)田开采的原油、天然气按实物征收增值税,征收率为5%,并按现行规定征收矿区使用费,暂不征收资源税。② 在计征增值税时,不抵扣进项税额。原油、天然气出口时不予退税。中国海洋石油总公司海上自营油田比照执行。另外,本条第3款采用了开放式的表述,即"中外合作开采海洋石油、天然气增值税的计税方法等,按照国务院的有关规定执行"。按照本法的立法目标及税收法定原则的基本要求,作为增值税法核心框架的计税方法需要同时满足要素法定与要素明确的要求。因此,此处的"等"应作限缩解释,即除了"中外合作开采海洋石油、天然气增值税的计税方法"外,国务院在计税方法事项上并未取得本法授权。

理解适用

关于计税方法部分,《增值税法》基本沿袭《增值税暂行条例》的做法。但考虑到全面"营改增"改革对《增值税暂行条例》规定的一般计税方法与简易计税方法的衔接部分所产生的影响,《增值税法(征求意见稿)》首次尝试将一般计税方法与简易计税方法的适用方案与纳税人身份分离,并在后续立法过程中保留此思路。除此之外,《增值税法(征求意见稿)》《增值税法(草案一次审议稿)》《增值税法(草案二次审议稿)》均强调应税交易优先适用一般计税方法原则,这既呼应了增值税作为链条税的技术原理,也是降低纳税人税负的核心路径。只有适用一般计税方法,纳税人才能实现进项税额抵扣链条的完整性与连续性,才

---

① 国家税务总局《关于中外合作开采石油资源交纳增值税有关问题的通知》(国税发〔1994〕114号)。
② 《国务院关于外商投资企业和外国企业适用增值税、消费税、营业税等税收暂行条例有关问题的通知》(国发〔1994〕10号)。

能实现仅对增值额征税的设计理念。这也最终影响不同产业链、供应链的市场竞争力。在此基础上,本法删除了《增值税法(草案二次审议稿)》对于国务院细化简易计税方法的授权,仅授权国务院制定中外合作开采海洋石油、天然气增值税的计税方法。

1. 抵扣制度

作为一般计税方法的核心,抵扣制度是增值税实现税负转嫁的核心机制。要理解增值税法上的抵扣(deduct),首先需要结合其税收客体的演变加以研讨。增值税为对于所得或财产之支出所课的支出税,其税收客体本来是"支出",为一种消费税;只是为了稽征上的方便与经济的技术考量,在将其纳税义务人改为支出者之交易相对人的同时,亦将其税收客体改为"销售"①。换言之,增值税纳税义务归属之人本是购买人,后来为降低申报单位之经济负担之目的,而改以销售(本法采用的"应税交易")为税收客体,其归属之人亦变成从事销售之营业人,从而亦以其为纳税义务人。为使增值税之税收负担回归至购买人,以符合量能课税原则的要求,自然必须经过转嫁处理。其税收客体虽因稽征技术的需要而从支出调整为销售;其应归属之主体,亦随之从购买人调整为销售人。后来的转嫁,只是使营业税之负担回归至依量能课税原则所当归属之人而已。② 这意味着,抵扣是交易链条中的纳税人转嫁其已经缴纳增值税的一种方式,以达成增值税是对最终消费课税的立法目的。目前来看,本次立法已经表现出以行为立法模式替代主体立法模式的趋势。

---

① 参见黄茂荣:《税捐法专题研究(各论部分)》,台北,植根法学丛书编辑室2001年版,第116页。
② 参见黄茂荣:《法学方法与现代税法》,北京大学出版社2011年版,第65~74页。

2. 纳税人抵扣权的入法争议

抵扣权是增值税抵扣制度中的重要内容。本法沿袭《增值税暂行条例》关于"抵扣"的表述,并未与学界呼吁的抵扣权保持一致。从域外实践来看,抵扣权最早统一于欧盟 1977 年第六号指令(Sixth Council Directive, 77/388/EEC)第 17 条之第 1、2 款,即"(申请)抵扣(进项税额)的权利,于可抵扣之税收债务发生时同时成立。就商品和服务用于其应税交易而言,应纳税人有权从他有责任支付的税款中扣除下列税款:(a)与其他纳税人已经给付或将要给付给应纳税人的商品或服务的应纳或已纳的增值税;(b)与进口商品有关的应纳或已纳的增值税;(c)本指令第五条之七款第(a)项与第六条之三款下所涉的应纳增值税"。从既有研究来看,抵扣权的论证集中于税收中性原则、纳税人权利保护等方面。抵扣正当性源于增值税制本身通过销售转嫁给最终消费者的本质,需要通过进项税的抵扣避免层叠征税效果(cascading effect)的产生。[1] 为了确保增值税中性原则和作为一种仅对私人消费征收的税的属性以及维护纳税人权益,需要避免对与经济活动相关的进项税额抵扣权进行任何限制。[2] 通过行使申请抵扣的权利,不仅是达成增值税法"仅对增值课征,由终局之消费者作为实质之纳税义务人"制度的要求,更是维系整体企业税制中立性的要求。[3] 还有部分研究从相关法律

---

[1] 参见任宛立:《增值税纳税人抵扣权之保障》,载《暨南学报(哲学社会科学版)》2019 年第 5 期。

[2] 参见翁武耀:《论增值税抵扣权的范围》,载《北京工商大学学报(社会科学版)》2015 年第 3 期。

[3] 参见黄源浩:《论进项税额扣抵权之成立及行使》,载《月旦法学杂志》2007 年第 140 期。

规范文本中的用词论证"抵扣权"的存在。① 从这些规范文本来看,相关用词几乎全部体现为"纳税人可放弃固定资产进项税额的抵扣权",范围过于狭窄,依旧很难说明"抵扣权"存在的基础。② 反对意见认为,各国通过抵扣制度的优化,赋予纳税人"申请抵扣的权利",这一权利与"抵扣权"并不一致,其仅为税收行政的一般原理,并无专门确立之必要性。抵扣制度的权利化需要建立在对税收中性与税收征管效率的协调把握基础之上。在没有细致分析税收中性、税收征管对形式要件的依赖、对抵扣链条完整性的形式解读等深层原因的情况下,草率地构建"抵扣权",不仅不利于纳税人权利保护,而且会严重破坏增值税的税种优势。

3. 一般计税方法的例外情形

本条第1款通过"本法另有规定的除外"明确一般计税方法的例外情形仅能通过《增值税法》设定。本条第2款、第3款分别设定了简易计税方法及中外合作开采海洋石油、天然气增值税的特殊计税方法;本法第14条设定了进口货物按组成计税价格为基数计算增值税的计算方法;本法第15条设定了境外单位和个人在境内发生应税交易时代扣代缴增值税的计算方法。除此之外,有关计税方法的适用还需考虑与本法第25条"增值税专项税收优惠"衔接。

---

① 《增值税暂行条例》及2011年《增值税暂行条例实施细则》均未规定"抵扣权"的概念及其相关内容。存在"抵扣权"用语的法律规范性文件主要包括:《财政部 国家税务总局关于2005年东北地区扩大增值税抵扣范围有关问题的通知》(财税〔2005〕28号)、《扩大增值税抵扣范围暂行管理办法》(国税发〔2007〕62号)附件"放弃固定资产进项税额抵扣权声明"、《中部地区扩大增值税抵扣范围暂行办法》(财税〔2007〕75号)和《汶川地震受灾严重地区扩大增值税抵扣范围暂行办法》(财税〔2008〕108号)。当然,以上文件均已失效。
② 参见茅孝军:《增值税抵扣权入法热的冷思考》,载《税收经济研究》2019年第6期。

新旧对比

表7 计税方法条款的变化

《增值税暂行条例》	《增值税法（征求意见稿）》	《增值税法（草案一次审议稿）》	《增值税法（草案二次审议稿）》	《增值税法》
第四条 除本条例第十一条规定外，纳税人销售货物、劳务、服务、无形资产、不动产（以下统称应税销售行为），应纳税额为当期销项税额抵扣当期进项税额后的余额。应纳税额计算公式：应纳税额=当期销项税额−当期进项税额 当期销项税额小于当期进项税额不足抵扣时，其不足部分可以结转下期继续抵扣。	第二条 发生应税交易，应当按照一般计税方法计算缴纳增值税，国务院规定适用简易计税方法的除外。进口货物，按照本法规定的组成计税价格和适用税率计算缴纳增值税。第三条 一般计税方法按照销项税额抵扣进项税额后的余额计算应纳税额。简易计税方法按照应税交易销售额（以下称销售额）和征收率	第六条第二款 纳税人发生应税交易，应当按照一般计税方法计算缴纳增值税，小规模纳税人以及其他适用简易计税方法计算缴纳增值税的除外。第六条第三款 小规模纳税人的标准以及适用简易计税方法的情形由国务院规定。	第七条 纳税人发生应税交易，应当按照一般计税方法，通过销项税额抵扣进项税额的方式，计算缴纳增值税；本法另有规定的除外。小规模纳税人以及符合国务院规定的纳税人，可以按照销售额和征收率计算应纳税额的简易计税方法，计算缴纳增值税。	第八条 纳税人发生应税交易，应当按照一般计税方法，通过销项税额抵扣进项税额计算应纳税额的方式，计算缴纳增值税；本法另有规定的除外。小规模纳税人可以按照销售额和征收率计算应纳税额的简易计税方法，计算缴纳增值税。中外合作开采海洋石油、天然气增值税的计税方法等，按照国务院的有关规定执行。

续表

《增值税暂行条例》	《增值税法（征求意见稿)》	《增值税法（草案一次审议稿)》	《增值税法（草案二次审议稿)》	《增值税法》
第十一条 小规模纳税人发生应税销售行为,实行按照销售额和征收率计算应纳税额的简易办法,并不得抵扣进项税额。应纳税额计算公式：应纳税额＝销售额×征收率 小规模纳税人的标准由国务院财政、税务主管部门规定。	计算应纳税额,不得抵扣进项税额。			

• 典型案例 •

陕西远景工程有限公司与青海地方铁路建设投资有限公司建设工程施工合同纠纷案[①]

1. 基本案情

2016年5月19日,青海地方铁路建设投资有限公司(以下简称铁路公司)通过招标代理单位向陕西远景工程有限公司(以下简称远景公司)发出共和至玉树公路改扩建 GYFJ-SG19 标段中标通知书,投标报价为 21,751,611 元;合同形式采取固定总价,签约合同价为 24,226,772.1 元(中标合同价金额依据招标文件的约定由投标价+10%暂列金额+奖励金组成,即 21,751,611 元+2,175,161.1 元+300,000 元)。

在施工过程中,远景公司根据招标文件内容对工程项目供水机井的暂估深度为 20 米,暂估单价 10,000 元/米,总价 200,000 元的约定,按照设计要求在原设计位置施工。打井 20 米未能出水,远景公司经征得监理公司同意,在此继续打井至 450 米仍未能出水;远景公司再次征得设计单位和监理单位同意,并聘请水文地质专业人员重新确定打井位置,打井深度至 1432.4 米出水完工。同时,2018年1月28日,远景公司未征得铁路公司意见,同监理单位、设计单位制作了《设计变更报批表》,同意变更机井挖掘深度,达到 1432.4 米时,出水量满足设计要求,费用增加(1432 米 - 20 米)× 10,000 元/米 = 14,124,000 元。

[①] 青海省高级人民法院民事判决书,(2021)青民终119号。

2018年8月1日,监理单位、设计单位、远景公司和铁路公司四方参加对共和至玉树公路改扩建GYFJ-SG19合同标段建筑工程项目进行了竣工验收,并在《公路工程(合同段)交工验收证书》上签字和盖章。验收证书对工程质量、合同执行情况作出评价;对遗留问题、缺陷的处理意见及有关问题作出决定。

2. 争议焦点

对于"营改增"调整后的工程税金增加款1,596,500元是否应予支持?

3. 案情分析

远景公司认为:根据青海省住房和城乡建设厅青建工(2016)140号文件,"营改增"后,2016年5月1日以后的工程项目造价以税前价乘以11%确定,而本案涉及的建设施工合同还是以原来的3.36%税率计算的,因此,应当按照新的造价计算公式进行调整,调整后,工程款增加1,596,500元(该费用有生效判决可供参考),计算方式为24,226,772.1元×(11% − 3%)(该部分费用并不含机井增加造价1902.4万元)。

铁路公司认为:远景公司的投标报价中已含3.36%的税费,且根据"营改增"文件精神,远景公司作为跨县(市)提供建筑服务的企业,可选择一般计税法按2%预缴税款,也可选择简单计税法按3%计算纳税额,无论如何选择均不超过3.36%;远景公司虽提交其按照11%预交增值税方面的证据,但看不出是否抵扣进项税额,无法证明营改增导致其税负增加的事实,实则是否产生税负增加、抵扣相应税费后综合税率是多少均不确定;同时,双方签订的合同为固定总价合同。

一审法院认为:(1)因双方当事人均不同意申请司法鉴定,仍然坚持各自的诉讼观点,就无法准确判定机井设计变更后的工程量造价金额,最终工程税金基数无法确定,"营改增"调整后的工程款增加也就无法计算。再者,双方当事人签订的施工合同明确约定合同价款为固定总价,在合同条款中并没有明确是否含税定价方式、发票开具方式等必要信息。(2)远景公司也未向法院提交建筑服务发生地按照11%预交增值税发票的证据。(3)《财政部 税务总局关于全面推开营业税改征增值税试点的通知》(财税〔2016〕36号)附件1《营业税改征增值税试点实施办法》第17条规定:增值税的计税方法,包括一般计税方法和简单计税方法。本案中,作为纳税人的远景公司所在地址是陕西汉中市,是跨县(市)提供建筑服务的企业。该通知附件2《营业税改征增值税试点有关事项的规定》第七部分"建筑服务"规定:一般纳税人跨县(市)提供服务,适用一般计税方法计税的,应以取得的全部价款和价外费用为销售款计算应纳税款,纳税人应以取得的全部价款和价外费用扣除支付的分包款后的余额,按照2%的预征率在建筑服务发生地预缴税款后,向机构所在地主管税务机关进行纳税申报。一般纳税人跨县(市)提供建筑服务,选择适用简易计税方法计税的,应以取得全部价款和价外费用和扣除支付的分包款后的余额为销售款,按照3%的征收率计算应纳税额。纳税人应按照上述计税方法在建筑服务发生地预缴税款后,向机构所在地主管税务机关进行纳税申报。青海省住房和城乡建设厅《关于建筑业实施营业税改增值税后调整青海省建设工程计价依据的通知》(青建工〔2016〕140号)明确规定,该通知中的计价依据调整办法适用于采用一般计税方法计税的建设工程。对符合

《财政部 税务总局关于全面推开营业税改征增值税试点的通知》(财税〔2016〕36号)规定采用简单计税方法要求的建设工程单位和在2016年5月1日前开工的建设工程,可按原合同约定以及营改增前的计价依据执行。本案中,根据上述规定,远景公司选择一般计税方法,按照2%的预征率预缴税款;选择简易计税方法,按原合同约定计价履行。远景公司在营改增的过渡阶段,不论选择哪种计税办法计税,并不一定会使原有税负增加。远景公司要求铁路公司承担"营改增"后高出部分的税金,缺乏事实基础,法院不予支持。

二审法院认为:税收具有法定性,我国税收相关法律对税种、税率、税额等作出强制性规定,当事人之间的约定不得违反法律、行政法规的强制性规定。双方认可案涉工程于2016年5月1日后开工建设,远景公司作为一般纳税人纳税,故案涉工程应按上述文件精神"营改增",采用一般计税法计算应纳税额。从远景公司提交的8张增值税发票来看,其直接按税率11%纳税,并未按照通知附件2对建筑服务试点纳税人的有关政策进行纳税。至于远景公司直接按税率11%纳税是否增加工程造价以及造成税负,因营业税与增值税是不同税种,增值税涉及销项税额、进项税额,并非远景公司简单将营业税与增值税二者相减后计算得出,其计算方式不符合上述文件规定,远景公司对此也未提交其他证据,故其该部分的主张现缺乏相关证据证明,不予支持。远景公司提交的法院(2020)青民再129号民事判决书,以此作为印证工程造价应予调整的理由,因再审案件涉及的该部分事实经过鉴定确认,具有一定的事实依据,而本案远景公司的计算无相应依据,法院对该证据的证明力不予采信。铁路公司认为案涉工程为固定总价合同不应予以调整以及按通知附件2选择一般计税法或选择简单计税法计算纳税额均不超过3.36%的理由,不符合上述文件规定精神,不予采信。一审法院此部分说理分析不符合上述文件规定精神,且经查明远景公司对此部分的主张并不含机井工程变更增加款,结合一审中提交了增值税发票的事实,一审法院认定事实错误,予以纠正。

相关规定

1.《财政部 税务总局关于全面推开营业税改征增值税试点的通知》(财税〔2016〕36号);

2.《财政部 税务总局关于建筑服务等营改增试点政策的通知》(财税〔2017〕58号)。

第九条 【小规模纳税人】

条文

本法所称小规模纳税人,是指年应征增值税销售额未超过五百万元的纳税人。

小规模纳税人会计核算健全,能够提供准确税务资料的,可以向主管税务机关办理登记,按照本法规定的一般计税方法计算缴纳增值税。

根据国民经济和社会发展的需要,国务院可以对小规模纳税人的标准作出调整,报全国人民代表大会常务委员会备案。

条文主旨

本条是关于增值税小规模纳税人的界定标准、登记等主体方面的规定。对于小规模纳税人的定量标准及定性标准,本条采取的是税制平移模式,但将小规模纳税人的定量及定性标准制定权统一授予国务院。

小规模纳税人是增值税法税收中性原则对于税收征管实践的制度性妥协,因为其必然打破增值税抵扣链条,扭曲市场主体生产决策。因此,小规模纳税人的认定及管理需要在以下两个方面作出权衡:一方面,须考虑小企业负担增值税所产生的管理及纳税遵从成本;另一方面,须考虑对未达临界值的企业免税所造成的增值税税收损失及对生产经营活动的扭曲。本法将此种身份选择权通过各种路径逐步交给市场主体,是"充分发挥市场在资源配置中的决定性作用"的直接体现。

条文释义

1. 小规模纳税人身份界定的销售额量化标准

本条直接采用了量化标准界定小规模纳税人,即围绕"年应征增值税销售额"是否超过 500 万元。这里需要明确的问题有:(1)"年应征增值税销售额"中的"年"究竟是一个纳税年度还是连续一年的经营期?按照《增值税暂行条例》及其实施细则的标准,此处的"年应征增值税销售额"是指纳税人在连续不超过 12 个月或 4 个季度的经营期内累计应征增值税销售额,包括纳税申报销售额、稽查查补销售额、纳税评估调整销售额。① 其中,"经营期"是指在纳税人存续期内的连续经营期间,含

---

① 《增值税一般纳税人登记管理办法》(国家税务总局令第 43 号)第 2 条。该条还规定了例外情形:"销售服务、无形资产或者不动产(以下简称'应税行为')有扣除项目的纳税人,其应税行为年应税销售额按未扣除之前的销售额计算。纳税人偶然发生的销售无形资产、转让不动产的销售额,不计入应税行为年应税销售额。"

未取得销售收入的月份或季度;"纳税申报销售额"是指纳税人自行申报的全部应征增值税销售额,其中包括免税销售额和税务机关代开发票销售额。"稽查查补销售额"和"纳税评估调整销售额"计入查补税款申报当月(或当季)的销售额,不计入税款所属期销售额。① (2)偶然发生的销售额是否应计入"年应征增值税销售额"中?全面营改增后,所有的流转税业务均统一为增值税应税行为。传统增值税业务的一般纳税人年销售额标准为50万元(从事货物生产或者提供应税劳务的纳税人或以该业务为主)和80万元(其他行业),营改增业务为500万元,尽管营改增在年销售额标准方面充分照顾了纳税人的身份选择权,但偶然发生的不动产转让,可能导致纳税人年销售额超出500万元的标准。因此,国家税务总局《关于全面推开营业税改征增值税试点有关税收征收管理事项的公告》(国家税务总局公告2016年第23号)中将偶然发生的转让不动产的销售额排除在应税行为年应税销售额之外。在小规模纳税人的界定标准中,排除范围进一步包括了"偶然发生的销售无形资产",更有利于保障纳税人的身份选择权。对于这两个问题,按照增值税的基本原理,应当由国务院作出规定。与此同时,明确的量化标准也意味着,只要纳税人超过此标准即默认成为一般纳税人,需要履行一般纳税人在登记等方面的义务。

2. 小规模纳税人身份界定的定性补充

其关键在于"会计核算健全""提供准确税务资料"。(1)关于"会计核算健全",《增值税暂行条例实施细则》第32条规定,会计核算健全是指能够按照国家统一的会计制度规定设置账簿,根据合法、有效凭证核算。《会计法》第3条规定"各单位必须依法设置会计账簿,并保证其真

---

① 参见《国家税务总局关于增值税一般纳税人登记管理若干事项的公告》(国家税务总局公告2018年第6号)。

实、完整";第15条第1款规定,"会计账簿登记,必须以经过审核的会计凭证为依据,并符合有关法律、行政法规和国家统一的会计制度的规定。会计账簿包括总账、明细账、日记账和其他辅助性账簿"。在税务执法实践中,如果企业在财务核算上存在如下问题,就可能会被认定为会计核算不健全:一是账务设置过于简化,尤其是未设置税法明确规定应当设置的有关账簿,无法满足申报纳税的必备明细核算需求;二是不能按照会计制度和税法的要求准确核算成本、收入、费用、应缴税金等,尤其是不能准确核算增值税的销项税额、进项税额和应纳税额;三是会计科目逻辑关系混乱,对应关系出现差错,有关会计数据的原始凭证、记账凭证、明细账、总账、会计报表和申报表之间缺乏逻辑对应关系;四是缺乏原始凭证或者原始凭证不符合规定要求。(2)关于"提供准确税务资料",具体是指能够按规定如实填报增值税纳税申报表及其他相关资料,并按期进行申报纳税。其中"准确"包含两层含义:第一,税务资料准确与充分。一般来说需要注意税务资料的五性,即一致性,就是要保持税务资料及其数据的时间前后一致、内外一致,尤其不能做内外不同的两个财务会计账套;相关性,就是要确保税务资料的内容及其数据与需证明的涉税事项之间存在联系或有关;完整性,就是要提供完整的涉税事项的证据链资料;客观性,就是要保证税务资料原件和形成的原因、环境及其他因素客观存在或实际发生;合法性,就是要确保税务资料的主体、形式和取得方式及证据效力之合法性,尤其要关注税务证据效力的级别。第二,税务资料提交时间准确。这要求小规模纳税人根据税收征管实践,按期申报纳税,避免申报迟滞现象的出现。

3. 国务院对小规模纳税人身份量化标准的调整权

这是落实税收法定原则的具体体现,属于一种明确授权,具备直接拘束纳税人的规范拘束力。一般而言,纳税主体、纳税客体、课税标准及税率,均须由形式意义法律规定,不得授权行政机关制定。[①] 考虑到我国规模较大的小规模纳税人群体(据官方统计,约占据增值税全部纳税人的80%),小规模纳税人的量化标准调整往往牵涉很广。这要求小规模纳税人的标准应该通过修订《增值税法》的形式调整。但由于经济社会情势变迁较快,立法机关所掌握的立法资源有其极限,这导致税法必须仰赖行政机关的专业与经验,使其臻于完善。因此,授权国务院调整小规模纳税人的标准符合当前社会发展实践,并将长期存在。同时匹配备案审查制度,进一步保障国务院标准调整权的合法性与合宪性。

理解适用

对于小规模纳税人及其认定标准,本轮增值税法立法过程中出现较大争议。《增值税暂行条例》在明确小规模纳税人认定标准由国务院财税主管部门调整之后,设置了小规模纳税人成为一般纳税人的核心通道,即强调会计核算健全,能够提供准确税务资料的小规模纳税人经登记可以成为一般纳税人。但在《增值税法(征求意见稿)》中,小规模纳税人规则部分被整体删除。在此情形下,《增值税法(征求意见稿)》默认所有超过起征点的纳税人均构成一般纳税人。考虑到当前我国小规模纳税人的数量规模,此种方案将加剧税务机关的征管压力、影响增值税的征纳秩序。为此,《增值税法(草案一次审议稿)》恢复了小规模纳税人的提法,但将此事项概括授权给国务院,并未具体就定量标准及定性标准在法治框架内作出回应。《增值税法(草案二次审议稿)》则首次将量化标准在法律文本中予以明确,并通过国务院调整权及备案审查制度实现小规模纳税人认定标准的动态、合法调整。《增值税法》最终接受了此种方案。

---

① 参见葛克昌:《税法基本问题(财政宪法篇)》,北京大学出版社2004年版,第108页。

1. 小规模纳税人身份确认规则的法治化

小规模纳税人的管理经历了从严格到逐步放开的发展过程。1993年12月25日发布的《增值税暂行条例》首次确定小规模纳税人的认定标准,并强调小规模纳税人会计核算健全、能够提供准确税务资料的,经主管税务机关批准,可以不视为小规模纳税人,依照规定计算应纳税额。之后,小规模纳税人的身份确认规则发生过一次明显转变,即从1998年7月1日起,达不到销售额标准的纳税人一律不得认定为一般纳税人,都划为小规模纳税人进行管理。对于超过销售额标准的纳税人,若会计人员配备、会计账簿设置和会计核算方法三方面不符合要求,则将直接取消一般纳税人资格。[①] 这是早期增值税小规模纳税人的认定标准及管理形态的基本情形。随着《增值税一般纳税人资格认定管理办法》(国家税务总局令2010年第22号,已失效)出台,小规模纳税人基于"固定的生产经营场所"和"会计核算健全"两个条件可以被认定为一般纳税人。在程序上,小规模纳税人的确认也经历了从直接推定(一般纳税人身份的认定需要税务机关审批,并配合年审制度;未达到销售额标准及其他标准的纳税人将推定为小规模纳税人)到间接否认(只要纳税人超过销售额标准则直接认定为一般纳税人)的过程。本法通过将销售额标准入法、授权国务院调整权实现了小规模纳税人身份确认规则的法治化改造,对于优化营商环境、促进税收中性原则的实现意义显著。这既衔接了"营改增"实践,将其法律化,也呼应了纳税人的核心诉求,有利于提高我国税制的国际竞争力。

2. 小规模纳税人适用一般计税方法时无须变更身份

《增值税法》在小规模纳税人选择适用一般计税方法的情况下作出了重大改变。在《增值税暂行条例》的思路下,"会计核算健全"的小规

---

① 参见国家税务总局《关于印发〈增值税一般纳税人年审办法〉的通知》(国税函〔1998〕156号,已失效)第5条、第6条。

模纳税人选择适用一般计税方法计算并缴纳应纳税额时,需要将其小规模纳税人身份变更为一般纳税人,即办理一般纳税人身份登记。这虽然与既有的一般纳税人登记管理制度相关联,但实质仍属于审批逻辑,增加了小规模纳税人的合规成本。而《增值税法》则原则性地删除了《增值税暂行条例》"不作为小规模纳税人"的表述,无论是功能定位还是立法初衷都体现出其中的登记与《增值税暂行条例》中的登记并不相同。第一,小规模纳税人的登记从"主体登记"变更为"计税方法登记"。第二,从登记认可主义到登记确认主义。由于主体登记下小规模纳税人需要履行一定义务,否则将影响进项税额抵扣、增值税专用发票领用、开具等事项,且部分事项与一般纳税人身份绑定,在《增值税法》框架下,小规模纳税人选择适用一般计税方法的门槛降低。这将有利于扩大一般计税方法的适用范围,间接使增值税抵扣范围扩大。

3. 逐步以行为立法模式替代主体立法模式,实现与国际规则接轨

根据增值税的税收中性原则,应尽量扩大一般纳税人的范围。但根据具体征管实践须注意避免小规模纳税人税收征管出现漏洞,税务机关必须协调这两种目标。《增值税法》目前采用了一般计税方法与简易计税方法、一般纳税人与小规模纳税人并行的立法模式。这也被称为主体立法模式。为维护税收公平原则并减轻征纳负担,简化税制一直是增值税改革的重要方向。在国际增值税立法上,占主流的也是一般计算与简易计算的行为立法区分模式。在《增值税法(征求意见稿)》中,立法机关曾尝试引入了国际上的纳税人登记制度,删除小规模纳税人概念,明确规定未达到起征点的单位和个人即使在境内发生应税交易也不属于增值税的纳税人。税法同时将在境内发生应税交易以及销售额达到起征点列为增值税纳税人的基本标准。但此方案最终并未被采纳。在此基础上,还需注意一般纳税人与小规模纳税人的数量比例。按照国际经验,一般纳税人中销售额最高的10%的纳税人贡献了增值税收入的90%。[1] 一般来说,降低小规模纳税人标准虽然会使增值税收入增长,但也会导致征管成本大幅提高。总体来看,较高的小规模纳税人标准更加契合我国增值税制的发展需要。

新旧对比

表8 小规模纳税人条款的变化

《增值税暂行条例》	《增值税法（征求意见稿）》	《增值税法（草案一次审议稿）》	《增值税法（草案二次审议稿）》	《增值税法》
第十一条第二款 小规模纳税人的标准由国务院财政、税务主管部门规定。第十三条 小规模纳税人以外的纳税人应当向主管税务机关办理登记。具体登记办法由国务院税务主管部门制定。小规模纳税	第五条第三款 销售额未达到增值税起征点的单位和个人,不是本法规定的纳税人;销售额未达到增值税起征点的单位和个人,可以自愿选择依照本法规定缴纳增值税。	第六条第三款 小规模纳税人的标准以及适用简易计税方法的情形由国务院规定。	第八条 前条规定的小规模纳税人,是指年应征增值税销售额未超过五百万元的纳税人。小规模纳税人会计核算健全,能够提供准确税务资料的,可以向主管税务机关办理登记,按照本法规定的一般计税方法计算缴纳增值税。	第九条 本法所称小规模纳税人,是指年应征增值税销售额未超过五百万元的纳税人。小规模纳税人会计核算健全,能够提供准确税务资料的,可以向主管税务机关办理登记,按照本法规定的一般计税方法计算缴纳增值税。

---

[1] 参见全国人大常委会预算工作委员会法案室编:《中国增值税改革与立法比较研究文集》,中国时代经济出版社2010年版,第383页。

续表

《增值税暂行条例》	《增值税法(征求意见稿)》	《增值税法(草案一次审议稿)》	《增值税法(草案二次审议稿)》	《增值税法》
人会计核算健全,能够提供准确税务资料的,可以向主管税务机关办理登记,不作为小规模纳税人,依照本条例有关规定计算应纳税额。			根据国民经济和社会发展的需要,国务院可以对第一款规定的小规模纳税人的标准作出调整,报全国人民代表大会常务委员会备案。	根据国民经济和社会发展的需要,国务院可以对小规模纳税人的标准作出调整,报全国人民代表大会常务委员会备案。

· 典型案例 ·

陈某某、福建省地方税务局税务行政管理(税务)再审审查与审判监督案[①]

1. 基本案情

2013 年年初,福建省鑫隆古典工艺博览城建设有限公司(以下简称鑫隆公司)因项目开发建设需要,与陈某某和案外人林某某(另案处理)达成协议,以鑫隆公司部分房产作为抵押向陈某某和林某某合计借款 6000 万元,月息 5‰,利息按月支付,期限 1 年。2013 年 3 月 20 日,陈某某、林某某与鑫隆公司签订合同时发现,鑫隆公司只能提供 85 坎店面,店面面积合计 10,008.73 平方米,两人只同意借

---

① 最高人民法院行政裁定书,(2018)最高法行申 209 号。

给鑫隆公司5500万元,双方签订总价为5500万元的商品房买卖合同,并到仙游县房地产管理中心备案登记。同日,鑫隆公司将多余的500万元汇还给林某某。2014年1月17日,林某某因资金周转需要从鑫隆公司抽回300万元。2014年3月19日即一年放贷期满,林某某、陈某某和鑫隆公司通过泉州仲裁委员会仲裁解除上述商品房买卖合同,鑫隆公司各汇还给林某某、陈某某2600万元,共计5200万元。2013年3月20日至2014年3月19日,陈某某累计取得利息收入2140.5万元(其中,2013年度为1350万元,2014年度为790.5万元)。陈某某2013年度和2014年度取得利息收入未申报缴纳营业税、个人所得税、城市维护建设税、教育费附加及地方教育费附加。地税稽查局决定由陈某某补缴营业税1,070,250元、个人所得税4,281,000元、城市维护建设税53,512.5元、教育费附加32,107.5元、地方教育费附加21,405元、加收的滞纳金171,781.71元。以上共计人民币5,630,056.71元。

陈某某、林某某与鑫隆公司资金来往情况:在2013年3月20日双方签订《商品房买卖合同》之前,陈某某和林某某转账支付给鑫隆公司共计人民币6000万元,签订合同时鑫隆公司返还给陈某某500万元。签订《商品房买卖合同》之后,陈某某和林某某陆续收到鑫隆公司转入资金共计人民币9328万元。陈某某和林某某将签订《商品房买卖合同》时的本金人民币5500万元对抵后,尚余人民币3328万元。在陈某某、林某某与鑫隆公司资金往来中,银行网上电子回单、网银收款记账凭证的用途和附言栏中大部分注明"购房款"。2014年6月,中共莆田市纪律检查委员会(以下简称莆田市纪委)和福建省莆田市人民检察院(以下简称莆田市检察院)接到举报,对陈某某、林某某与鑫隆公司的资金往来进行调查。2014年10月15日，莆田市纪委向莆田市地方税务局发出莆纪函〔2014〕11号《关于认定相关涉税问题的函》，函告"我委在调查中发现林某于2013年3月至2014年3月，以月息5‰向仙游县某公司放贷人民币5500万元，共获利人民币3328万元，现将相关线索材料移送你局，请就上述行为应否纳税予以认定，并及时反馈"。2014年12月10日，莆田市纪委又向莆田市地方税务局发出莆纪函〔2014〕18号《关于对林某某等人涉嫌偷漏税进行调查处理的函》，函告"我委在有关案件调查中发现仙游县乾元财务有限公司林某某等人于2013年3月至2014年3月，以月息5‰向仙游县兴隆古典工艺博览城建设有限公司放贷人民币5500万元，共获利人民币3328万元，涉嫌偷漏税。经委领导同意，现将该问题移送你局进一步调查处理，请将处理结果于2015年1月15日反馈我委一室"。

莆田市地方税务局根据莆田市纪委上述函件，于2015年3月26日立案调查。2015年4月22日，莆田市地税稽查局向陈某某发出《税务处理事项告知书》。2015年4月30日，莆田市地税稽查局作出被诉税务处理决定，决定由陈某某补缴：营业税1,070,250元、个人所得税4,281,000元、城市维护建设税53,512.5元、教育费附加32,107.5元、地方教育费附加21,405元及加收的滞纳金171,781.71元。以上共计人民币5,630,056.71元。

2. 争议焦点

（1）关于公民个人将资金借与单位或者其他个人并取得利息收入是否属于应税劳务问题？

（2）关于个人与单位以及个人之间的借贷并收取利息的营业税

起征点或者免税额度问题。

3. 案情分析

针对争议焦点一,一审法院认为,结合陈某某与鑫隆公司资金来往情况,陈某某在签订《商品房买卖合同》时就付清购房款,却在《商品房买卖合同》中约定今后分三期支付购房款,不符合商品房买卖交易习惯,是一种名为购房实为借贷的行为,符合非典型性抵押担保的借贷关系特征。资金来往凭证注明的"购房款"系陈某某单方行为。《商品房买卖合同》虽经房地产管理中心备案,具有一定的公信力,但莆田市纪委和莆田市检察院向陈某某、证人及鑫隆公司的调查材料能够相互印证,且当事人也违反了商品房买卖交易习惯,也不能排除以房产为抵押担保的借贷关系。为此,陈某某主张与鑫隆公司之间为商品房买卖关系的理由不能成立。

二审法院认为,本案核心争议为陈某某自签订《商品房买卖合同》之日(2013年3月20日)起至仲裁协议解除《商品房买卖合同》之日(2014年3月19日)止除购房款本金之外额外收取的2140.5万元的法律性质。陈某某主张该款项系鑫隆公司依据《补充条款》约定,向其支付的以"违约金"为名义的"履约保证金",以督促鑫隆公司尽快办理房产证。但经审理查明,陈某某直至申请行政复议时才主张与鑫隆公司另签订《补充条款》,但始终未能提交《补充条款》原件,且该《补充条款》未与《商品房买卖合同》共同在仙游县房地产管理中心进行备案,〔2014〕泉仲字567号《调解书》亦未涉及对《补充条款》的解除。同时,在2015年4月8日莆田市地税稽查局对陈某某所作《询问(调查)笔录》中,陈某某明确表示"没有另外签订书面合同或协议,只是口头约定"。此外,在2013年3月20日双方签订的《商品房买卖合同》对于产权登记时间及违约责任已经有明确约定的情况下,双方于 1 天之后又签订《补充条款》,对产权登记时间及违约责任进行重新约定,大幅增加鑫隆公司违约责任,明显不符合正常的交易惯例。因此,一审判决对《补充条款》的真实性不予认定并无不当。结合莆田市纪委、莆田市检察院联合调查组对陈某某、林某某、张某某等的调查笔录,鑫隆公司出具的《关于林某某部分往来款说明》《情况说明》,案外人林某某出具的《借款说明》,以及陈某某、林某某与鑫隆公司资金往来明细等证据,一审判决认定陈某某与鑫隆公司之间的交易行为名为购房实为借贷行为,符合非典型性抵押担保的借贷关系并无不当。被诉税务处理决定及案涉行政复议决定认定陈某某、林某某支付给鑫隆公司 5500 万元资金为借款行为,陈某某收取本金之外的 2140.5 万元系利息收入,并无不当。

  针对争议焦点二,一审法院认为,陈某某、林某某支付给鑫隆公司人民币 5500 万元之后,按月收取交易金额的 5%,与利息的收取习惯相吻合。可以推定陈某某实际上是将其资金借予鑫隆公司使用的一种借贷行为,陈某某与鑫隆公司资金款项往来中多出的人民币 2140.5 万元为利息收入,属于营业税中应税劳务行为中的"金融保险业"税目,依法应当缴纳营业税。贷款属于营业税税目中的金融保险业征收范围,根据当时有效的《营业税暂行条例实施细则》第 2 条规定,金融保险业属于营业税税目征收范围内的应税劳务,依照当时有效的《营业税暂行条例》第 1 条规定,提供劳务的自然人也是营业税的纳税人。陈某某主张其为自然人不属于《营业税税目注释》所称的"金融保险业"而不应缴纳营业税的理由不能成立。

第一章 总 则

二审法院认为,由于涉案2140.5万元系利息收入,依法属于《营业税暂行条例实施细则》第2条规定的营业税应税劳务中"金融保险业"的范围,同时《营业税暂行条例》第1条明确规定,个人可以成为营业税的纳税人,且金融保险业营业税税目的税率为5%,故莆田市地税稽查局责令陈某某补缴营业税1,070,250元正确。

最高人民法院认为:(1)当时有效的《营业税暂行条例》第1条规定:"在中华人民共和国境内提供本条例规定的劳务、转让无形资产或者销售不动产的单位和个人,为营业税的纳税人,应当依照本条例缴纳营业税。"当时有效的《营业税暂行条例实施细则》第2条第1款规定:"条例第一条所称条例规定的劳务是指属于交通运输业、建筑业、金融保险业、邮电通信业、文化体育业、娱乐业、服务业税目征收范围的劳务。"同时,根据《国家税务总局关于印发〈营业税税目注释(试行稿)〉的通知》(国税发〔1993〕149号)和《国家税务总局关于印发〈营业税问题解答(之一)〉的通知》(国税函发〔1995〕156号),贷款属于"金融保险业",是指将资金贷与他人使用的业务。因此,公民个人将资金借与单位或者其他个人并产生较大数额利息收入的,即属于上述规定的应税劳务。(2)民间借贷利息收入的起征点应当适用营业税起征点规定,即对月利息收入达到3万元(2019年1月1日小规模增值税起征免税额提高到10万元)的,应当征收营业税。另外,《营业税改征增值税试点实施办法》第9条规定:"应税行为的具体范围,按照本办法所附的《销售服务、无形资产、不动产注释》执行。"该办法第15条第1项规定,纳税人发生"金融服务"应税行为的,应适用6%的税率。《销售服务、无形资产、不动产注释》规定:"金融服务,是指经营金融保险的业务活动。包括贷款服务、直接收费金融服务、保险服务和金融商品转让……贷款，是指将资金贷与他人使用而取得利息收入的业务活动。各种占用、拆借资金取得的收入，包括金融商品持有期间（含到期）利息（保本收益、报酬、资金占用费、补偿金等）收入、信用卡透支利息收入、买入返售金融商品利息收入、融资融券收取的利息收入，以及融资性售后回租、押汇、罚息、票据贴现、转贷等业务取得的利息及利息性质的收入，按照贷款服务缴纳增值税。"《增值税暂行条例》第12条规定，小规模纳税人增值税征收率为3%。因此，在营业税改为增值税后，单位或个人提供"贷款服务"取得利息收入且达到起征点的，也属于增值税应税劳务，应适用6%的税率征收增值税，小规模纳税人的增值税征收率为3%。

相关规定

《会计法》第3条、第15条。

第二章 税率

第十条 【税率】

> **条文**
>
> 增值税税率:
>
> (一)纳税人销售货物、加工修理修配服务、有形动产租赁服务,进口货物,除本条第二项、第四项、第五项规定外,税率为百分之十三。
>
> (二)纳税人销售交通运输、邮政、基础电信、建筑、不动产租赁服务,销售不动产,转让土地使用权,销售或者进口下列货物,除本条第四项、第五项规定外,税率为百分之九:
>
> **1.** 农产品、食用植物油、食用盐;
>
> **2.** 自来水、暖气、冷气、热水、煤气、石油液化气、天然气、二甲醚、沼气、居民用煤炭制品;
>
> **3.** 图书、报纸、杂志、音像制品、电子出版物;
>
> **4.** 饲料、化肥、农药、农机、农膜。
>
> (三)纳税人销售服务、无形资产,除本条第一项、第二项、第五项规定外,税率为百分之六。
>
> (四)纳税人出口货物,税率为零;国务院另有规定的除外。
>
> (五)境内单位和个人跨境销售国务院规定范围内的服务、无形资产,税率为零。

> **条文主旨**

本条是关于增值税税率的规定,在税率结构上属于税制平移。税率作为增值税立法的核心议题,关系增值税法的预期效果。本法保留了全面"营改增"改革后形成的三档税率结构,并未体现政策此前多次提及的税率"三档"并"两档"的发展趋势。从理论上说,若增值税采纳统一税率,既能对所有形式的生产性投资保持中立,也能减少对消费者选择的扭曲,增加消费者福利。但面对增值税的累退性特征,世界各国不得不修改增值税体系,采取多种税率结构乃至于配套一定的免税规定,以满足政治、经济和社会的需要。

条文释义

1. 增值税税率的核心结构与表达方式

在制度变迁层面,增值税税率自《增值税暂行条例》出台后仍发生较大变化:2018年4月,财政部、国家税务总局印发《关于调整增值税税率的通知》(财税〔2018〕32号),将增值税率下调到16%、10%、6%;2019年3月,财政部、国家税务总局、海关总署印发《关于深化增值税改革有关政策的公告》(财政部、税务总局、海关总署公告2019年第39号),进一步将增值税率下调到13%、9%、6%。《增值税法》目前沿用了《增值税暂行条例》的三档税率结构,充分吸收全面"营改增"改革以来的具体调整,并配套出口环节的零税率情形。这是对当前改革成果的法治化固定。在表达方式层面,《增值税法》采用了"一般情形+除外规定"的模式。有学者认为,"《增值税法(征求意见稿)》第13条第1、2、3项围绕增值税税率的文字表述采用了排除性表达,既不符合一般的立法表达惯例,也增加了法律解读的负担"[1]。但从条文表述的规范性与严谨性来看,"一般情形+除外规定"的模式能最大限度降低税率适用的

---

[1] 《热点速递 | 湖北省财税法学研究会关于〈增值税法(征求意见稿)〉〈消费税法(征求意见稿)〉的修改建议》,载微信公众号"财税法研究"2019年12月10日,https://mp.weixin.qq.com/s/-7MzMvbjt5VWqRqlw8xgCA。

争议,限制财政部与国家税务总局的税务行政解释权,最大限度保障纳税人的预期与税务法规的确定性。这在一定程度上巩固了当前税制改革的核心成果。

2. 增值税税率与征税范围的衔接适用

确定增值税税率是计算当期应纳税额的关键过程,直接关涉当期销项税额的实际结果。因此,税率的选择判断亦是增值税征税范围下应税交易定性的过程。总体来看,《增值税法》承继了《增值税暂行条例》根据具体项目划分税率的方案。针对标准税率13%,《增值税暂行条例》中规定的"加工、修理修配劳务"在《增值税法》中被明确归类为"加工修理修配服务"。虽然在税目分类上被并入服务项目的大类,但其适用税率并未降至6%(大部分服务项目适用的税率),仍适用与货物项目相同的13%标准税率。另外,在《增值税暂行条例》的框架下,境内区外企业向海关特殊监管区域内企业提供加工、修理修配劳务能够享受入区退税政策,但是向海关特殊监管区域内企业提供服务不能享受入区退税政策。① 此外,特殊区域内的企业为境外的单位或个人提供加工修理修配劳务适用免税情形。为此,相关的具体政策需要进一步明确。

针对低税率9%,《增值税法》将《增值税暂行条例》相关表述进一步凝练,将"粮食等农产品"简化为"农产品"。同时,《增值税法》不再赋予国务院就适用低税率9%征税项目的扩大解释权。这进一步凸显全面落实税收法定原则的实质进展。针对低税率6%,《增值税法》保留了《增值税暂行条例》的具体表述。另外,《增值税法(征求意见稿)》一度将"销售金融商品"单列在服务项目中,但《增值税法》最终并未采取此

---

① 适用"零税率"的加工修理修配劳务是指对进境复出口货物或从事国际运输的运输工具进行的加工修理修配。

种方案。针对出口环节适用零税率的情形,《增值税法》沿用了《增值税暂行条例》的具体表述。与低税率9%相比,《增值税法》保留了国务院就零税率适用情形的排除权与调整权。这在一定程度上将维持国务院对于出口环节税收政策调整的灵活性,有利于我国在国际贸易过程中把握主动权。

3. 增值税税率调整权的重新配置

在一般情形下,《增值税法》取消了国务院对于增值税税率的直接调整权。这与《立法法》第11条保持一致,实现了全面落实税收法定原则的关键一步。但《增值税法》保留了国务院对于出口环节零税率适用场景的税率间接调整权。通过对特定货物排除适用"零税率"或者调整特定服务的范围,国务院能够灵活地实现对于出口环节的宏观调控。就国家战略及税收管辖权而言,此种安排有其道理。随着全球经济的不断发展和变化,尤其是数字经济对各国税收管辖的直接冲击,各国之间的出口环节的增值税税率调整也需要相互协调和配合,以避免出现不公平竞争和贸易摩擦。但赋予国务院零税率间接调整权也会给相关行业纳税人留下一定不确定性。与此同时,这延伸出一个新问题,即增值税税率调整权除税率高低、结构之外,是否应当包括对税率适用范围的调整权。通常来说,对税率适用范围的调整也将影响特定货物、服务适用税率的情况,这将直接影响纳税人的特定货物、服务的税负。此种对税率适用范围的调整权直接关涉税收基本制度,需要被进一步限制。从此角度来看,《增值税法》需要进一步实现与《立法法》的协同治理,可以考虑在法律框架中界定不同应税交易(尤其是税率部分涉及的具体应税交易项目),以降低增值税征税范围的不确定性。

▌理解适用

税率及其具体结构在本轮增值税立法过程中得到社会高度关注,尤其是税率结构是否会发生从"三档"向"两档"合并的情形。从最终结果来看,本法目前保留了《增值税暂行条例》规定的税率结构。从立法过程看,《增值税法(征求意见稿)》《增值税法(草案一次审议稿)》《增值税法(草案二次审议稿)》在税率结构、国务院税率调整权、国务院税率适用范围的解释权部分保持了一致。此外,《增值税法(征求意见稿)》一度将"金融商品"单列在6%的税率范围中,呈现一定的特殊性。这意味着《增值税法(征求意见稿)》并未将"金融商品"界定为一种一般性服务,而认为其具有特殊性。但后续立法并未吸纳此种安排,这一定程度上体现出目前立法者一致认定金融商品属于一般性服务,并不具备特殊性,无须单列。

1. 加工修理修配服务的界定问题与新旧政策衔接

《增值税暂行条例实施细则》对加工与修理修配分别作出界定,加工是指受托加工货物,即委托方提供原料及主要材料,受托方按照委托方的要求,制造货物并收取加工费的业务;修理修配是指受托对损伤和丧失功能的货物进行修复,使其恢复原状和功能的业务。此外,其强调有偿性的判断,明确排除单位或者个体工商户所聘用员工为本单位或者雇主提供加工、修理修配劳务的应税交易判定。《增值税法》生效后,将首先面临加工修理修配服务的定性及适用问题。第一,将加工、修理修配劳务变更为加工修理修配服务之后,之前"加工、修理修配劳务"对应的税收政策能否继续适用以及政策之间的衔接是否合法合规问题需要解决。例如,残疾人个人提供的加工、修理修配劳务所适用的免税情形能否继续适用及如何继续适用。第二,"加工修理修配服务"作为一种特殊的服务需要进一步明确。按照《增值税法》对于应税交易的规定,"加工修理修配服务"并未在本法第三条单列。按照此种安排,"加工修理修配服务"应属于一种特殊服务。虽然其被并入销售服务的大类,但其适用税率并未采用6%(大部分服务项目所适用的税率),仍适用与销售一般货物相同的13%税率。与此类似的是,本法在视同销售规则部分(第五条)排除了"加工修理修配服务"适用的可能。本法对于同一对象的不同处理意味着"加工修理修配服务"的特殊性尚未被完全明晰,有待国务院在本法授权框架内进一步作出规定。

2. 农产品的重新凝练所产生的解释空间与发展趋势

《增值税暂行条例》采用了"粮食等农产品"的表述。国家税务总局在解释时亦将重心放在"粮食"界定上,强调粮食是指各种主食食科植物果实的总称,并根据产品生熟程度判断对应货物性质,即生制品或经过加热等简单加工制作的生制品属于初级农产品,熟食或可直接食用的产品属于一般货物。随着"粮食"的表述从《增值税法》中剥离,未来农产品的范围也可能发生明显变动。具体而言,按照增值税技术原理,适用低税率的货物与人民生存息息相关。因此,农产品的范围应尽可能涵盖生活必需品。但目前来看,财税机关的具体解释并未充分考虑税种之间的差异,而是在尝试推出普遍适用的农产品范围。例如,《财政部 国家税务总局关于印发〈农业产品征税范围注释〉的通知》(财税字〔1995〕52号)明确规定,农产品是指种植业、养殖业、林业、牧业、水产业生产的各种植物、动物的初级产品。将"粮食"从本法中剥离,使对农产品范围的解释有了一定空间,为农产品与生活必需品对接提供了一种可能路径。这也是增值税法在进一步消除税制累退性方面可以有所作为的空间。

第二章 税　率

新旧对比

表9　增值税税率条款的变化

《增值税暂行条例》	《增值税法（征求意见稿）》	《增值税法（草案一次审议稿）》	《增值税法（草案二次审议稿）》	《增值税法》
第二条　增值税税率： (一)纳税人销售货物、劳务、有形动产租赁服务或者进口货物，除本条第二项、第四项、第五项另有规定外，税率为17%。 (二)纳税人销售交通运输、邮政、基础电信、建筑、不动产租赁服务，销售不动产，转让土地使用权，销售或者进口下列货物，税率为11%： 1.粮食等农产品、食用植物油、食用盐；	第十三条　增值税税率： (一)纳税人销售货物，销售加工修理修配、有形动产租赁服务，进口货物，除本条第二项、第四项、第五项规定外，税率为百分之十三。 (二)纳税人销售交通运输、邮政、基础电信、建筑、不动产租赁服务，销售不动产，转让土地使用权，销售或者进口下列货物，除本条第四项、第五项规定外，税率为百分之九： 1.农产品、食	第七条　增值税税率： (一)纳税人销售货物、加工修理修配服务、有形动产租赁服务，进口货物，除本条第二项、第四项、第五项规定外，税率为百分之十三。 (二)纳税人销售交通运输、邮政、基础电信、建筑、不动产租赁服务，销售不动产，转让土地使用权，销售或者进口下列货物，除本条第四项、第五项规定外，税率为百分之九： 1.农产品、食	第九条　增值税税率： (一)纳税人销售货物、加工修理修配服务、有形动产租赁服务，进口货物，除本条第二项、第四项、第五项规定外，税率为百分之十三。 (二)纳税人销售交通运输、邮政、基础电信、建筑、不动产租赁服务，销售不动产，转让土地使用权，销售或者进口下列货物，除本条第四项、第五项规定外，税率为百分之九： 1.农产品、食	第十条　增值税税率： (一)纳税人销售货物、加工修理修配服务、有形动产租赁服务，进口货物，除本条第二项、第四项、第五项规定外，税率为百分之十三。 (二)纳税人销售交通运输、邮政、基础电信、建筑、不动产租赁服务，销售不动产，转让土地使用权，销售或者进口下列货物，除本条第四项、第五项规定外，税率为百分之九： 1.农产品、食

续表

《增值税暂行条例》	《增值税法（征求意见稿）》	《增值税法（草案一次审议稿）》	《增值税法（草案二次审议稿）》	《增值税法》
2.自来水、暖气、冷气、热水、煤气、石油液化气、天然气、二甲醚、沼气、居民用煤炭制品； 3.图书、报纸、杂志、音像制品、电子出版物； 4.饲料、化肥、农药、农机、农膜。 5.国务院规定的其他货物。 (三)纳税人销售服务、无形资产，除本条第一项、第二项、第五项另有规定外，税率为6%。 (四)纳税人出口货物，税率为零；但是，国务院另有规定的除外。	用植物油、食用盐； 2.自来水、暖气、冷气、热水、煤气、石油液化气、天然气、二甲醚、沼气、居民用煤炭制品； 3.图书、报纸、杂志、音像制品、电子出版物； 4.饲料、化肥、农药、农机、农膜。 (三)纳税人销售服务、无形资产、金融商品，除本条第一项、第二项、第五项规定外，税率为百分之六。 (四)纳税人出口货物，税率为零；国务院另有规定的除外。 (五)境内单	用植物油、食用盐； 2.自来水、暖气、冷气、热水、煤气、石油液化气、天然气、二甲醚、沼气、居民用煤炭制品； 3.图书、报纸、杂志、音像制品、电子出版物； 4.饲料、化肥、农药、农机、农膜。 (三)纳税人销售服务、无形资产，除本条第一项、第二项、第五项规定外，税率为百分之六。 (四)纳税人出口货物，税率为零；国务院另有规定的除外。 (五)境内单	用植物油、食用盐； 2.自来水、暖气、冷气、热水、煤气、石油液化气、天然气、二甲醚、沼气、居民用煤炭制品； 3.图书、报纸、杂志、音像制品、电子出版物； 4.饲料、化肥、农药、农机、农膜。 (三)纳税人销售服务、无形资产，除本条第一项、第二项、第五项规定外，税率为百分之六。 (四)纳税人出口货物，税率为零；国务院另有规定的除外。 (五)境内单	用植物油、食用盐； 2.自来水、暖气、冷气、热水、煤气、石油液化气、天然气、二甲醚、沼气、居民用煤炭制品； 3.图书、报纸、杂志、音像制品、电子出版物； 4.饲料、化肥、农药、农机、农膜。 (三)纳税人销售服务、无形资产，除本条第一项、第二项、第五项规定外，税率为百分之六。 (四)纳税人出口货物，税率为零；国务院另有规定的除外。 (五)境内单位和个人跨境销售国务院规定

续表

《增值税暂行条例》	《增值税法（征求意见稿）》	《增值税法（草案一次审议稿）》	《增值税法（草案二次审议稿）》	《增值税法》
(五)境内单位和个人跨境销售国务院规定范围内的服务、无形资产,税率为零。税率的调整,由国务院决定。	位和个人跨境销售国务院规定范围内的服务、无形资产,税率为零。	位和个人跨境销售国务院规定范围内的服务、无形资产,税率为零。	位和个人跨境销售国务院规定范围内的服务、无形资产,税率为零。	范围内的服务、无形资产,税率为零。

• 典型案例 •

湖北电力天源钢管塔有限公司、宣化钢铁集团有限责任公司合同纠纷案[①]

1. 基本案情

2018年9月20日,湖北电力天源钢管塔有限公司(以下简称天源钢管塔公司)与宣化钢铁集团有限责任公司(以下简称宣化钢铁公司)签订一份钢材购销合同,合同约定了天源钢管塔公司购买钢材的品种、型号、现款到站价格、发货方式、数量等,合同付款时间一栏约定:(1)交货前预付全额货款、吊装费及运杂费。(2)按供需双

---

① 河北省张家口市中级人民法院民事判决书,(2020)冀07民终936号。

方约定时间付清全额货款、吊装费及运杂费。合同有效期为2018年9月20日至11月30日。(3)此合同为现款含税检尺到站价格。2019年1月18日,双方又签订一份钢材购销合同,除钢材品种、单价、数量和合同有效期外,其他约定与前一份合同相同,第二份合同的有效期为2019年1月18日至2月28日。合同签订后,天源钢管塔公司陆续给宣化钢铁公司打款,宣化钢铁公司亦陆续交付天源钢管塔公司合同约定的钢材,并开具增值税发票。至2019年3月26日,宣化钢铁公司总计收到天源钢管塔公司货款24,221,439.21元,已向天源钢管塔公司交付价值19,654,108.43元的各类钢材,并给天源钢管塔公司开具了相应价值的税率为16%的增值税发票。剩余4,567,330.78元货款,在2019年4月1日之前,宣化钢铁公司尚未开具发票,亦未交付天源钢管塔公司相应价值的钢材。2019年4月1日,国家征收增值税的比例正式下调至13%。2019年4月1日之后,宣化钢铁公司又收到天源钢管塔公司货款16,556,393.04元,连同之前的余款4,567,330.78元,宣化钢铁公司按天源钢管塔公司要求向天源钢管塔公司交付了相应价值的钢材,并按13%的税率给天源钢管塔公司开具了增值税发票19,010,937.74元(付款与开票间的差额宣化钢铁公司已退给天源钢管塔公司)。

2. 争议焦点

(1)关于错误开票导致的104,531.53元税款损失问题。

(2)关于未附随税率下调价款导致的330,567.75元损失问题。

3. 案情分析

第1项争议的焦点在于被上诉人究竟应当按照16%还是13%的税率对2019年4月1日前收到的4,567,330.78元货款开票。

原告认为,按照税法规定,决定开票税率的是"纳税义务发生时间"。这笔款应当视为"收讫销售款项",以收到当天为纳税义务发生时间,而非"收到预付款"以货物发出为纳税义务发生时间。双方争议的节点是纳税义务发生时间及应按何时的税率开票,并且,国家税务总局2019年3月21日发布的《关于深化增值税改革有关事项的公告》第1条至第3条也明确,需要开具红字发票、补开发票的应税销售行为,均应按照原适用税率开具增值税发票。不仅如此,该公告还明确税率调整后,开票人可以手工选择适用原税率开票的操作办法。因此,只要合法合规,案件发生时可以开具16%的增值税票。

一审法院认为,《增值税暂行条例》第19条第1款第1项规定,"发生应税销售行为,为收讫销售款项或者取得索取销售款项凭据的当天;先开具发票的,为开具发票的当天",《增值税暂行条例实施细则》第38条对《增值税暂行条例》第19条第1款第1项规定的收讫销售款项或者取得索取销售款项凭据的当天按销售结算方式的不同作出了不同的解释,其中第1项为"采取直接收款方式销售货物,不论货物是否发出,均为收到销售款或者取得索取销售款凭据的当天",第4项为"采取预收货款方式销售货物,为货物发出的当天,但生产销售生产工期超过12个月的大型机械设备、船舶、飞机等货物,为收到预收款或者书面合同约定的收款日期的当天"。本案合同约定的交货条件为:供方仓库交货,交货前预付全额货款,且双方未约定交货时间,故依照法律规定,本案宣化钢铁公司开具增值税发票的时间应适用《增值税暂行条例》第19条第1款第1项和《增值税暂行条例实施细则》第38条第4项规定,于货物发出的当天开具发票。宣化钢铁公司坚持按实际交货当月按国家下调后的税率缴纳增值税发票,并未违反合同约定和法律规定。

上诉人天源钢管塔公司认为,在国家历次下调增值税率的过程中,市场供应商的反映都是"集体附随降价"。税率调整后,被上诉人宣化钢铁公司应在货物价格不变的情况下,按照新税率调低含税价款,但宣化钢铁公司仍旧按照原税率16%计算的价款收取上诉人货款,导致上诉人2019年4月1日后支付的货款产生了330,567.75元的差额损失。

一审法院认为,根据法院查明的事实,天源钢管塔公司与宣化钢铁公司双方签订的合同的有效期截至2019年2月28日,双方在实际交易中,均为宣化钢铁公司交付货物当月,宣化钢铁公司开具增值税发票,并未按合同约定严格履行。天源钢管塔公司在2019年4月1日之后,又陆续给付宣化钢铁公司预付款16,556,393.04元,上述款项对应的供应钢材义务,按合同约定价格履行还是按市场交易价格履行,双方并未约定。宣化钢铁公司辩称,其采用的是2019年3月29日和2019年4月1日的第三方价格,对此,天源钢管塔公司亦未提出相反的交易习惯证据,现双方交易已履行完毕,宣化钢铁公司按照法律规定,为天源钢管塔公司按照13%税率开具增值税发票,不违反法律和双方合同约定,天源钢管塔公司诉请赔偿330,567.75元的经济损失无合同和法律依据,不予支持。

二审法院认为,天源钢管塔公司与宣化钢铁公司分别于2018年9月20日、2019年1月18日签订了钢材购销合同,合同约定:(1)交货前预付全额货款、吊装费及运杂费。(2)按供需双方约定时间付清全额货款、吊装费及运杂费。合同对双方何时履行纳税义务、何时履行交货义务并未约定,根据双方之前的交易习惯,均为宣化钢铁公司在交付货物当月为天源钢管塔公司开具增值税发票,且双方均未提出异议。故一审判决认定双方的付款为预收货款方式,增值税纳税义务发生时间为货物发出的当天,这符合法律规定,并无不当。因2019年4月1日国家征收增值税的比例由16%下调至13%,宣化钢铁公司2019年4月1日之后向天源钢管塔公司交付了相应价值的钢材并为天源钢管塔公司开具税率为13%的增值税发票,不违反合同约定和法律规定。在此基础上,二审法院进一步指出,增值税的税率并非买卖合同法律行为的基础性事实,且增值税税率由16%下调为13%不足以导致买卖合同赖以成立的基础丧失,也不足以导致当事人合同目的无法实现,不构成情势变更,且双方合同中并未就降税降价作出明确约定,2019年4月1日之后,天源钢管塔公司按合同约定价格陆续向宣化钢铁公司支付了预付款,故天源钢管塔公司要求调减合同价格依据不足。

相关规定

1.《立法法》第11条;

2.《财政部 国家税务总局关于印发〈农业产品征税范围注释〉的通知》(财税字〔1995〕52号)。

第十一条 【适用简易计算方法】

条文

> 适用简易计税方法计算缴纳增值税的征收率为百分之三。

条文主旨

本条是关于适用简易计税方法计算缴纳增值税的相关规定。征收率是简易计税方法的核心要素,通常远远低于标准税率。从相对的角度看,相比于大型企业,小型企业缴纳增值税的成本更高。故适用简易计税方法的核心目的是简化征税程序,减轻纳税人的负担,尤其是对于会计核算能力不够、规模不大的小规模纳税人,能够明显降低其纳税成本。同时,结合当前税务机关代开发票规则、小规模纳税人自行开具发票规则,简易计税方法可持续降低适用简易计税方法适用于价值链、供应链的难度,一定程度上延长了增值税的抵扣链条,降低了行业的整体税负。

条文释义

1. 本条将征收率直接规定为3%

本条在税率标准方面虽然和《增值税暂行条例》保持一致,但考虑到全面"营改增"改革以来的一些财税衔接政策,这显然和当前适用的征收率(5%、3%、5%减按1.5%、3%减按2%、3%减按1%、3%减按0.5%,具体见表10)有差异。因此,纳税人在具体适用征收率时仍然需要依据财税部门的解释,这就会产生相应的衔接问题。但在全面落实税收法定原则的背景下,此种征收率的解释与调整仍然存在争议。一方面,《立法法》的立法保留项目仅止步于税率,而未直接涉及征收率的情形;另一方面,征收率必然直接关联适用简易计税方法情形下应纳税额的计算,应属于增值税基本制度要素。

表10　小规模纳税人增值税征收率一般情形汇总

征收率	适用范围	依据
5%	1.小规模纳税人销售其取得(不含自建)的不动产; 2.小规模纳税人销售其自建的不动产; 3.小规模纳税人出租其取得的不动产(不含个人出租住房); 4.房地产开发企业中的小规模纳税人销售自行开发的房地产项目	财税〔2016〕36号附件2
5%	小规模纳税人提供劳务派遣服务,选择差额纳税(提供安全保护服务、武装守护押运服务参照适用)	1.财税〔2016〕47号; 2.财税〔2016〕68号
5%	1.合作油(气)田销售原油、天然气[1]	国税发〔1994〕114号
3%	1.销售货物; 2.加工、修理修配劳务; 3.服务、无形资产	《增值税暂行条例》
5%减按1.5%	1.个体工商户出租住房; 2.其他个人出租住房; 3.住房租赁企业中的增值税小规模纳税人向个人出租住房	1.国家税务总局公告2016年第16号; 2.财政部、税务总局、住房城乡建设部公告2021年第24号

续表

征收率	适用范围	依据
3%减按2%	小规模纳税人(除其他个人外)销售自己使用过的固定资产	1. 财税〔2009〕9号； 2. 国税函〔2009〕90号
3%减按1%	自2023年1月1日至2027年12月31日,增值税小规模纳税人适用3%征收率的应税销售收入	1. 财政部、税务总局公告2023年第1号； 2. 财政部、税务总局公告2023年第19号
3%减按0.5%	自2020年5月1日至2027年12月31日,从事二手车经销的纳税人销售其收购的二手车,由原按照简易办法依3%征收率减按2%征收增值税,改为减按0.5%征收增值税	1. 财政部、税务总局公告2020年第17号； 2. 国家税务总局公告2020年第9号； 3. 财政部、税务总局公告2023年第63号

〔1〕需要注意的是,此种税目对应的应纳税额计算并未完全按照《增值税暂行条例》中提供的计算公式计算,而是强调:"税额栏"按含税销售额乘以征收率5%计算出的税额填写;"金额栏"按价税合计数额减去税额后的余额填写。这导致此种情形下的增值税为"价内税"。在此标注,以示区别。参见国家税务总局《关于中外合作开采石油资源交纳增值税有关问题的通知》(国税发〔1994〕114号)。

2. 征收率减免的具体计算方法

在征收率减免情形下,还存在计算方法的差异,主要涉及计算不含税销售额时价税分离中的征收率到底是适用减免之前的征收率还是减免之后的征收率。适用减免之前的征收率情况如小规模纳税人(除其他个人外)销售自己使用过的固定资产,减按2%征收率征收增值税(计算公式为:销售额＝含税销售额÷(1＋3％);应纳税额＝销售额×2％)。①与此类似的情形还有个人出租住房,按照5％的征收率减按1.5％计算应纳税额[应纳税款＝含税销售额÷(1＋5％)×1.5％]。自2023年1月1日至2027年12月31日,增值税小规模纳税人适用3％征收率的应税销售收入适用减免之后征收率进行价税分离。其中的核心差异在于会计处理与增值税征管程序。因为对于前者而言,税收政策往往强调"应开具普通发票,不得由税务机关代开增值税专用发票";对于后者而言,税收政策则允许开具增值税专用发票。且前者在具体发票上"税率或征收率"栏次注明的不是具体征收率而是"×××",其计算发票金额栏次的金额时采用倒推方式,即按所规定的计算方式计算出应纳税额后,再以含税销售额减去应纳税额,得出发票上金额栏次的金额。计算方式是增值税法的核心组成部分,本法未能及时统一征收率减免的具体计算方式并具体解释其中缘由也是当前不足之一。

3. 简易计税方法适用场景

《增值税法》首次将征收率与小规模纳税人剥离,将征收率与适用简易计税方法计算缴纳绑定,与小规模纳税人身份无关。这一定程度上反映出本次立法对既有改革成果的吸收。从目前规则来看,已有实践既包括小规模纳税人适用,也包含一般纳税人选择适用简易计税方法的情形(需要完成简易征收备案,具体情况见表11)。本法如果继续采用《增值税暂行条例》的表述模式,必然会产生适用的冲突。此外,一般纳税人选择适用简易计税方法既包含"营改增"改革衔接过程中的考量,也在特定情形下体现出国家对于特定行业、特定产品、特定服务的鼓励(如对于抗癌药品、罕见病药品适用简易计税方法),应认定为一种税收优惠。

---

① 参见《国家税务总局关于增值税简易征收政策有关管理问题的通知》(国税函〔2009〕90号)。

表11 一般纳税人适用简易计税方法政策汇总

应税交易类别	适用范围	依据
建筑服务	1. 一般纳税人以清包工方式提供的建筑服务,可以选择适用简易计税方法计税; 2. 一般纳税人为甲供工程提供的建筑服务,可以选择适用简易计税方法计税; 3. 一般纳税人为建筑工程老项目提供的建筑服务,可以选择适用简易计税方法计税	财税〔2016〕36号
建筑服务(强制适用)	建筑工程总承包单位为房屋建筑的地基与基础、主体结构提供工程服务,建设单位自行采购全部或部分钢材、混凝土、砌体材料、预制构件,适用简易计税方法计税	财税〔2017〕58号
出售不动产	1. 一般纳税人销售其2016年4月30日前取得(不含自建)的不动产; 2. 一般纳税人销售其2016年4月30日前自建的不动产; 3. 房地产开发企业中的一般纳税人,销售自行开发的房地产老项目	财税〔2016〕36号
物业管理服务中收取的自来水水费(强制适用)	提供物业管理服务的纳税人,向服务接受方收取的自来水水费,以扣除其对外支付的自来水水费后的余额为销售额,按照简易计税方法依3%的征收率计算缴纳增值税	国家税务总局公告2016年第54号
不动产经营租赁	1. 一般纳税人出租其2016年4月30日前取得的不动产; 2. 公路经营企业中的一般纳税人收取试点前开工的高速公路的车辆通行费	财税〔2016〕36号
销售使用过的固定资产	一般纳税人销售自己使用过的、纳入"营改增"试点之日前取得的固定资产	财税〔2016〕36号

续表

应税交易类别	适用范围	依据
劳务派遣	一般纳税人提供劳务派遣服务,可以选择差额纳税,以取得的全部价款和价外费用,扣除代用工单位支付给劳务派遣员工的工资、福利和为其办理社会保险及住房公积金后的余额为销售额,按照简易计税方法依5%的征收率计算缴纳增值税。不得开具增值税专用发票,可以开具普通发票	财税〔2016〕47号
转让土地使用权	纳税人转让2016年4月30日前取得的土地使用权	财税〔2016〕47号
不动产融资租赁	一般纳税人2016年4月30日前签订的不动产融资租赁合同,或以2016年4月30日前取得的不动产提供的融资租赁服务	财税〔2016〕47号
人力资源外包服务	一般纳税人提供人力资源外包服务,可以选择适用简易计税方法	财税〔2016〕47号
财税〔2016〕36号规定的其他情形	1. 公共交通运输服务; 2. 经认定的动漫企业为开发动漫产品提供的服务,以及在境内转让动漫版权(包括动漫品牌、形象或者内容的授权及再授权); 3. 电影放映服务、仓储服务、装卸搬运服务、收派服务和文化体育服务; 4. 以纳入"营改增"试点之日前取得的有形动产为标的物提供的经营租赁服务; 5. 在纳入"营改增"试点之日前签订的尚未执行完毕的有形动产租赁合同	财税〔2016〕36号
电力	自2014年7月1日起,县级及县级以下小型水力发电单位生产的电力	财税〔2009〕9号、财税〔2014〕57号

续表

应税交易类别	适用范围	依据
建筑材料、财税〔2009〕9号规定的其他情形	1. 一般纳税人销售自产的建筑用和生产建筑材料所用的砂、土、石料； 2. 以自己采掘的砂、土、石料或其他矿物连续生产的砖、瓦、石灰； 3. 商品混凝土（仅限于以水泥为原料生产的水泥混凝土）； 4. 自来水； 5. 用微生物、微生物代谢物、动物毒素、人或动物的血液或组织制成的生物制品； 6. 寄售商店代销寄售物品（包括居民个人寄售的物品在内）； 7. 典当业销售死当物品； 8. 经国务院或国务院授权机关批准的免税商店零售的免税品	财税〔2009〕9号
非临床用人体血液	单采血浆站销售非临床用人体血液	国税函〔2009〕456号
生物制品	1. 药品经营企业销售生物制品； 2. 兽用药品经营企业销售兽用生物制品	国家税务总局公告2012年第20号、国家税务总局公告2016年第8号
特殊药品	1. 自2018年5月1日起，增值税一般纳税人生产销售和批发、零售抗癌药品； 2. 自2019年5月1日起，增值税一般纳税人生产销售和批发、零售罕见病药品	财税〔2018〕47号、财税〔2019〕24号

理解适用

关于增值税征收率，从《增值税法（征求意见稿）》到《增值税法（草案一次审议稿)》《增值税法(草案二次审议稿)》再到《增值税法》,其表述方式越来越精确科学。在征收率解释权方面,本法实现了与税率解释权配置一致,明确取消国务院对于征收率的直接调整权与解释权。但面对复杂多元的征收率适用场景,未来如何适用于一些税收优惠的情形,则是《增值税法》需要在既有框架内考虑的新问题。

1. 新旧衔接问题

本条将征收率固定为3%,但未提及既有财税政策中部分适用5%征收率、征收率减免的情形,这将对新旧法律衔接形成严重挑战。值得注意的是,《增值税法(征求意见稿)》第45条规定:"本法公布前出台的税收政策确需延续的,按照国务院规定最长可以延至本法施行后的五年止。"这为新旧增值税法衔接提供了可行路径。但《增值税法》未保留此种规定。这是否意味着未来所有适用简易计税方法的应税交易均统一适用3%的征收率?如果未来简易计税方法真的统一适用3%征收率,那么纳税人还将面临征收率调整前后各种征管程序(如专用发票开具的变更等)的要求,这将提高纳税人的税收遵从成本。目前来看,这种情形具体操作起来仍有一定难度。因此,本法生效后需要专门回应新旧法规衔接带来的挑战。此外,《增值税法》还需要关注征收率调整能否导致纳税人之间交易构成情势变更的可能。增值税作为价外税,增值税税率下调带来的增量经济利益如何在交易双方之间分配,值得探讨。2019年,增值税税率原适用16%税率的下调至13%。下调增值税税率的目的是减轻制造业企业负担,但据媒体报道,大型商超通知供货商在增值税下调后将供货价格(含税价格)下调2.6%或3%[1],但其向终端消费者销售产品的价格几乎不变,这种情况下,此轮增值税税率调整最终效

---

[1] 参见李永华:《制造企业"叫苦":国家降税的"奶酪"被沃尔玛们拿走了》,载《中国经济周刊》2019年第7期。

果并未在产业链中的购销双方间均匀分配。

2. 征收率减免问题

《增值税法》生效后，国务院及其财税部门能否继续设置有关征收率减免的税收优惠？《增值税法》基于税收法定主义取消了《增值税暂行条例》"国务院另有规定的除外"及类似表述。但这也为未来在征收率方面实施税收优惠等情形设置了障碍。2019年4月，中共中央办公厅、国务院办公厅印发《关于促进中小企业健康发展的指导意见》，强调"推进增值税等实质性减税，对小微企业、科技型初创企业实施普惠性税收减免"。考虑到我国为数众多的小规模纳税人群体（数量占比超过60%），适用简易计税方法的主体规模较为庞大。《增值税法》若无法及时就征收率减免问题作出连贯安排，将直接影响众多群体的增值税利益。目前来看，《增值税法》第25条为国务院设置了适用于小微企业的专项税收优惠政策制定权。这一定程度上为新旧政策衔接提供了可行路径。

新旧对比

表12　适用简易计算方法计算增值税征收率条款的变化

《增值税暂行条例》	《增值税法（征求意见稿）》	《增值税法（草案一次审议稿）》	《增值税法（草案二次审议稿）》	《增值税法》
第十二条 小规模纳税人增值税征收率为3%，国务院另有规定的除外。	第十四条 增值税征收率为百分之三。	第八条 适用简易计税方法的增值税征收率为百分之三。	第十条 适用简易计税方法计算缴纳增值税的征收率为百分之三。	第十一条 适用简易计税方法计算缴纳增值税的征收率为百分之三。

• 典型案例 •

重庆市鸿筑建筑工程有限公司与巫山县金马印务有限责任公司建设工程施工合同纠纷案[①]

1. 基本案情

2016年11月18日,巫山县金马印务有限责任公司(以下简称金马印务公司)(发包人、甲方)与重庆市鸿筑建筑工程有限公司(以下简称鸿筑建筑公司)(承包人、乙方)签订《建设工程施工合同》,约定由鸿筑建司承建金马印务公司发包的"巫山县金马印务有限责任公司职工宿舍楼、技改生产厂房综合楼工程"。合同约定:(1)价格中包括的风险范围:施工期间建材的市场风险、人工单价、机械台班价格浮动的风险和政策性文件调整。合同一经签订,所有的材料价及政策性文件一概不予改变。(2)结算价为完成所有图纸内容中的人工、材料、机械、管理费、利润、规费、安全文明施工费、分项工程配合费税金等的全部费用,垫资利息不在结算中另行计算。(3)风险费用的计算方法:任何政策性文件、通货膨胀、除钢材以外的材料物价上涨等因素的变化一概不予调整……每次付款前必须开具全额建筑行业发票,且按照发包人格式签署工程款签收表……2018年5月30日,经金马印务公司委托,重庆联信建筑工程咨询有限公司对案涉工程进行竣工结算审核,作出《结算审核报告》(渝信联咨〔2018〕161号),确定审定金额为25,114,933.67元;其中,税前造价22,626,066.38元,销项税额2,488,867.29元,按一般计税方法计税

---

① 重庆市第二中级人民法院民事判决书,(2020)渝02民终2078号。

(税率为11%),金马印务公司、鸿筑建筑公司分别作为建设单位和施工单位签名盖章。

另查明,2017年4月,鸿筑建筑公司就案涉工程向国家税务总局巫山县税务分局提交《增值税一般纳税人简易征收备案表》,备案事项为"其他:老项目"。至2019年10月18日,鸿筑建筑公司共开具税率3%的增值税普通发票26张,总金额23,509,644元,税额705,289元。庭审前,鸿筑建筑公司已向金马印务公司交付10张合计金额1000万元、税率3%的增值税普通发票。庭审中,鸿筑建筑公司当庭交给金马印务公司15张合计金额13,214,933.67元、税率3%的增值税普通发票。截至2019年2月9日,金马印务公司共计向鸿筑建筑公司付款29,797,008元,其中,向鸿筑建筑公司及其法定代表人邹某转账付款33次共计2309.5万元、以房抵付工程款5,702,008元、基础工程款100万元,金马印务公司起诉要求鸿筑建筑公司返还多支付的2,492,159.63元(工程款682,074.33元、税费差额1,810,085.30元)。鸿筑建筑公司主张税费差额不应返还;基础工程款实际是400万元,其中300万元已充抵金马印务公司退还给鸿筑建筑公司的保证金,剩余100万元不应纳入本案核算;支付到邹某个人账户的9.5万元不属于该工程支付的工程款;金马印务公司按约应承担资金占用损失共计1,026,785.93元,备注为资金占用费的15万元也不属于已付工程款。金马印务公司起诉要求将《建设工程施工合同》第一部分第五条第2款第2.2项和《结算审核报告》中执行的一般计税方法变更为简易计税方法计税。

2. 争议焦点

鸿筑建筑公司按简易计税方法(税率为3%)缴纳增值税和开具

发票,按一般计税方法(税率为11%)向金马印务公司主张销项税额,所获税费差额是否构成不当得利?

3. 案情分析

上诉人鸿筑建筑公司认为税差不应当返还。理由如下:首先,鸿筑建筑公司于2018年2月28日给金马印务公司出具并提供10张税率为3%、总金额1000万元的增值税发票后,金马印务公司于2018年3月将相关材料送重庆信联建筑工程咨询有限公司委托审计,这一客观事实足以说明金马印务公司对税率是明知的,且双方在签订《建设工程施工合同》时对于鸿筑建筑公司如何向金马印务公司收取税费作了明确约定,税费按照定额方式收取,按照重庆市城乡建设委员会《关于建筑业营业税改增值税调整建设工程计价依据的通知》(渝建发〔2016〕35号)执行。也就是说,鸿筑建筑公司最终要按11%向金马印务公司收取费用。至于鸿筑建筑公司如何向税务机关纳税,按照什么税率(3%或11%)缴税,是国家税务机关的事,只要鸿筑建筑公司不偷税漏税就行,法律也并没有规定税费的取费率一定要与实际发生的纳税税率一致。减免税负属于国家税务机关对纳税人的税收优惠,毕竟纳税义务人是鸿筑建筑公司而不是金马印务公司,增值税不属于代扣代缴,所以这种税收优惠政策的实惠应当由鸿筑建筑公司享有,不构成不当得利。其次,鸿筑建筑公司按照《建设工程施工合同》的取费约定,按照双方认可的《结算审核报告》确定的价款金额向金马印务公司索要欠款并无不当,不构成违背诚信的行为,《审核结算报告》依据合同和法律得出结论,本就系双方的真实意思表示,双方系平等主体,不存在专业人员利用专业知识或技术蒙蔽非专业人员的情形且《审核结算报告》的效力也得到了一审法院的确认,金马印务公司的第一项请求与第二项请求返还税差有着密不可分的关联性,两者是同一回事,一审法院既不支持第一项请求,就不应当对第二项请求中的税差进行实质性改变。况且《最高人民法院关于审理建设工程施工合同纠纷案件适用法律问题的解释(二)》(已失效)第12条、第13条明文规定,当事人双方在诉讼前对工程价款达成结算协议,委托鉴定机构具咨询意见,双方明确表示受该咨询意见约束的,法院不再同意鉴定或调整。最后,如鸿筑建筑公司按照一般计税方法11%缴纳税款,可以用销项税抵扣销项税。按照简易计税方法3%缴纳税款,不能用进项税抵扣销项税。也就是说,鸿筑建筑公司选择按照一般计税方法11%纳税抵扣后实际也只需支付相当于3%的税款,鸿筑建筑公司无形中损失了进项税可抵扣的销项税,选择何种纳税方法是鸿筑建筑公司的权利,与金马印务公司无关,该案税收优惠的实惠也与金马印务公司无关,简易计税方法缴纳税款并非就纯获得8%的税差,单纯将这8%税差认定为不当得利要求返还,确实对鸿筑建筑公司不公平。本案不适用不当得利法律规则进行调整。金马印务公司诉请的税差部分属于双方约定的不予调整的风险范围,税金属于工程总价的一部分,亦属于工程结算范畴,在双方已经办理结算的情况下,双方应当按照结算审核金额履行合同,金马印务公司无权要求返还税差。

被上诉人金马印务公司认为应当返还价差。理由如下:首先,(1)鸿筑建司于2017年4月21日就案涉项目向国家税务总局备案为建筑工程老项目,实际适用简易计税方法计税,按增值税征收率3%计算增值税额,对此,金马印务公司在委托重庆信联建筑咨询有限公司审计工程造价时并不知情,直至2020年3月才从税务部门了解到该情况,不能以鸿筑建筑公司向金马印务公司提供1000万元税率为3%的增值税发票而认定金马印务公司知晓该情况。(2)鸿筑建筑公司在明知按简易计税方法计税的情况下,隐瞒真实情况,按照一般计税方法计税申报结算金额,存在欺诈行为,导致金马印务公司按一般计税方法计税委托审计,构成重大误解,且显失公平。无论是按一般计税方法计税还是按简易计税方法计税,金马印务公司支付给鸿筑建筑公司的销项税额均用于鸿筑建筑公司开具增值税发票,不属于鸿筑建筑公司自身可得利益,在鸿筑建筑公司并未实际按一般计税方法产生税额的情况下,将一般计税方法与简易计税方法之间差额部分计入工程造价,鸿筑建筑公司因此获得的税费差额没有合法依据,属于有损金马印务公司而获得的利益,应当认定为不当得利予以返还。(3)税差不属于鸿筑建筑公司应当享有的实惠。本案税差系因计税方法不同而产生,不同于特定时期的税收减免优惠政策。鸿筑建筑公司收取多少销项税额就应当向金马印务公司开具多少增值税发票,没有开具相应的增值税发票,就应当收取相应的销项税额。鸿筑建筑公司辩称其如何向税务机关纳税与金马印务公司无关的理由不能成立。其次,鸿筑建筑公司认为结算审计报告不能调整的理由不能成立。销项税额系独立于税前工程造价的计费项目,具有专属性,其本质系金马印务公司将该部分应纳税额支付给鸿筑建筑公司,由鸿筑建筑公司代金马印务公司开具相应的增值税发票,并不属于鸿筑建筑公司可得工程款,金马印务公司只需按照鸿筑建筑公司实际发生的税额进行支付。最后,鸿筑建筑公司选择简易计税方法计税,无法抵扣进项税的主体是金马印务公司,而非鸿筑建筑公司。即便因此导致鸿筑建筑公司无法抵扣进项税,相应的法律后果也应当由其自行承担。

一审法院认为,销项税额是指增值税纳税人销售货物和应交税劳务,按照销售额和适用税率计算并向购买方收取的增值税税额;纳税人应当按照当期销售额如实计算当期销项税额,并在向购买方收取货款和劳务收入以外费用的同时收取;销项税额虽由纳税人向税务机关缴纳,但最终以计入总价由购买方承担。本案中,鸿筑建筑公司作为纳税人,就案涉工程以老项目备案并按简易计税方法(税率为3%)交纳增值税和开具发票,却按一般计税方法(税率为11%)向金马印务公司主张销项税额,以致金马印务公司按一般计税方法委托审计进而得出超过实际销项税额[22,626,066.38元×(11%-3%)=1,810,085.30元]的审定销项税额,鸿筑建筑公司作为承建单位在《结算审核报告》上签字盖章时亦未作提示,反而多次要求金马印务公司按审定金额付款。鸿筑建筑公司的上述行为有违诚实信用原则,其因此获得的税费差额属于不当利益,应予返还。

二审法院认为:金马印务公司与鸿筑建筑公司签订的案涉《建设工程施工合同》系双方当事人之间的真实意思,其内容并未违反法律法规的强制性规定,应认定为有效。双方在该合同中对工程承包范围、承包方式、合同工期、质量标准、工程结算依据、标准和方式等均进行了明确约定,其中就案涉工程税金明确约定按照2016年5月1日起执行的重庆市城乡建设委员会发布的《关于建筑业营业税改征增值税调整建设工程计价依据的通知》(渝建发〔2016〕35号)文件执行。根据该文件第一条的规定,案涉工程造价=税前工程造价×(1+建筑业增值税税率11%),即案涉工程造价由税前工程造价和税金两部分组成,而双方在案涉合同中就计算税金的税率标准约定为11%,与前述文件规定的税率标准是一致的,该约定对双方具有约束力。鸿筑建筑公司按照案涉合同约定完成工程建设并竣工验收合格后,根据案涉合同中结算价款按合同约定标准必须通过具有工程造价资质的中介机构进行审计后总价下浮5%为最终结算金额的约定,金马印务公司委托重庆信联建筑工程咨询有限公司对案涉工程价款进行了审核,确定案涉工程造价为25,114,933.67元,双方对该审核结果签章进行确认,金马印务公司也按照该金额向鸿筑建筑公司支付了案涉工程款。现金马印务公司因鸿筑建筑公司向其开具的增值税发票的税率为3%,认为合同约定的税金与实际缴纳的税金存在税率8%的差额,而诉请人民法院要求将案涉合同第一部分第5条第2款第2.2项、重庆信联建筑工程咨询有限公司2018年5月作出的《结算审核报告》执行的一般计税方法计税变更为简易计税方法计税,并要求返还其按照税率11% – 3%计算的税金差额1,810,085.30元。关于金马印务公司要求变更案涉合同就税金约定的税率标准的问题,如前所述,案涉合同中税金的取费标准和执行定额是明确的,即按照重庆市城乡建设委员会发布的《关于建筑业营业税改征增值税调整建设工程计价依据的通知》(渝建发〔2016〕35号)执行,而该文件中明确规定了工程造价的组成和建筑业增值税税率的标准为11%,双方对此应当是明知的,金马印务公司要求变更合同约定税率标准的请求不符合我国原《合同法》规定的合同一方有权申请变更的情形,一审法院对金马印务公司的该主张不予支持是正确的,且金马印务公司在一审法院判决后对此没有提出异议。而重庆信联建筑工程咨询有限公司2018年5月作出的《结算审核报告》,是严格按照案涉合同约定进行审核所确定的案涉工程造价金额结算的,在其审核依据的案涉合同未被变更前,金马印务公司单方要求变更其中的计算依据,一审法院不予支持是正确的。故金马印务公司应当按照《结算审核报告》确定的工程造价金额25,114,933.67元向鸿筑建筑公司支付工程款,即鸿筑建筑公司向金马印务公司收取25,114,933.67元工程款是其依据案涉合同履行义务后所应当享有的权利。因案涉工程属于"老项目",鸿筑建筑公司作为案涉工程的纳税主体依法向税务机关纳税时,可以自行选择按照一般计税方法(税率为11%)进行纳税,也可以选择按照简易计税方法(税率为3%)进行纳税(但一经选择,36个月内不得变更),而鸿筑建筑公司选择了按简易计税方法纳税。一般计税方法的应纳税额,是指当期销项税额抵扣当期进项税额后的余额。应纳税额计算公式:应纳税额 = 当期销项税额 – 当期进项税额。简易计税方法的应纳税额,是指按照销售额和增值税征收率计算的增值税额,不得抵扣进项税额,应纳税额计算公式:应纳税额 = 销售额 × 征收率。即鸿筑建筑公司如选择一般计税方法应税,其应纳税额也是按照税率11%计算的销项税额与抵扣相应的进项税额后的差额,而不是按照税率为11%计算的销项税额进行全额缴纳。现鸿筑建筑公司选择按简易计税方法应税,直接按照销售额(纳税人发生应税行为取得的全部价款)乘以增值税征收率3%所得金额缴纳增值税,而不再抵扣进项税额。因此,鸿筑建筑公司按照案涉合同收取工程款25,114,933.67元发生应税行为时,其无论依法选择哪一种计税方法,都与金马印务公司按约支付工程款的合同义务没有直接的关系。案涉工程款的支付和收取是金马印务公司与鸿筑建筑公司就案涉合同所应当履行的义务和享有的权利,不能因为鸿筑建筑公司在完成工程建设后,作为销售方依法按照其销售额向税务机关缴纳增值税的金额,而改变双方就案涉合同约定的权利义务。虽然工程价款中包含税率为11%的建筑行业增值税税金,但该税金属于案涉工程造价的组成部分,不属于鸿筑建筑公司代扣代缴的情形,并非鸿筑建筑公司收到该税金后直接代金马印务公司向税务机关缴纳;也不是金马印务公司在工程价款中支付多少税金,鸿筑建筑公司就应当按照该金额全额向税务机关缴纳,没有足额缴纳就应当返还。依法纳税是每个纳税人(单位)的法定义务,鸿筑建筑公司在发生应税行为后,依法选择简易计税方法缴纳增值税的行为,得到了税务机关的认可,税务机关收取相应的税款后向鸿筑建筑公司开具了相应的增值税发票。故金马印务公司要求鸿筑建筑公司返还其税金差额1,810,085.30元的诉讼请求,法院不予支持。

相关规定

1.《财政部 税务总局关于全面推开营业税改征增值税试点的通知》(财税〔2016〕36号);

2.《财政部 国家税务总局关于进一步明确全面推开营改增试点有关劳务派遣服务、收费公路通行费抵扣等政策的通知》(财税〔2016〕47号)。

第十二条 【兼营行为】

条文

> 纳税人发生两项以上应税交易涉及不同税率、征收率的,应当分别核算适用不同税率、征收率的销售额;未分别核算的,从高适用税率。

条文主旨

本条是关于增值税兼营行为税务处理的相关规定。

兼营行为和混合销售是从增值税乃至过去的营业税时代演变过来的重要概念。本条延续了《增值税暂行条例》的相关理念,继续强调针对兼营行为纳税人应当分别核算适用不同税率或者征收率的销售额,未分别核算的,从高适用税率。增值税法为减少兼营业务可能产生的矛盾和冲突,既需要纳税人对不同的应税交易进行识别并分开核算,也需要立法者在法定税率层面充分融合。从长远来说,税率并档仍需不断推进。

条文释义

1. 兼营行为的界定

兼营行为包含两类情形。(1)一般情况。兼营行为是指纳税人经营的业务中,有两项或多项应税交易,这些应税交易相互独立,没有关联关系。例如,纳税人多项应税交易(不同税率)的交易对象并非同一购买者,则这种情形就属于典型的兼营行为。在此基础上,对于两项或多项应税交易的界定,需要结合混合销售规则中的销售行为进行综合分析。需要注意的是,兼营行为的内涵与外延也因增值税改革而出现变化。在"营改增"改革以前,其强调纳税人的应税交易中既包含增值税的业务也涉及营业税的业务;在"营改增"改革以后,其强调纳税人发生应税交易,这些应税交易涉及不同的税率及征收率项目。例如,非"营改增"试点增值税纳税人兼营适用不同增值税税率的货物或加工修理修配劳务、纳税人兼营减税、免税项目等。(2)特殊规定。在部分混合销售情形下,纳税人主业判断困难会导致税负过重与恶意税务筹划两种极端情形出现。为回应此问题,财税部门对兼营行为认定作出特别规定,具体见表13。与此同时,本法并未明确采用"兼营"的概念,而是强调两项以上应税交易涉及不同税率、征收率时便会产生对应的税务处理。此种安排将影响其他情况的衔接处理,如本法第26条关于兼营税收优惠项目需要分开核算的规定。

表13 兼营行为的特殊规定

所属项目	适用范围	依据
销售自产货物同时提供建筑安装服务	纳税人销售活动板房、机器设备、钢结构件等自产货物的同时提供建筑、安装服务,不属于《营业税改征增值税试点实施办法》(财税〔2016〕36号)第40条规定的混合销售	国家税务总局公告2017年第11号
销售外购机器设备同时提供建筑安装服务	一般纳税人销售外购机器设备的同时提供安装服务,如果已经按照兼营的有关规定,分别核算机器设备和安装服务的销售额,安装服务可以按照甲供工程选择适用简易计税方法计税(销售外购机器设备的可以按混合销售也可以按兼营行为认定,关键看是否分别核算)	国家税务总局公告2018年第42号
特殊服务业(餐饮)	餐饮企业将外购的酒水、农产品等货物,未进行后续加工而直接与外卖食品一同销售的,应根据该货物的适用税率,按照兼营的有关规定计算缴纳增值税	财税〔2016〕140号

2. 多项应税交易的判定

在通常情况下,一项交易是买卖双方基于一份合同或订单进行的,所有组成部分密不可分,缺少任何一个组成部分都无法实现交易目标。报价为整体报价,各部分价格不分别核算,发票也只开具一张发票。总体来看,判定构成两项应税交易既要考察纳税人的经营范围、业务是否具备从属关系、应税交易是否同时发生,还需判断价款是否从同一购买方收取以及是否属于特殊规定情形。在"营改增"试点过程中,财税部门曾引入"混业经营"概念,是指试点纳税人"兼有"不同税率或者征收率的销售货物、提供加工修理修配劳务或者应税服务的行为。[①] 值得注意的是,相关规定在"混业经营"的定义中用了"兼有"而非"兼营"的表述,以区别于一般情形下的"兼营"。从范围来看,"兼有"既包括在同一销售行为中同时涉及"销售货物、提供加工修理修配劳务或者应税服务",也包括"兼营"适用不同税率或者征收率的销售货物、提供加工修理修配劳务或者应税服务的行为。在此基础上,产生了税务处理模式的差异。在"营改增"时期,兼营行为中多项应税交易的判定主要是指纳税人经营的业务中,有两项或多项销售行为,但是这两项或多项销售行为没有直接的关联和从属关系,业务的发生互相独立。举例而言,一建筑企业为业主方提供采购设备与安装的业务,并在合同中明确采购价格和安装价格。在既有政策下这将被认定为混合销售,而非兼营行为,也即此种情形仅构成一项应税交易。但此种具有形式外观的法律拟制似乎背离了实践需要,也并未降低征管成本、提高征税效率,值得思考。

3. 兼营行为税务处理的原则

本法根据分开核算情况对不同纳税人采用了不同的处理方案。需

[①] 参见《财政部 国家税务总局关于在全国开展交通运输业和部分现代服务业营业税改征增值税试点税收政策的通知》(财税〔2013〕37号,已失效)。

要注意的是,在"营改增"以前,纳税人兼营非应税项目属于原营业税征税范围时,纳税人应分别核算货物或者应税劳务的销售额和非增值税应税项目的营业额;未分别核算的,由主管税务机关核定货物或者应税劳务的销售额。

▍理解适用

关于兼营行为的认定及适用规则,我国增值税法经历了"营改增"改革阶段,这导致兼营行为的概念及适用范围都出现明显变化。从根本意义上讲,"营改增"后沿用原来用来区分增值税和营业税的混合销售和兼营的概念,是为了区别不同税目和税率。《增值税暂行条例》对于兼营行为的界定也曾发生变化,在"营改增"以前,其强调兼营行为重点关注兼营非增值税应税项目,"营改增"以后,其强调兼营行为重点关注兼营不同税率项目。但《增值税法(征求意见稿)》《增值税法(草案一次审议稿)》《增值税法(草案二次审议稿)》以及本法在界定兼营行为时,均不再突出"兼营"的概念,而是强调多项应税交易只要涉及不同税率、征收率便可构成兼营行为。此外,《增值税法(征求意见稿)》并未明确将纳税人发生的适用不同税率或者征收率的应税交易限定为一项。这将导致混合销售与兼营行为更难区分。因此,本法最终放弃此种表述方案,而是优先强调多项应税交易涉及不同税率、征收率。这一定程度上降低了兼营行为的认定难度,简化了纳税人区分兼营行为与混合销售的征管实践。

1. 立法模式

在本法出台以前,兼营行为的立法模式一直是"兼营"加不同税率、征收率,从未在规则中明确"兼营"和多项应税交易的具体内容与主要要求。自兼营行为进入我国增值税制以来,国家税务总局并未明确界定"兼营"的概念及内涵。这也是兼营行为在不同发展阶段仍然能保持相对稳定的核心原因。由于增值税法相关规定未对"兼营"进行明确定义,国家税务总局解释兼营行为时有相对宽泛的空间。这也是当前纳税人"销售货物并提供建筑安装服务"面临特殊处理的原因。税务机关解释认为此类应税交易时可以根据增值税征管实践及不同行业的差异性而作单独处理。因此,只要"兼营"定义不明确,未来仍然无法保证兼营行为认定的科学性与确定性。在此基础上,本法放弃了"兼营"的立法模式,转而采用多项应税交易加不同税率、征收率的立法模式。这将直接降低增值税征管实践中界定两种行为的难度,压缩国家税务总局的解释空间,令兼营行为与混合销售更容易区分。

2. 多项应税交易的判定不应仅关注纳税人税收筹划的风险防控

在"营改增"时期,对一项销售行为的判定曾以企业是否分别核算作为依据,即若企业分别核算,则可以构成两项或多项销售行为。例如,湖北省国家税务局发布的《营改增政策执行口径:第一辑》第1条规定:"一项销售行为如果既涉及服务又涉及货物,为混合销售。对于混合销售,按以下方法确定如何计税:(1)该销售行为必须是一项行为,这是与兼营行为相区别的标志。(2)按企业经营的主业确定。若企业在账务上已经分开核算,以企业核算为准。"但有观点提出,如果混合销售以企业在账务上分别核算为准,很可能会出现这样一种情况:从事货物的生产、批发或者零售的纳税人,如果销售货物的同时提供服务,它们会在账务上分别核算,分别适用高税率和低税率,且把销售货物的价格压低,把提供服务的价格抬高;其他纳税人如果在提供服务的同时销售货物,那么会故意不在账务上分别核算,统一适用低税率。如此,混合销售将成为纳税人调控纳税额的工具。此类观点的核心逻辑在于防范纳税人的恶意税收筹划,进而采用税收政策扭曲纳税人的市场行为。从增值税的"税收中性"特点来看,好的增值税制不仅应以税负中性为目标,也应强调征管成本的中性化配置,不应过度干预纳税人的市场行为。因此,多项应税交易的判定不应仅关注纳税人税收筹划的风险防控,而应尽可能尊重纳税人的交易事实。即便出现了上述恶意税收筹划情形,税务机关仍然可以税收核定权为保障纠正纳税人计税依据明显偏低且无正当理由的应税交易,而不应事先干预。这也是税收中性原则的应有之义。

新旧对比

表14 兼营行为条款的变化

《增值税暂行条例》	《增值税法(征求意见稿)》	《增值税法(草案一次审议稿)》	《增值税法(草案二次审议稿)》	《增值税法》
第三条 纳税人兼营不同税率的项目,应当分别核算不同税率项目的销售额;未分别核算销售额的,从高适用税率。	第二十六条 纳税人发生适用不同税率或者征收率的应税交易,应当分别核算适用不同税率或者征收率的销售额;未分别核算的,从高适用税率。	第十九条 纳税人发生两项以上应税交易涉及不同税率、征收率的,应当分别核算适用不同税率、征收率的销售额;未分别核算的,从高适用税率。	第十一条 纳税人发生两项以上应税交易涉及不同税率、征收率的,应当分别核算适用不同税率、征收率的销售额;未分别核算的,从高适用税率。	第十二条 纳税人发生两项以上应税交易涉及不同税率、征收率的,应当分别核算适用不同税率、征收率的销售额;未分别核算的,从高适用税率。

• 典型案例 •

中冶东方工程技术有限公司秦皇岛研究设计院与辽宁建设安装集团有限公司抚顺分公司、中冶东方工程技术有限公司建设工程施工合同纠纷案[①]

1. 基本案情

中冶东方工程技术有限公司秦皇岛研究设计院(以下简称秦皇岛设计院)系中冶东方工程技术有限公司(以下简称中冶东方公司)下属机构。2015年2月6日,秦皇岛设计院与抚顺新钢铁有限责任公司(以下简称抚顺新钢铁公司)签订了一份《建安工程施工合同》,承包内容为抚顺新钢铁公司新建石灰竖窑建安工程(土建、安装、电气工程)等涉及的全部工作内容,承包方式为包工包料,计价方式为总价包干。

2015年3月6日,秦皇岛设计院与辽宁建设安装集团有限公司抚顺分公司(以下简称建安抚顺公司)签订了一份《建安工程施工合同》,秦皇岛设计院将抚顺新钢铁公司新建石灰竖窑建安工程中的土建、安装等工程分包给建安抚顺公司,承包方式为承包人包工包料,计价方式为总价包干。各项指标考核合格后,建安抚顺公司提供完整的竣工资料和竣工验收报告,工程结算核对完毕,经抚顺新钢铁公司审计部门审计定案后,支付剩余结算款(扣除钢筋材料款)。相应合同内款项均在抚顺新钢铁公司实际付款后,按其付款的比例等比例支付。合同签订后,建安抚顺公司入场施工。

---

① 辽宁省抚顺市中级人民法院民事判决书,(2017)辽04民终834号。

第二章 税 率

2016年5月7日,建安抚顺公司将案涉工程竣工材料交付秦皇岛设计院。2016年6月30日,建安抚顺公司向秦皇岛设计院出具了一份《关于抚顺新钢铁有限公司新建石灰竖窑建安工程结算的申请函》,内容为:由建安抚顺公司施工的抚顺新钢铁公司新建石灰竖窑建安工程(土建、安装工程),按合同约定工期按时完成,竣工资料已全部上交设计院,现申请进行工程结算。

2016年7月5日,秦皇岛设计院给建安抚顺公司回函,内容为:"今收到贵公司关于抚顺新钢铁有限责任公司新建石灰窑建安工程的结算申请,由于中冶集团对我院进行整编重组,各部门职能未确定,待恢复正常工作后,我院开始审查贵公司提交的竣工资料,审查合格后,开展工程结算工作,望谅解。"后双方产生纠纷,建安抚顺公司向抚顺市望花区人民法院(以下简称一审法院)起诉,要求秦皇岛设计院支付拖欠的工程款及利息,中冶东方公司对上述债务承担连带责任。

2. 争议焦点

涉案合同是属于承揽合同,还是建设工程合同?

3. 案情分析

秦皇岛设计院认为:(1)本案属于承揽合同纠纷,而非一审法院所认定的建设工程施工合同纠纷,而承揽合同本身不存在分包效力问题。(2)即使涉案合同定性为建设工程合同,秦皇岛设计院与抚顺新钢铁公司之间签订的是建筑工程总承包合同,秦皇岛设计院将施工任务分包给建安抚顺公司也是符合法律规定的。秦皇岛设计院作为总包单位,承担此项工程包括设计、设备供货、土建钢结构及设备安装调试等全部业务,本身只是将其中的土建、钢结构及部分安装工程分包给建安抚顺公司施工,建设单位对此完全知情并且同意。双方签订的合同合法有效,应严格遵守合同约定的付款条件,在约定的付款条件未成就的情况下,秦皇岛设计院无须履行付款义务。

建安抚顺公司认为:本案双方签订的合同依法属于建设工程施工合同。秦皇岛设计院将新建石灰竖窑建安工程中的土建、安装工程发包给建安抚顺公司施工,并不符合承揽合同要件,故秦皇岛设计院提出本案为承揽纠纷,没有事实和法律依据。作为涉案工程总承包人的秦皇岛设计院,将该工程主体结构的施工发包给建安抚顺公司的行为违反了建筑法的规定,一审法院认定合同无效,符合法律的规定。秦皇岛设计院以1233万元承包了抚顺新钢铁公司新建石灰竖窑建安工程的土建、安装和电器工程,秦皇岛设计院即该工程的总承包人。其转手以1040万元将该工程中主体结构的土建及安装工程转包给了建安抚顺公司,系违法转包行为。

一审法院认为,建设工程施工合同的承包人不得将其承包的全部建设工程转包给第三人或者将其承包的全部建设工程以分包的名义分别转包给第三人。建设工程主体结构的施工必须由承包人自行完成。承包人非法转包、违法分包与他人签订建设工程施工合同的行为无效。本案中,秦皇岛设计院从抚顺新钢铁公司处承包了新建石灰竖窑建安工程(土建、安装、电器工程,该建安工程的主体结构部分必须由秦皇岛设计院自行完成。秦皇岛设计院将该工程的主体土建及安装分包给建安抚顺公司施工,属于违法分包,故秦皇岛设计院与建安抚顺公司于2016年6月30日签订的《建安工程施工合同》应当认定无效。

二审法院认为,建设工程合同是承揽合同的一种特殊类型,建设工程合同在合同主体及合同标的物上区别于一般承揽合同。本案中,从抚顺新钢铁公司与秦皇岛设计院签订合同名称、主体及承建内容看,合同均适用《建筑法》等法律法规的调整,并非普通主体所能承揽。抚顺新钢铁公司与秦皇岛设计院签订《建安工程施工合同》《设备供货合同》,将新建石灰竖窑建安工程,包括设计、供货、土建、安装和电气工程等一切工作内容发包给秦皇岛设计院,两份合同构成建筑工程总承包合同,秦皇岛设计院是工程总承包人。秦皇岛设计院将其中施工合同分包给建安抚顺公司,双方形成的法律关系是建设工程施工合同关系。本案中,秦皇岛设计院与抚顺新钢铁公司签订的总承包合同中未约定分包施工业务,也未提交经建设单位抚顺新钢铁公司同意分包施工的书面材料,因此,一审判决认为秦皇岛设计院将工程总承包项目中的施工业务分包给建安抚顺公司属于违法分包,双方签订的《建安工程施工合同》无效,并无不当。

相关规定

1.《国家税务总局关于进一步明确营改增有关征管问题的公告》(国家税务总局公告2017年第11号);

2.国家税务总局《关于明确中外合作办学等若干增值税征管问题的公告》(国家税务总局公告2018年第42号);

3.《财政部 国家税务总局关于明确金融 房地产开发 教育辅助服务等增值税政策的通知》(财税〔2016〕140号)。

第十三条 【混合销售】

条文

> 纳税人发生一项应税交易涉及两个以上税率、征收率的,按照应税交易的主要业务适用税率、征收率。

条文主旨

本条是关于混合销售的判定及适用规定。

混合销售源于增值税与营业税并行时代,纳税人一项应税交易中既包含货物也包含非应税劳务的情形。随着全面"营改增"改革,混合销售的范围被明确,一项应税交易既包含货物又涉及服务才能构成混合销售。随着税制改革成果逐渐巩固,《增值税法》进一步扩大了混合销售的范围,从仅适用货物服务项目到适用不同税率、征收率的项目。这也为区分兼营行为与混合销售带来新的问题。总体来看,混合销售本质上是税法对特定复合交易行为的特殊评价。

条文释义

1. 混合销售的适用范围

部分研究认为混合销售属于特殊兼营行为。[1] 本法将混合销售的适用范围扩大,不再将混合销售限制为"既涉及货物又涉及服务",五种征税项目只要出现在同一项应税交易中,即属于混合销售。其中,最大

---

[1] 参见谭伟、谭婷元、吴鹏飞:《增值税中混合销售应回归兼营行为》,载《国际税收》2019年第1期。

的变化在于不再对一项应税交易的具体交易项目进行界定,只要一项应税交易竞合多个税率就属于混合销售。在此过程中,纳税人常见的疑问在于:分别核算规则能否适用于混合销售场景？对此问题,既定规则及官方解答①均排除混合销售适用分别核算规则。但部分地方税务局也提出了相反的观点,强调分别核算的纳税人可以分别适用各项目对应的税率。② 这也是未来混合销售简化之后,需要与兼营行为衔接时需要重点把握的内容。在此基础上,随着混合销售适用范围的扩大,本法也需要明确混合销售的核心功能定位。

2. 一项应税交易的判定

《增值税法》对混合销售行为的规定出于两方面的考虑:一是"营改增"改革之前,《增值税暂行条例》需要划定增值税和营业税各自的征税范围,以处理一项业务同时涉及两个税种时的争议;二是解决因适用税种不同造成的征税和抵扣计算复杂的问题,便于征收管理。《营业税改征增值税试点实施办法》(财税〔2016〕36号)第40条规定,一项销售行为如果既涉及服务又涉及货物,则为混合销售。但其并未明确"一项销售行为"的判断标准,税务实践中众说纷纭。目前,实务界存在合同说(以合同签订情况来认定,其内部又细分为合同形式说和合同实质说)、从属说(以复合交易中销售货物和提供服务是否存在从属关系来认定)、逻辑说(以销售货物和提供服务是否具有因果关系或关联关系的角度来认定)、定价说(以货物和服务的定价是否密不可分来认定)、核算说(以会计是否分别核算作为排除混合销售定性的标准)等观点。

---

① 国家税务总局:《20条服务新举措 全面助力营改增》,载国务院网,https://www.gov.cn/xinwen/2016-07/08/content_5089653.htm。
② 参见《河北省国家税务局关于全面推开营改增有关政策问题的解答》,载《纳税》2017年第1期。

3. 应税交易的主要业务判断规则

本法既未选择"从主"模式适用税率、征税率,也未参照部分实践对主要业务进行法律拟制的"为主"模式适用税率、征税率,而是强调按照"应税交易的主要业务"适用税率、征税率。"为主"模式源于《营业税改征增值税试点实施办法》,其第40条规定从事货物的生产、批发或者零售的单位和个体工商户的混合销售行为,按照销售货物缴纳增值税;其他单位和个体工商户的混合销售行为,按照销售服务缴纳增值税。在"从主"模式下,纳税人的主要业务判断需要结合诸多要素进行,如营业执照经营范围、税务登记中的主营业务、一般纳税人登记中的主营业务等。税务实践中的判断方法主要包括收入比例法和登记主业法。

(1)收入比例法源于《增值税暂行条例实施细则》,强调"以从事货物的生产、批发或者零售为主,并兼营非增值税应税劳务",具体标准是指纳税人的年货物销售额与非增值税应税劳务营业额的合计数中,年货物销售额超过50%,非增值税应税劳务营业额不到50%。收入比例法的标准可以进一步划分为年货物销售额标准与单笔销售额标准。①年货物销售额标准根据纳税人前一年度主营业务收入中销售货物和提供服务的收入比例确定主业,且要求被认定为主业的收入需超过收入总额的50%。该办法无法解决多元经营纳税人各年度收入比例变化所带来的相同业务交易定性的不确定性问题,对没有绝对主业(无论哪项销售额都无法超过50%)的纳税人无法完成混合销售适用税率的确定,也解决不了增值税非税收入占比超过50%的纳税人混合销售的税率确定问题。此种标准还将造成税率适用与经济事实的背离。②单笔销售额标准强调按每次发生的销售行为的业务情况判断确定主要业务,即一项销售行为既涉及服务又涉及货物的,哪个部分占比大,就按这个部分适用税率征税。这个方法简单明了,且按一项销售行为中的主业务来确定税率,比按年销售额标准"从主"更符合增值税的基本原理。其缺点是容易产生制度性套利,诱发和导致税收不遵从问题。

(2)登记主业法强调从纳税人经营范围判定主业。但现实中主业既包括企业营业执照的登记主业[1],也包括企业税务登记中的主业[2],还包括一般纳税人登记中的主业。[3] 但综合来看,对于营业执照注明的经营范围,各地税务局通常会选择第一个经营项目确定企业是以销售货物还是以销售服务为主。此种按业经营范围项目排序确定主业的方法缺乏依据,存在一定不足与不确定性。此外,便捷的工商变更登记则使该判断方法下纳税人存在利用变更主营业务登记套利的空间。目前来看,本法倾向于采用收入比例法中的单笔销售额标准判断主要业务所应适用的税率、征收率。随着混合销售适用范围的扩大,未来须进一步明确主要业务的判断方案。

理解适用

关于混合销售的认定及适用规则,由于其实质构成增值税法针对具体应税交易的特殊定性,故在增值税历次转型中都处于中心地位。《增值税暂行条例》并未直接涉及混合销售,而是由《增值税暂行条例实施细则》完成具体规则搭建,并且随着全面"营改增"改革而表现出新特征

---

[1] 《企业经营范围登记管理规定》(2015年8月27日国家工商行政管理总局令第76号,已失效)第3条第1、2项规定:"经营范围是企业从事经营活动的业务范围,应当依法经企业登记机关登记。申请人应当参照《国民经济行业分类》选择一种或多种小类、中类或者大类自主提出经营范围登记申请。对《国民经济行业分类》中没有规范的新兴行业或者具体经营项目,可以参照政策文件、行业习惯或者专业文献等提出申请。"

[2] 《税务登记管理办法》第16条规定:"税务登记证件的主要内容包括:纳税人名称、税务登记代码、法定代表人或负责人、生产经营地址、登记类型、核算方式、生产经营范围(主营、兼营)、发证日期、证件有效期等。"

[3] 参见《增值税一般纳税人登记管理办法》(国家税务总局令第43号)附件1《增值税一般纳税人登记表》。

与新要素。《增值税法(征求意见稿)》首次尝试将混合销售与"货物+服务"应税交易剥离,强调一项应税交易涉及两个以上税率、征收率即可构成混合销售,并通过"从主"的思路去适用税率、征收率。后续《增值税法(草案一次审议稿)》《增值税法(草案二次审议稿)》则放弃了"从主"的表达习惯,而强调按"应税交易的主要业务"适用税率。本法最终保留了这种表述方式。

1. 一项应税交易的判定

《增值税法(征求意见稿)》取消了混合销售必须符合同一销售行为既涉及服务又涉及货物的要求。只要一项应税交易涉及两个以上税率或征收率(如适用不同税率的服务),都可适用混合销售规则。实践中,一项应税交易很可能包含若干项行为要素,且这些行为要素单独来看适用不同税率或者征收率。在此基础上,本法在如何界定交易属于"一项交易"还是兼营的"多项交易"上存在难点。同时,在企业有多种经营项目的情况下,"为主"是指企业按照整体销售额划分主业,还是仅考虑该项交易涉及的不同品目,计算涉及品目对应的销售额比例并以高者作为"从主"的依据,以及销售额对应的期间等问题均须具体明确。此种潜在核心争议源于全面"营改增"改革之前,营业税与增值税适用不同的征管系统,这导致营业税涉税企业在全面"营改增"改革后在"一项交易"判定过程中存在选择空间。这一定程度上加剧了增值税征管活动的复杂性。目前,判定属于"一项应税交易"主要包括三个条件:(1)从属性,即一项应税交易的数个项目之间存在从属管理关系,例如销售空调的单位既负责空调的销售又负责空调安装,该单位在空调销售行为中又涉及建筑服务。与之不同的是,在兼营行为中,纳税人兼营销售货物、劳务、服务、无形资产或者不动产的行为属于并存关系。(2)关联性,即强调一项应税交易中的多种项目之间存在一定因果关系。例如,在销售空调并负责安装的场景下,纳税人销售空调与提供安装服务之间存在一定因果关系,但与空调安装所需的单独运输服务不存在因果关系(如果是免费提供运输服务则具备一定因果关系)。(3)功能辅助性,即强调一项应税交易中其他业务能够帮助主要业务得以更好实现。仍以销售空调并负责安装为例,纳税人提供安装服务能够更好实现空调功能,但如果纳税人免费提供场地清洗服务,其不能直接促进空调功能更好实现,故此时不应认定为一项应税交易。

2. 应税交易主要业务的界定

对于混合销售行为应如何确定其适用的税率或征收率,现行政策由于采用"从主"模式一般依据纳税人的主营业务进行判断,例如,对同时涉及货物和服务的混合销售行为,纳税人的主营业务为从事货物生产和销售的,即适用销售货物的增值税税率。《增值税法(征求意见稿)》沿袭了"从主"模式的处理原则。但《增值税法》放弃了"从主"的表达习惯,而强调按"应税交易的主要业务"适用税率。这意味着未来在判定是否构成混合销售并具体适用税率时,不必区分企业的经营范围或行业或主营业务是什么,即形成了"与业务有关、与主体无关"的认定思路。这进一步降低了混合销售的适用争议。但应税交易的主要业务判定仍需进一步细化,尤其是细化过程中是否会进一步简化认定标准,将深刻影响纳税人利益。

新旧对比

表15 混合销售条款的变化

《增值税暂行条例实施细则》	《增值税法（征求意见稿）》	《增值税法（草案一次审议稿）》	《增值税法（草案二次审议稿）》	《增值税法》
第五条第一项 一项销售行为如果既涉及货物又涉及非增值税应税劳务，为混合销售行为。除本细则第六条的规定外，从事货物的生产、批发或者零售的企业、企业性单位和个体工商户的混合销售行为，视为销售货物，应当缴纳增值税；其他单位和个人的混合销售行为，视为销售非增值税应税劳务，不缴纳增值税。	第二十七条 纳税人一项应税交易涉及两个以上税率或者征收率的，从主适用税率或者征收率。	第二十条 纳税人发生一项应税交易涉及两个以上税率、征收率的，按照应税交易的主要业务适用税率、征收率。	第十二条 纳税人发生一项应税交易涉及两个以上税率、征收率的，按照应税交易的主要业务适用税率、征收率。	第十三条 纳税人发生一项应税交易涉及两个以上税率、征收率的，按照应税交易的主要业务适用税率、征收率。

第二章 税 率

• 典型案例 •

青岛阳光凯田工贸有限公司、青岛飞鹏能源有限公司承揽合同纠纷案[①]

1. 基本案情

2014年4月12日,青岛阳光凯田工贸有限公司(以下简称阳光凯田公司,甲方)与青岛飞鹏能源有限公司(以下简称飞鹏能源公司,乙方)签订《光伏电站EPC合同》,约定:"1.甲方为屋顶光伏电站投资方,乙方为承建方。乙方负责除光伏组件采购外的电站EPC事项。2.本光伏电站建设规模291,330W,合同含税总价为1,077,921.00元(不含税总价为917,689.50元,优惠价917,000.00元)。合同签订后3天内甲方向乙方支付合同含税总价50%款项作为预付款。支架、逆变器到货后甲方向乙方支付合同总价30%作为施工款。电站建设完成,预调试并网成功后3个月内,甲方向乙方支付合同剩余款项……"阳光凯田公司于2014年4月1日支付给飞鹏能源公司2万元、4月14日支付38万元、5月13日支付12万元、9月17日支付8万元、9月22日支付2万元,2015年2月3日支付给飞鹏能源公司5万元、2月12日支付5万元,合计支付72万元。工程完工后,因阳光凯田公司暂扣部分工程款,飞鹏能源公司提起诉讼,一审法院作出(2017)鲁0214民初3588号民事判决,该判决按含税总价1,077,921元确认工程总金额,认定阳光凯田公司已向飞鹏能源公司支付72万元,判决阳光凯田公司向飞鹏能源公司支付剩余

[①] 山东省青岛市中级人民法院民事判决书,(2021)鲁02民终4661号。

款项324,021元。判决生效后,阳光凯田公司履行了判决义务。飞鹏能源公司一直未向阳光凯田公司开具发票。

阳光凯田公司于2013年10月22日设立,至2014年7月31日系小规模纳税人,2014年8月1日至2019年7月31日系一般纳税人,2019年8月1日至纠纷发生时为小规模纳税人。阳光凯田公司于2017年1月1日至2019年7月31日共缴纳增值税税款55,629.72元、城市维护建设税3812.23元。阳光凯田公司2014年、2015年、2016年、2017年、2018年、2019年缴纳的企业所得税分别为135.13元、655.24元、886.66元、854.05元、498.01元、19,378.78元,合计缴纳企业所得税22,407.87。飞鹏能源公司于2014年2月27日登记成立,为小规模纳税人。2016年1月1日至纠纷发生时为一般纳税人。飞鹏能源公司应税务机关申报缴纳税款通知书要求,于2019年9月16日就上述判决前收到的72万元工程款缴纳营业税21,600元、城市维护建设税1512元、教育费附加648元、地方教育费附加432元、水利建设专项收入216元,共计24,408元。

2. 争议焦点

(1)阳光凯田公司是否存在增值税损失,合同含税总价是否包含17%的增值税税款?

(2)阳光凯田公司的企业所得税损失与增值税的关联。

3. 案情分析

上诉人飞鹏能源公司认为,飞鹏能源公司承建阳光凯田公司投资的利客来惜福镇超市屋顶光伏电站,该电站于2014年5月、6月开工,7月、8月完工并交付。根据当时生效的法律法规,飞鹏能源公司从事建筑服务应当缴纳营业税,而不是增值税。且阳光凯田公司从未要求过飞鹏能源公司开具营业税发票,也未按国家税务总局发布的《企业所得税税前扣除凭证管理办法》第 14 条规定申报税前扣除,其所缴纳的企业所得税与飞鹏能源公司无关。理由在于:第一,合同价款为 1,077,921 元,是生效判决已经确定的事实。本案审理的焦点应为飞鹏能源公司是否给阳光凯田公司造成了税款损失,而不是合同价款是否合理。第二,飞鹏能源公司 2014 年提供建筑服务应缴纳营业税。从税务局出具的证据方面看,阳光凯田公司于 2019 年就税务问题将飞鹏能源公司举报至国家税务总局青岛高新技术产业开发区税务局(以下简称高新区税务局)。高新区税务局接到举报后,按规定要求飞鹏能源公司补缴了营业税,而不是增值税。

被上诉人阳光凯田公司认为:本案是合同纠纷,法律基础合同是《光伏电站 EPC 合同》,所涉行为包含设计、采购货物、施工的混合销售行为,而非单纯提供建筑服务。且混合销售属于增值税概念范畴,本案合同按含增值税税款来约定价税条款及将来选择按增值税申报纳税,并未违反法律规定。双方在《光伏电站 EPC 合同》中约定了两个价格,即含税价和不含税价,该两个价格以当时增值税税率的 17% 为换算标准。该价税条款约定是合同双方真实的意思表示。

上诉人飞鹏能源公司认为:阳光凯田公司的企业所得税与飞鹏能源公司无关,即便阳光凯田公司存在企业所得税损失也是其自身原因造成的。理由在于:第一,阳光凯田公司有向飞鹏能源公司索取发票的义务,飞鹏能源公司即便开具发票也并不代表必须交付给阳光凯田公司,根据阳光凯田公司在一审中的开庭陈述,其从未要求飞鹏能源公司开具过营业税发票，不能取得发票是阳光凯田公司自身原因造成的，与飞鹏能源公司无关。第二，阳光凯田公司向飞鹏能源公司支付72万元款项的情况是真实存在的，即便未取得发票也可以税前扣除。阳光凯田公司2014年、2015年向飞鹏能源公司支付的款项，由于"营改增"导致飞鹏能源公司不能开具营业税发票，这是国家政策变动导致不能开具营业税发票，根据《企业所得税税前扣除凭证管理办法》第14条，证实支出真实性后，其支出允许税前扣除。但如阳光凯田公司未在5年内按规定申报税前扣除并遭受企业所得税损失，是由于其未按规定申报造成的，与飞鹏能源公司无关。

针对上述两个问题，一审法院认为：飞鹏能源公司抗辩含税总价是飞鹏能源公司根据自己的整体税负给阳光凯田公司确定的价格，但从税务机关按照72万元工程款收取的税费标准来看，其应负担的税费明显低于合同约定的含税总价中所包含的税费金额。在其不能向阳光凯田公司交付合同约定含税总价相对应的增值税发票用于抵扣税款的情况下，阳光凯田公司按照含税总价支付工程款显失公平，而飞鹏能源公司将得到价税以外的不当利益。营业税等系价内税，增值税为价外税，在我国含税价通常专指增值税，结合合同约定的含税价与不含税价金额、飞鹏能源公司按工程款72万元已经缴纳的税费金额等事实，一审法院采纳阳光凯田公司含税总价1,077,921元中包含合同签订时税务机关按照17%征收的增值税税款的主张。由于飞鹏能源公司至今未给阳光凯田公司开具价税合计1,077,921元的增值税发票违反了合同附随义务，且飞鹏能源公司认可自始至终不能开具增值税发票以及阳光凯田公司已经于2019

第二章 税 率

年8月1日由一般纳税人变更为小规模纳税人,即使飞鹏能源公司开具增值税发票亦无法进行税款抵扣,故飞鹏能源公司应当赔偿阳光凯田公司因其不能向阳光凯田公司开具增值税发票而给阳光凯田公司造成不能抵扣税款的损失。阳光凯田公司要求飞鹏能源公司赔偿288,099.63元,其中增值税税款的损失为156,621元,以此基数计算2014年11月1日至2020年5月1日的利息为39,348.63元,企业所得税损失为92,130元,合计288,099.63元。因阳光凯田公司提交的证据仅能证明合同签订后至其2019年7月31日改为小规模纳税人之前,缴纳的增值税税款为55,629.72元、企业所得税为22,407.87元,共计78,037.59元,故法院判决仅支持阳光凯田公司的该部分税款损失。

二审法院认为:第一,阳光凯田公司与飞鹏能源公司签订《光伏电站EPC合同》,约定阳光凯田公司为屋顶光伏电站投资方,飞鹏能源公司为承建方,"负责除光伏组件采购之外的电站EPC事项",合同含税总价为1,077,921.00元(不含税总价为917,689.50元,优惠价917,000.00元);双方认可该电站于2014年7月、8月完工。该合同价款不符合阳光凯田公司主张的价款为921,300元、税款为156,621元的情形,计算的税率为14.86%,根本就不是17%的税率,双方合同更未约定含税价包含的税为增值税,或是税率17%的增值税。第二,双方签订《光伏电站EPC合同》时均为小规模纳税人,合同签订时间为2014年4月12日,"营改增"的实施时间为2016年5月1日。《光伏电站EPC合同》属于建筑业中营业税的应税劳务,飞鹏能源公司抗辩称其应缴纳营业税不应缴纳增值税,无法开具增值税发票的主张成立。第三,从纳税实践看,飞鹏能源公司提供的《税务事项通知书》《税收缴款书》《税收完税证明》显示，飞鹏能源公司应税务机关申报缴纳税款通知书要求，于2019年9月16日就《光伏电站EPC合同》收到的72万元工程款缴纳营业税、城市维护建设税、教育费附加、地方教育费附加、水利建设专项收入等，共计24,408元，即飞鹏能源公司应高新区税务局要求补缴了营业税等，而不是增值税。综上，飞鹏能源公司抗辩称其应缴纳营业税不应缴纳增值税，无法开具增值税发票的主张成立。

相关规定

1.《财政部 税务总局关于全面推开营业税改征增值税试点的通知》(财税〔2016〕36号);

2.《增值税一般纳税人登记管理办法》(国家税务总局令第43号);

3.《税务登记管理办法》(国家税务总局令第48号)。

第三章

应纳税额

第十四条 【应纳税额计算方法】

条文

> 按照一般计税方法计算缴纳增值税的,应纳税额为当期销项税额抵扣当期进项税额后的余额。
>
> 按照简易计税方法计算缴纳增值税的,应纳税额为当期销售额乘以征收率。
>
> 进口货物,按照本法规定的组成计税价格乘以适用税率计算缴纳增值税。组成计税价格,为关税计税价格加上关税和消费税;国务院另有规定的,从其规定。

条文主旨

本条是关于确定增值税应纳税额计算方法的规定。其主要分为一般计税方法、简易计税方法、进口货物及其组成计税价格三种计税方法。本条合并了以往《增值税暂行条例》的部分条文,使《增值税法》更加精简,同时相关条文的删减、前置、后置使各法条的联系紧密,既避免了重复定义,又避免了逻辑紊乱,使关于增值税应纳税额的相关规定更为清晰。一方面为税务机关和纳税人提供了明确法律条文,有助于提高税收效率;另一方面有利于降低纳税人遵从成本,鼓励纳税人积极行使纳税权利,培养其纳税意识。

条文释义

1. 增值税一般计税方法

一般而言,增值税的计税方法分为两类:一类是直接计算法,另一类是间接计算法。而直接计算法也分为两类:第一类是加法,即把企业应税期间实现的各项增值项目加总,求出全部增值额,然后再依据税率计算缴纳增值税;第二类是减法,即把企业应税期间实现的全部销售额减去外购项目金额后的余额作为增值额,再依据税率计算缴纳增值税。间接计算法则是先计算出整体税负,再扣除法定的外购项目的已纳税额,又被称为购进扣税法或发票扣除法。

在间接计算法下,可以实行凭票扣税制度,由上面环节纳税人在增值税专用发票上注明增值税额,在销项税额中抵扣,这种方法操作简单,有利于加强征管,减少征税成本和纳税人遵从成本。

因此本条就清晰地将增值税的一般计税方法定为间接计算法,并明确了计算公式:应纳税额为当期销项税额抵扣当期进项税额后的余额。而关于销项税额和进项税额的释义则列明在《增值税法》第16条中。

2. 增值税简易计税方法

一般来说,在理想状态下,我们默认的公平原则是所有纳税人都应实行相同的税收政策,采取相同的税率和计税方法。但由于增值税实行凭发票注明税款抵扣的制度,而实际经济市场中存在大量会计核算不健全的纳税人或者难以取得发票的行业,那么要求他们实行规范的凭发票注明税款抵扣制度会很困难,征纳双方付出的成本都会增加,从而可能会引起这部分纳税人的懈怠心理消极纳税。因此,为了广泛推行增值税,有必要对这部分纳税人实行不同的会计核算管理制度,即采用简易办法征收增值税。

简易计税方法和一般计税方法的主要区别就在于计税方式。简易计税方法计算缴纳增值税的公式:应纳税额 = 当期销售额 × 征收率。而关于销售额和征收率的规定则分别在《增值税法》第17条以及第11条列明。两种方法并行既有利于增值税制度的推行,又有利于简化征收,加强征管。

3. 进口货物

进口货物的单位或者个人也属于增值税的纳税人,应当缴纳增值税。进口的货物与销售货物或者应税劳务的纳税人的应税货物和劳务不一样,其直接源于外国(地区),进口货物的计税方法与我国产品有所差别,本条对此作了明确规定。进口货物的增值税计算方法按照规定的组成计税价格和税率计算,不得抵扣任何税额。组成计税价格和应纳税额的计算公式:组成计税价格=关税计税价格+关税+消费税、应纳税额=组成计税价格×税率。

《增值税法》第11条规定:适用简易计税方法计算缴纳增值税的征收率为3%。

第14条规定:按照一般计税方法计算缴纳增值税的,应纳税额为当期销项税额抵扣当期进项税额后的余额。

按照简易计税方法计算缴纳增值税的,应纳税额为当期销售额乘以征收率。

进口货物,按照本法规定的组成计税价格乘以适用税率计算缴纳增值税。组成计税价格,为关税计税价格加上关税和消费税;国务院另有规定的,从其规定。

第16条规定:销项税额,是指纳税人发生应税交易,按照销售额乘以本法规定的税率计算的增值税税额。

进项税额,是指纳税人购进货物、服务、无形资产、不动产支付或者负担的增值税税额。

纳税人应当凭法律、行政法规或者国务院规定的增值税扣税凭证从销项税额中抵扣进项税额。

第17条规定:销售额,是指纳税人发生应税交易取得的与之相关的价款,包括货币和非货币形式的经济利益对应的全部价款,不包括按照一般计税方法计算的销项税额和按照简易计税方法计算的应纳税额。

第21条规定:当期进项税额大于当期销项税额的部分,纳税人可以按照国务院的规定选择结转下期继续抵扣或者申请退还。

理解适用

1.增值税一般纳税人计税方法

与2017年《增值税暂行条例》相比,《增值税法》中本条作了简要修改,删去了"除本条例第十一条规定外,纳税人销售货物、劳务、服务、无形资产、不动产(以下统称应税销售行为)"以及"当期销项税额小于当期进项税额不足抵扣时,其不足部分可以结转下期继续抵扣",简明扼要地提出一般计税方法的应纳税额为当期销项税额抵扣当期进项税额后的余额,将一般计税方法的主体提前至第一章"总则"第8条中,将进项税结转扣除的相关规定延后至第三章阐述销项税额和进项税额后的第21条。

2.增值税简易计税方法

《增值税法》第14条删去了关于小规模纳税人的主体限定,简单阐述简易计税方法下的应纳税额为当期销售额乘以征收率,这样变化的意义在于除小规模纳税人外,还存在一些一般纳税人因行业的特殊性,无法取得原材料或货物的增值税进项发票或者按照进/销项的方法核算增值税应纳税额后税负过高,因此对特殊的行业按照简易征收率征收增值税,如国家税务总局关于发布《纳税人提供不动产经营租赁服务增值税征收管理暂行办法》的公告(国家税务总局公告2016年第16号)。

《增值税法》第11条提出适用简易计税方法计算缴纳增值税的征收率为3%,而现行法规中存在可适用5%征收率的场景,未来5%的征收率是否会被取消或根据国民经济和社会发展进行适当调整,暂时不得而知。

除此之外,目前将针对小规模纳税人的相关规定同样前移到了第8条以及第9条,其中第8条第2款规定:"小规模纳税人可以按照销售额和征收率计算应纳税额的简易计税方法,计算缴纳增值税。"并在第9条补充了对小规模纳税人的定义。

《增值税法》第8条规定:纳税人发生应税交易,应当按照一般计税方法,通过销项税额抵扣进项税额计算应纳税额的方式,计算缴纳增值税;本法另有规定的除外。

小规模纳税人可以按照销售额和征收率计算应纳税额的简易计税方法,计算缴纳增值税。

中外合作开采海洋石油、天然气增值税的计税方法等,按照国务院的有关规定执行。

第9条规定:本法所称小规模纳税人,是指年应征增值税销售额未超过五百万元的纳税人。

小规模纳税人会计核算健全,能够提供准确税务资料的,可以向主管税务机关办理登记,按照本法规定的一般计税方法计算缴纳增值税。

根据国民经济和社会发展的需要,国务院可以对小规模纳税人的标准作出调整,报全国人民代表大会常务委员会备案。

第11条规定:适用简易计税方法计算缴纳增值税的征收率为3%。

第21条规定:当期进项税额大于当期销项税额的部分,纳税人可以按照国务院的规定选择结转下期继续抵扣或者申请退还。

国家税务总局关于发布《纳税人提供不动产经营租赁服务增值税征收管理暂行办法》的公告第2条规定:纳税人以经营租赁方式出租其取得的不动产(以下简称出租不动产),适用本办法。

取得的不动产,包括以直接购买、接受捐赠、接受投资入股、自建以及抵债等各种形式取得的不动产。

纳税人提供道路通行服务不适用本办法。

第3条规定:一般纳税人出租不动产,按照以下规定缴纳增值税:

(一)一般纳税人出租其2016年4月30日前取得的不动产,可以选择适用简易计税方法,按照5%的征收率计算应纳税额。

不动产所在地与机构所在地不在同一县(市、区)的,纳税人应按照上述计税方法向不动产所在地主管国税机关预缴税款,向机构所在地主管国税机关申报纳税。

不动产所在地与机构所在地在同一县(市、区)的,纳税人向机构所在地主管国税机关申报纳税。

新旧对比

表16 应纳税额计算方法条款的变化

《增值税暂行条例》	《增值税法(征求意见稿)》	《增值税法(草案一次审议稿)》	《增值税法(草案二次审议稿)》	《增值税法》
第四条 除本条例第十一条规定外,纳税人销售货物、劳务、服务、无形资产、不动产(以下统称应税销售行为),应纳税额为当期销项税额抵扣当期进项税额后的余额。应纳税额计算公式:应纳税额=当期销项税额－当期进项税额 当期销项税额小于当期进项税额不足抵扣时,其不足部分可以结转下期继续抵扣。	第三条第一款 一般计税方法按照销项税额抵扣进项税额后的余额计算应纳税额。	第九条第一款 按照一般计税方法计算的应纳税额,为当期销项税额抵扣当期进项税额后的余额。	第十三条第一款 按照一般计税方法计算缴纳增值税的,应纳税额为当期销项税额抵扣当期进项税额后的余额。	第十四条第一款 按照一般计税方法计算缴纳增值税的,应纳税额为当期销项税额抵扣当期进项税额后的余额。

续表

《增值税暂行条例》	《增值税法（征求意见稿）》	《增值税法（草案一次审议稿）》	《增值税法（草案二次审议稿）》	《增值税法》
第十一条 小规模纳税人发生应税销售行为，实行按照销售额和征收率计算应纳税额的简易办法，并不得抵扣进项税额。应纳税额计算公式：应纳税额＝销售额×征收率 小规模纳税人的标准由国务院财政、税务主管部门规定。	第二十三条 简易计税方法的应纳税额，是指按照当期销售额和征收率计算的增值税额，不得抵扣进项税额。应纳税额计算公式：应纳税额＝当期销售额×征收率	第九条第二款 按照简易计税方法计算的应纳税额，为当期销售额乘以征收率。	第十三条第二款 按照简易计税方法计算缴纳增值税的，应纳税额为当期销售额乘以征收率。	第十四条第二款 按照简易计税方法计算缴纳增值税的，应纳税额为当期销售额乘以征收率。
第十四条 纳税人进口货物，按照组成计税价格和本条例第二条规定的税率计算应纳税额。组成计税价格和应纳税额计算公式：组成计税价格＝关税完税价格＋关税＋消费税 应纳税额＝组成计税价格×税率	第二十四条 纳税人进口货物，按照组成计税价格和本法规定的税率计算应纳税额。组成计税价格和应纳税额计算公式：组成计税价格＝关税计税价格＋关税＋消费税应纳税额＝组成计税价格×税率 关税计税价格中不包括服务贸易相关的对价。	第九条第三款 进口货物，按照本法规定的组成计税价格乘以适用税率计算缴纳增值税。组成计税价格，为关税计税价格加上关税和消费税……	第十三条第三款 进口货物，按照本法规定的组成计税价格乘以适用税率计算缴纳增值税，组成计税价格，为关税计税价格加上关税和消费税……	第十四条第三款 进口货物，按照本法规定的组成计税价格乘以适用税率计算缴纳增值税。组成计税价格，为关税计税价格加上关税和消费税……

续表

《增值税暂行条例》	《增值税法（征求意见稿）》	《增值税法（草案一次审议稿）》	《增值税法（草案二次审议稿）》	《增值税法》
第二十七条 纳税人缴纳增值税的有关事项，国务院或者国务院财政、税务主管部门经国务院同意另有规定的，依照其规定。		第九条第三款……国务院另有规定的，从其规定。	第十三条第三款……国务院另有规定的，从其规定。	第十四条第三款……国务院另有规定的，从其规定。

• 典型案例 •

浙江盛捷建设有限公司、金华领豪汽车服务有限公司修理合同纠纷案[①]

1. 基本案情

原告浙江盛捷建设有限公司(以下简称盛捷公司)向浙江省金华市婺城区人民法院提出诉讼请求(变更后):①判令被告为原告开具符合国家规定的1,293,068.70元增值税专用发票;若被告未能提供发票,则判令被告赔偿原告因未能开具增值税专用发票给原告造成的增值税进项税额损失148,760.12元(1,293,068.70÷1.13×13%),企业所得税损失286,077.15元(1,293,068.70÷1.13×25%),合计434,837.27元;②本案诉讼费用由被告承担。

被告金华领豪汽车服务有限公司(以下简称领豪公司)答辩称:

---

① 参见浙江省金华市婺城区人民法院民事判决书,(2022)浙0702民初8527号。

原告的诉讼请求缺乏事实与法律依据,不应予以支持,理由如下:其一,根据发票管理规定,发票应由收款方开具给付款方。原告主张需开具发票的款项,已经以执行款的名义交至金华市婺城区人民法院,法院作为收款单位已经向原告开具了发票,不能重复开具,这是基本的原则。其二,案涉的保养费,是在(2021)浙0702民初973号案件中经司法鉴定后认定的金额,鉴定结论中对涉及的修理费税率并未认定,因此,原告在本案中主张的税率也不应得到支持。综上,原告的诉讼请求没有法律依据,请求法院依法驳回原告的诉讼请求。

2. 争议焦点

(1)原告通过法院执行款账户支付维修保养费并取得法院执行款发票的情况下,被告是否应当给原告开具增值税专用发票?

(2)在维修保养费经(2021)浙0702民初973号判决确认,而该案判决采用的鉴定意见适用3%的综合税率计价的情况下,原告主张的税率及要求被告开票的诉请是否应当得到支持?

3. 案情分析

依据《增值税法》第14条、第16条等规定,按照一般计税方法计算缴纳增值税的,应纳税额为当期销项税额抵扣当期进项税额后的余额,纳税人应当凭法律、行政法规或者国务院规定的增值税扣税凭证从销项税额中抵扣进项税额。因此,纳税人购进货物支付或者负担的增值税额,可予抵扣销项税额。

就本案而言,鉴定机构在考虑一般纳税人的平均应纳税额(销项税额减去进项税额)的基础上,按照3%的综合税率鉴定得出零配件的合理价格,相应的零配件价格已经生效的裁判文书确认。

虽然领豪公司的销售额税率为13%,但其在购进零配件时需支付或负担增值税额,因此销项税额与应纳税额尚不能等同。领豪公司在收到维修保养费的基础上,应开具增值税专用发票给盛捷公司,领豪公司作为收款企业具体如何纳税,税款如何缴纳,应以税务主管部门征税行为为准。

因领豪公司属于正常经营的一般纳税人企业,目前不存在无法开具发票的情形,故应当开具而未开具的,可由税务机关责令改正,并通过补开方式得以处理;开具专票是双方《机动车维修协议》中约定的一项义务,为尽可能在一个案件中解决纠纷,避免二次诉讼,发生确实无法开具发票或因迟延开具发票情形而造成实际损失的,领豪公司应承担赔偿税额损失的违约责任。

被告领豪公司应向原告盛捷公司开具1,293,068.70元维修保养费的增值税专用发票;如确实无法开具发票或因迟延开具发票造成原告盛捷公司实际税额损失的,由被告领豪公司赔偿税额损失(增值税进项税额损失按13%税率计算为148,760.12元、企业所得税损失按25%税率计算为286,077.15元,具体损失应以实际产生的金额为准)。

被告如果未按本判决指定的期间履行给付金钱义务,应当依照2021年《民事诉讼法》第260条的规定,加倍支付迟延履行期间的债务利息。

案件受理费3911元(已减半收取,原告已预交4538元,多预交的部分可予退费)、保全费3158元(原告已预交),合计7069元,由原告盛捷公司负担464元,被告领豪公司负担6605元。

相关规定

1.《增值税法》第 8 条、第 9 条、第 11 条、第 14 条、第 16 条、第 17 条、第 21 条；

2.《纳税人提供不动产经营租赁服务增值税征收管理暂行办法》第 2 条、第 3 条；

3.《民事诉讼法》第 260 条。

第十五条 【进口环节的扣缴计税】

条文

> 境外单位和个人在境内发生应税交易，以购买方为扣缴义务人；按照国务院的规定委托境内代理人申报缴纳税款的除外。
> 扣缴义务人依照本法规定代扣代缴税款的，按照销售额乘以税率计算应扣缴税额。

条文主旨

本条文旨在明确境外单位和个人在境内发生应税交易的扣缴义务人。从本条文的字面释义来看，境外单位和个人在境内发生应税交易，以购买方为扣缴义务人，而扣缴义务人依照本法规定代扣代缴税款的，按照销售额乘以税率计算应扣缴税额。这意味着，对于跨境应税交易，购买方可以直接在交易时代扣代缴税款，购买方无须判断交易对方在境内是否有经营机构或境内代理人。一方面可以省去以往烦琐的扣缴义务确认过程，简化扣缴义务人代扣代缴增值税的流程;另一方面也便于跨境交易的增值税税收征管,有利于提高行政效率。

条文释义

由于境外纳税人对我国税收政策认知不全面,可能会不清楚自己是否具有纳税义务或者不清楚在何地税务机关申报缴纳税款,而且有些在境内未设有经营机构的境外纳税人在境内提供应税劳务时,由于这些境外纳税人的机构、人员都在境外,因而我国税务机关无法直接到境外征收税款,也无法全面掌握境外纳税人的纳税信息等,所以如果不设置扣缴义务人,往往无法征收到这部分增值税款。为了加强税源监控,防止纳税人隐匿收入、回避申报纳税,我国法律、行政法规明确了在特定情形下与纳税人有支付和收入关系的单位和个人充当扣缴义务人(关于扣缴义务人的相关规定见表17),以期望加强对税源的监督,提高税收征管的效率,同时也为纳税人提供便利,增强其纳税意识,激励纳税人自觉主动缴纳税款。

因此《增值税法》第15条在上述规定的基础上更进一步地明确增值税扣缴义务人的扣缴判定:境外单位和个人在境内发生应税交易,无论是否存在境内营业机构的代理人,均以购买方为增值税扣缴义务人。故购买方在交易时可以径直代扣代缴增值税,避免了税源的流失。当然,本条规定的扣缴义务人如果不履行扣缴义务,则应根据税收法律法规的相关规定承担相应法律责任。

表17　关于扣缴义务人的相关规定(不完全列举)

规定内容	对应法律条文
个人所得税	《个人所得税法》 第9条第1款　个人所得税以所得人为纳税人,以支付所得的单位或者个人为扣缴义务人。 第11条　居民个人取得综合所得,按年计算个人所得税;有扣缴义务人的,由扣缴义务人按月或者按次预扣预缴税款;需要办理汇算清缴的,应当在取得所得的次年3月1日至6月30日内办理汇算清缴。预扣预缴办法由国务院税务主管部门制定。 居民个人向扣缴义务人提供专项附加扣除信息的,扣缴义务人按月预扣预缴税款时应当按照规定予以扣除,不得拒绝。 非居民个人取得工资、薪金所得,劳务报酬所得,稿酬所得和特许权使用费所得,有扣缴义务人的,由扣缴义务人按月或者按次代扣代缴税款,不办理汇算清缴。
企业所得税	《企业所得税法》 第37条　对非居民企业取得本法第3条第3款规定的所得应缴纳的所得税,实行源泉扣缴,以支付人为扣缴义务人。税款由扣缴义务人在每次支付或者到期应支付时,从支付或者到期应支付的款项中扣缴。 第39条　依照本法第37条、第38条规定应当扣缴的所得税,扣缴义务人未依法扣缴或者无法履行扣缴义务的,由纳税人在所得发生地缴纳。纳税人未依法缴纳的,税务机关可以从该纳税人在中国境内其他收入项目的支付人应付的款项中,追缴该纳税人的应纳税款。
税收征管	《税收征收管理法》 第4条　法律、行政法规规定负有纳税义务的单位和个人为纳税人。 法律、行政法规规定负有代扣代缴、代收代缴税款义务的单位和个人为扣缴义务人。 纳税人、扣缴义务人必须依照法律、行政法规的规定缴纳税款、代扣代缴、代收代缴税款。

/ 理解适用

随着数字经济的不断发展,纳税主体的范围也逐渐呈现分散的趋势。与以往相比,当前数字经济的税收征管面临的困难更大。以当前热门的电子商务为例,纳税主体的边界逐渐模糊,辨别纳税主体的难度持续提升。

根据有些学者[1]的观点,中国现行增值税税制,是以代扣代缴的方式对进口服务供应商征收增值税,仍面临一定的挑战。一方面,不是所有数字服务交易都发生在境外且销售者无境内代理;另一方面,大量数字服务的购买方并不是市场上的经营者,而是处于增值税抵扣链条终端环节的消费者。由于其代扣代缴的税款并不能作为进项税额抵扣,导致缺乏履行代扣代缴义务的动力,故而实施代扣代缴并不高效。应对上述挑战的具体建议如下。

一是对于 B2B 跨境服务贸易,在流转税层面,宜完备逆向征收机制,以销售额为依据确定销项税额。在支付服务款项时,由境内购买服务的企业"代替"非居民数字企业进行增值税申报,同时允许境内服务购买方在法定范围内主张全额抵扣已扣缴进项税额。这样,既降低了纳税遵从负担,又可降低税务机关的税收征管成本。

二是对于商对客(Business to Consumer,B2C)和个人与个人(Consumer to Consumer,C2C)之间的交易,要着眼于个人消费者税务申报义务履行的现实困难,强制规定非居民数字企业在中国进行注册登记时自主申报缴纳增值税。为确保征收便利,以及非居民和居民供应商之间竞争环境的公平,宜简化税收登记制度。同时,通过立法明定金融机

---

[1] 参见李蕊、李水军:《数字经济:中国税收制度何以回应》,载《税务研究》2020 年第 3 期。

构、非金融支付平台、平台经营企业的税收协力义务。

目前,在 B2B 跨境服务贸易上,我们提出的《增值税法》第 15 条已经将"在境内未设有经营机构的,以其境内代理人为扣缴义务人;在境内没有代理人的"删去,增加"按照国务院的规定委托境内代理人申报缴纳税款的除外"的规定,即除按照国务院的规定委托境内代理人申报缴纳税款的情形以外,只要纳税人在境内发生应税行为,均由购买方作为扣缴义务人,无须判定境外单位或个人在境内是否存在经营机构或代理人。这样更有利于扣缴义务人的判定与落实,弥补了原有的增值税条例所带有的不适应当下经济发展的不足。

本条中暂时还没有引入对于商对客(B2C)和个人与个人(C2C)之间的交易相关制度,对此可以考虑在 B2B 的情况下,采取逆向征收机制,由接受服务的本国企业作为增值税纳税主体;在商对客(B2C)的情况下,则由境外服务供应者在本国登记并缴纳增值税。

在交易行为方面,本条将"在境内销售劳务"修改为"境内发生应税交易"。

在主体条件方面,本条将"在境内未设有经营机构的,以其境内代理人为扣缴义务人;在境内没有代理人的,以购买方为扣缴义务人"修改为"以购买方为扣缴义务人;按照国务院的规定委托境内代理人申报缴纳税款的除外",即除按照国务院的规定委托境内代理人申报缴纳税款的情形以外,只要纳税人在境内发生应税行为,均由购买方作为扣缴义务人,按规定代扣代缴增值税。

新旧对比

表18 进口环节的扣缴计税条款变化

《增值税暂行条例》	《增值税法（征求意见稿）》	《增值税法（草案一次审议稿）》	《增值税法（草案二次审议稿）》	《增值税法》
第十八条 中华人民共和国境外的单位或者个人在境内销售劳务，在境内未设有经营机构的，以其境内代理人为扣缴义务人；在境内没有代理人的，以购买方为扣缴义务人。	第七条 中华人民共和国境外（以下称境外）单位和个人在境内发生应税交易，以购买方为扣缴义务人。国务院另有规定的，从其规定。	第十条 除国务院财政、税务主管部门另有规定外，境外单位和个人在境内发生应税交易，以购买方为扣缴义务人。扣缴义务人依照本法规定代扣代缴税款的，按照销售额乘以税率计算应扣缴税额。	第十四条 境外单位和个人在境内发生应税交易，以购买方为扣缴义务人。扣缴义务人依照本法规定代扣代缴税款的，按照销售额乘以税率计算应扣缴税额。	第十五条 境外单位和个人在境内发生应税交易，以购买方为扣缴义务人；按照国务院的规定委托境内代理人申报缴纳税款的除外。扣缴义务人依照本法规定代扣代缴税款的，按照销售额乘以税率计算应扣缴税额。

• 典型案例 •

株式会社斯塔比罗股份有限公司与无锡德林防务装备股份有限公司涉外仲裁裁决案[①]

1. 基本案情

在执行株式会社斯塔比罗股份有限公司与无锡德林防务装备股份有限公司(以下简称德林公司)涉外仲裁裁决一案中,异议人株式会社斯塔比罗股份有限公司对(2018)苏0205执131号告知书(以下称涉案告知书)不服,向江苏省无锡市锡山区人民法院提出书面异议。江苏省无锡市锡山区人民法院受理后,依法组成合议庭进行审查,现已审查终结。

异议人株式会社斯塔比罗股份有限公司称,法院于2018年10月9日向其寄送涉案告知书,告知经法院查明德林公司已基于当事双方间的交易习惯履行完毕(2016)沪贸仲裁字第553号裁决书(以下称涉案裁决),该告知内容与事实不符:

第一,其向法院申请强制执行的原因在于德林公司拒绝履行仲裁裁决义务,虽然在执行申请审理期间,德林公司直接向其支付了部分款项,但至今仍未完全履行仲裁裁决义务,仍有32,060.27美元未支付,且未向其提交真实履行代扣代缴义务完税凭证。

第二,关于德林公司提出的尚未支付的款项属代扣代缴的抗辩,无锡市中级人民法院在(2017)苏02民特105号民事裁定书中已明确"德林公司提出的上述意见,在不予执行抗辩审查程序中依法

[①] 参见江苏省无锡市锡山区人民法院民事裁定书,(2018)苏0205执异75号。

不应予以理涉"并裁定执行涉案裁决书,同时,基于前述民事裁定,无锡市中级人民法院执行局也签发(2017)苏02执554号执行裁定书要求予以执行,该要求执行的内容应为德林公司尚未支付的32,060.27美元,否则无锡市中级人民法院无必要签发上述民事裁定书及执行裁定书。

第三,根据当事人双方的交易习惯,德林公司在对外支付前三笔款项时,还须同时向其提交能证明其履行代扣代缴义务、由当地税务部门出具的完税凭证原件,以便其向日本当地税务部门办理税款抵扣,避免双重征税,而德林公司至今未提供相应完税凭证,未能完全履行原合同约定的支付义务,不应视为已履行完毕涉案裁决书确定的义务。涉案告知书所认定的执行事由擅自改变生效民事裁定的内容,涉嫌"以执代审",属程序违法,应予纠正。

综上,请求严格执行(2017)苏02民特105号民事裁定书,要求德林公司完全履行涉案裁决书所确定的义务。

2. 争议焦点

代扣代缴相关税费的实际义务人为谁,相关税费是否应当计算在涉案裁决书裁决支付的价款之内?

3. 案情分析

关于该争议焦点,江苏省无锡市锡山区人民法院认为,2017年《增值税暂行条例》第18条规定:境外单位和个人在境内发生应税交易,以购买方为扣缴义务人;按照国务院的规定委托境内代理人申报缴纳税款的除外。扣缴义务人依照本法规定代扣代缴税款的,按照销售额乘以税率计算应扣缴税额(现为《增值税法》第18条)。从上述规定可以看出,境外企业为其来源于中国境内的收益或所得所应当缴纳所得税的实际纳税人,而对境外企业直接负有支付相关款项义务的单位或个人仅为代扣代缴的扣缴义务人,并非最终义务承担者。本案中,株式会社斯塔比罗股份有限公司即为相关税费的最终承担者。基于其他原因,江苏省无锡市锡山区人民法院驳回株式会社斯塔比罗股份有限公司的异议请求。

由上述案例可以看出,有些纳税人对于扣缴义务人以及实际承担者之间的界限的存在认知模糊,混淆了扣缴义务人与纳税人的权利与义务。扣缴义务人与纳税人的区别如表19所示。

表19 纳税人与扣缴义务人的区别

区别	纳税人	扣缴义务人
定义不同	纳税人也称"纳税义务人""课税主体",是税法上规定的直接负有纳税义务的单位和个人,是税款的最终承担者。	扣缴义务人是指非居民企业在中国境内未设立机构、场所的,或者虽设立机构、场所但取得的所得与其所设机构、场所没有实际联系的,其来源于中国境内的所得缴纳企业所得税,实行源泉扣缴,以支付人为扣缴义务人。
权利不同	纳税人有享受税法规定的减税、免税的权利;有依法申请收回多缴纳税款的权利;在生产、经营发生重大困难时,依法享有申请分期、延期缴纳税款或申请减税、免税的权利;对税务机关不正确的决定有申诉权;等等。	扣缴义务人只是代扣纳税人(注意为纳税人)税款,然后向国库缴纳税款,真正的纳税主体还是纳税人。其不享有纳税人的相关权利。

续表

区别	纳税人	扣缴义务人
主要义务不同	依法进行税务登记的义务;依法设置账簿、保管账簿和有关资料以及依法开具、使用、取得和保管发票的义务;财务会计制度和会计核算软件备案的义务等义务。	扣缴义务的内容主要包括扣留收取义务、申报义务、缴纳义务和填发义务。
填发义务不同	扣缴义务人代扣、代收税款时,纳税人要求扣缴义务人开具代扣、代收税款凭证的,扣缴义务人应当开具。由此可见,在中国只有在纳税人主动索取扣税凭单时,扣缴义务人才填发。如纳税义务人不主动索取,则扣缴义务人不必填发。	

相关规定

1.《个人所得税法》第 9 条、第 11 条;

2.《企业所得税法》第 37 条、第 39 条;

3.《税收征收管理法》第 4 条;

4.《增值税法》第 15 条。

第十六条 【一般计税方法下的销项税额和进项税额】

条文

> 销项税额,是指纳税人发生应税交易,按照销售额乘以本法规定的税率计算的增值税税额。
> 进项税额,是指纳税人购进货物、服务、无形资产、不动产支付或者负担的增值税税额。
> 纳税人应当凭法律、行政法规或者国务院规定的增值税扣税凭证从销项税额中抵扣进项税额。

条文主旨

本条是关于在一般计税方法下,如何确定增值税销项税额和进项税额,以及抵扣进项税额的扣税凭证的相关规定。首先,本条明确销项税额的定义及如何计算增值税销项税额,即销售额乘以规定的税率。其次,本条明确何为增值税进项税额,清晰地界定了进项税额的范畴,以及哪些增值税税额可以作为进项税额进行抵扣,有助于准确核算企业的增值税负担。最后,从合规性角度来看,本条强调增值税扣税凭证必须是法律、行政法规或者国务院所规定的凭证。相较《增值税法(草案二次审议稿)》,在进项税额的定义中,删除"与应税交易相关的"修饰语,明确了只要是纳税人购进所列项目涉及的增值税税额,在符合规定的情况下都可以认定为进项税额,不再强调与应税交易的直接相关性,使进项税额的界定更清晰,减少了因"与应税交易相关的"这一条件可能带来的理解歧义与判断争议。

明确增值税销项税额和进项税额,第一,有利于加快推进我国税收立法的进程,符合税收法定原则;第二,为纳税人和税务机关提供了明确的法律条文,符合税收效率原则;第三,有助于节约税收成本,提高税收行政效率;第四,可以降低纳税人税收遵从成本,提高其纳税遵从度。

条文释义

在一般计税方法下,纳税人应该缴纳的增值税为当期销项税额抵扣当期进项税额后的余额,因此,确定当期销项税额和进项税额是增值税原理的核心要义,是税款征收、防止重复征税、发挥增值税中性作用的关键。对于征税机关来说,这为税务机关的执法行为提供了保障,限制了税务机关的自由裁量权,确保税务机关依法依规征收增值税;对于纳税人来说,以法律形式明确了销项税额和进项税额的定义及抵扣条件,使纳税人在增值税的计算和缴纳方面有了更坚实的法律依据,保障了纳税人的合法权益。因此,本条不仅保证了国家税收收入的足额征收,而且保障了纳税人不会承受不合理的税务负担,促进了税收征纳关系的和谐稳定。

本条第1款是关于增值税销项税额计算方法的规定。与《增值税法(草案二次审议稿)》相比,本款并无变化。增值税应纳税额为当期销项税额减去当期进项税额后的余额,因此,计算增值税应纳税额首先要确定当期销项税额。根据本款的规定,销项税额是销售额乘以本法规定的税率计算出来的增值税额。具体含义如下:第一,销售额必须是在应税交易下取得的,应税交易是指销售货物、服务、无形资产、不动产,如果不是应税交易,则不属于增值税征税范围。第二,销项税额的本质是增值税额,在没有实行进项抵扣制下,应纳税额为销项税额。第三,税率必须为本法规定的税率,即13%、9%、6%和0%。如果销售额是含税的,需要先换算为不含税销售额,然后再计算销项税额。

本条第 2 款和第 3 款是关于允许抵扣的进项税额的相关规定。与《增值税法(草案二次审议稿)》有关规定相比,本款在进项税额的定义中,删除"与应税交易相关的"修饰语。明确了只要是纳税人购进所列项目涉及的增值税税额,在符合规定的情况下都可以认定为进项税额,不再强调与应税交易的直接相关性,使得进项税额的界定更加清晰,减少了因"与应税交易相关"这一条件可能带来的理解歧义与判断争议。根据《增值税法》第 14 条的规定,增值税应纳税额为当期销项税额抵扣当期进项税额后的余额。因此,确定进项税额是计算增值税应纳税额的前提,进项税额直接影响纳税人的增值税应纳税额,所以,本条第 2 款和第 3 款对进项税额进行界定,明确规定可抵扣的进项税额应当满足相关要求。具体含义如下:第一,界定进项税额的范围,无论是否与应税交易相关,纳税人购进货物、服务、无形资产、不动产所产生的进项税额是可以在计算增值税应纳税额时进行抵扣的。第二,进项税额未必都能抵扣。如果该进项税额不是真实发生的,所取得的扣税凭证是虚开的,则不能抵扣。第三,扣税凭证应当符合法律、行政法规或者国务院的规定,如从销售方取得的增值税专用发票、从海关处取得的海关进口增值税专用缴款书等,否则其进项税额不能抵扣。

// 理解适用

制定本条法规的目的和意义在于明确销项税额和进项税额的定义及进项税额的抵扣规则,体现税收法定原则,保障纳税人合法权益,规范税务机关执法。明确销项税额是根据销售额与适用税率计算得出的,这能够让纳税人知道应承担的增值税纳税义务,也是准确计算应纳税额的基础,使增值税的计算有章可循,确保税款计算的准确性和规范性。将进项税额定义为纳税人购进货物、服务、无形资产、不动产支付或者负担的增值税税额,这清晰地界定了可抵扣税额的范围,让纳税人明确可以用于抵扣的进项税额,便于企业进行税务核算和税款缴纳。同时,本条在先前规定的基础上作出适当修改,不仅有利于避免重复征税,充分体现税收中性原则,更好地促进经济效率的提升,而且能更有效地保护纳税人权利,保障纳税义务的依法履行,促进国家健全有利于高质量发展的增值税制度目标的实现。

1. 删除"与应税交易相关的"的限定

本条第2款规定,进项税额,是指纳税人购进货物、服务、无形资产、不动产支付或者负担的增值税税额。相比于《增值税法(草案二次审议稿)》,此次立法删除了"与应税交易相关的"的限制条件。明确销项税额的计算方法,强调销项税额是应税交易的销售额与适用税率的乘积。例如,一家企业销售一批货物,销售额为200万元,适用税率为13%,那么销项税额就是200万元×13%=26万元。这是通过销售额和税率来确定纳税人在销售环节应承担的增值税义务。销项税额产生的前提是发生了应税交易,应税交易包含销售货物、服务、无形资产、不动产以及进口货物等多种经营活动。只有当纳税人发生了这些应税交易时,才需要计算和缴纳销项税额。比如,企业提供建筑服务取得收入,属于应税交易,要据此计算销项税额。

2. "支付或者负担"的具体含义

"支付或者负担"指的是无论纳税人是直接支付了增值税税款,还是在交易价格中隐含地负担了增值税,都应确认为进项税额。比如企业采购原材料,供应商开具的发票上注明了税额,企业直接支付了该税额,这是支付的进项税额;若企业接受一项服务,服务价格是含税的,那么企业实际上负担了其中包含的增值税,也应作为进项税额核算。

3. 扣税凭证的合法性

目前,我国已有多数税种完成立法工作,且大都采取"税制平移"这种简单立法模式,与原先的条例差异不大。简单立法模式有可取之处,但税收立法更要兼顾合理性和合法性。增值税立法,以增值税特点为基础,将其原理与制度融合,体现了其特殊的法治逻辑。增值税实行进项税额抵扣制度,且有明确可以抵扣的进项税额。也就是纳税人必须凭借法律、行政法规或者国务院规定的增值税扣税凭证才能进行进项税额抵扣。扣税凭证具体包括增值税专用发票、海关进口增值税专用缴款书、机动车销售统一发票和农产品收购发票等。进项税额抵扣是增值税制度的核心机制,通过允许纳税人从销项税额中抵扣进项税额,实现了仅对增值额征税的目的,避免重复征税。

纳税人在购进货物、服务、无形资产和不动产时,应确保取得符合法律、行政法规或者国务院规定的增值税扣税凭证。在取得凭证过程中,要注意发票的真实性、完整性和合法性,包括发票的开具内容、发票的真伪等。例如,企业取得的增值税专用发票必须按照规定填写齐全各项信息,否则可能无法作为合法的扣税凭证使用。

4. 应纳税额计算方法

一般纳税人在计算应纳税额时,适用本条的规定。先根据其发生应税交易的销售额计算出销项税额,再汇总其购进货物、服务等取得的合法扣税凭证上注明的进项税额,两者相抵扣后得出应纳税额。例如,某一般纳税人企业在一个纳税期内,销售货物取得销售额200万元,适用税率13%,销项税额为26万元;同时,购进原材料等取得进项税额6万元,那么该企业本期应纳税额为26万–6万=20万元。已抵扣进项税额的购进货物、服务等,如果用途发生改变,用于不得抵扣进项税额的项目,则应当将该进项税额从当期进项税额中扣减,即进行进项税额转出。

新旧对比

表20 一般计税方法下的销项税额和进项税额条款的变化

《增值税暂行条例》	《增值税法（征求意见稿）》	《增值税法（草案一次审议稿）》	《增值税法（草案二次审议稿）》	《增值税法》
第五条 纳税人发生应税销售行为，按照销售额和本条例第二条规定的税率计算收取的增值税额，为销项税额。销项税额计算公式：销项税额＝销售额×税率 第八条 纳税人购进货物、劳务、服务、无形资产、不动产支付或者负担的增值税额，为进项税额。 下列进项税额准予从销项税额中抵扣： （一）从销售方取得的增值税专用发票上注明的增值税额。 （二）从海关取得的海关进口增值税专用缴款书上注明的增值税额。 （三）购进农产品，除取得增值税专用发票或者海关进口增值税专用缴款书	第十九条 销项税额，是指纳税人发生应税交易，按照销售额乘以本法规定的税率计算的增值税额。销项税额计算公式：销项税额＝销售额×税率 第二十条 进项税额，是指纳税人购进的与应税交易相关的货物、服务、无形资产、不动产和金融商品支付或者负担的增值税额。 第二十一条 一般计税方法的应纳税额，是指当期	第十一条 销项税额，是指纳税人发生应税交易，按照销售额乘以本法规定的税率计算的增值税额。 进项税额，是指纳税人购进与应税交易相关的货物、服务、无形资产、不动产支付或者负担的增值税额。 第十六条 当期进项税额大于当期销项税额的部分，可以结转下期继续抵扣或者予以退还，具体办法由	第十五条 销项税额，是指纳税人发生应税交易，按照销售额乘以本法规定的税率计算的增值税额。 进项税额，是指纳税人购进与应税交易相关的货物、服务、无形资产、不动产支付或者负担的增值税额。 纳税人应当凭法律、行政法规或者国务院规定的增值税扣税凭证从销项税额中抵扣进项税额。	第十六条 销项税额，是指纳税人发生应税交易，按照销售额乘以本法规定的税率计算的增值税额。 进项税额，是指纳税人购进货物、服务、无形资产、不动产支付或者负担的增值税额。 纳税人应当凭法律、行政法规或者国务院规定的增值

续表

《增值税暂行条例》	《增值税法（征求意见稿)》	《增值税法（草案一次审议稿)》	《增值税法（草案二次审议稿)》	《增值税法》
外,按照农产品收购发票或者销售发票上注明的农产品买价和11%的扣除率计算的进项税额,国务院另有规定的除外。进项税额计算公式： 进项税额=买价×扣除率 (四)自境外单位或者个人购进劳务、服务、无形资产或者境内的不动产,从税务机关或者扣缴义务人取得的代扣代缴税款的完税凭证上注明的增值税额。 准予抵扣的项目和扣除率的调整,由国务院决定。 第九条 纳税人购进货物、劳务、服务、无形资产、不动产,取得的增值税扣税凭证不符合法律、行政法规或者国务院税务主管部门有关规定的,其进项税额不得从销项税额中抵扣。	销项税额抵扣当期进项税额后的余额。应纳税额计算公式： 应纳税额=当期销项税额-当期进项税额 当期进项税额大于当期销项税额的,差额部分可以结转下期继续抵扣;或者予以退还,具体办法由国务院财政、税务主管部门制定。 进项税额应当凭合法有效凭证抵扣。	国务院财政、税务主管部门规定。 纳税人应当凭法律、行政法规或者国务院税务主管部门规定的增值税扣税凭证从销项税额中抵扣进项税额。		税扣税凭证从销项税额中抵扣进项税额。

第三章 应纳税额

• 典型案例 •

山东金山汽配有限公司与东营市瑞鸿汽车配件有限公司拍卖合同纠纷案[①]

1. 基本案情

2018年7月10日,东营市中级人民法院作出(2018)鲁05破申13号民事裁定书,裁定受理山东金山汽配有限公司(以下简称金山公司,原告)破产清算申请,同日作出(2018)鲁05破13-1号决定书,指定东营天正清算事务所有限公司担任管理人,谢某泉为负责人。2018年12月6日,东营市中级人民法院裁定宣告金山公司破产。

2019年6月3日,东营市中级人民法院委托山东滨海拍卖有限公司拍卖金山公司破产财产,司法拍卖公告载明金山公司刹车片设备起拍价579.3万元,刹车盘设备起拍价338.3万元,轮胎设备515.4万元等。《拍卖规则》第8条载明竞买人一旦竞得拍卖标的,须当场签署《拍卖成交确认书》,所有拍卖标的物以《拍卖成交确认书》为准,过户所需的有关税费由买受人承担。东营市瑞鸿汽车配件有限公司(以下简称瑞鸿公司,被告)在竞买人签字(盖章)处手写同意以上条款并签名盖章。

2019年6月28日,瑞鸿公司通过东营市中级人民法院网络平台发布的司法拍卖公告,以3,383,000元的价格拍卖成交了金山公司刹车盘设备一宗并承担了佣金141,490元。瑞鸿公司已交纳拍卖

[①] 参见山东省东营市中级人民法院民事判决书,(2020)鲁05民初300号。

成交款 3,383,000 元,所拍得设备均已交付瑞鸿公司。瑞鸿公司通过税务机关向金山公司管理人提出开具增值税专用发票。2019 年 9 月,金山公司开具了税额为 389,194.7 元的增值税专用发票。金山公司向瑞鸿公司主张其开具发票后,在申报税款时发现发票将本不含税的 3,383,000 元成交价误写成了含税价,金山公司遂将该发票交回税务局予以缴销;瑞鸿公司也将因该发票抵扣的税款予以冲抵并交回税务机关。2020 年 4 月,金山公司又重新向瑞鸿公司开具了税额为 439,790 元的增值税发票,瑞鸿公司因发票数额发生变化一直未接收。

2020 年 4 月 30 日,金山公司管理人向瑞鸿公司发出《增值税税款支付通知书》,要求瑞鸿公司于 2020 年 5 月 8 日前将税款汇至金山公司管理人账户。另查明,《山东金山汽配有限公司因破产清算所涉企业清算价值评估项目资产评估报告》记载:本次评估设备购置价采用不含税价。又查明,金山公司为本案支出保全费 2920 元。

2. 争议焦点

(1)金山公司因拍卖交易而产生的增值税,是否应由瑞鸿公司承担?

(2)若瑞鸿公司应承担拍卖而产生的增值税,则增值税的数额应是多少?

3. 案情分析

关于争议焦点,原告金山公司认为,瑞鸿公司应向金山公司支付拍卖成交资产项下因开具增值税发票而发生的销项税额 439,790 元,同时承担本案诉讼费用、保全费用。理由如下:第一,金山公司于 2018 年 12 月 6 日经东营市中级人民法院裁定宣告破产。第二,东营市中级人民法院于 2019 年 6 月委托山东滨海拍卖有限公司拍卖金山公司破产财产,于 6 月 28 日拍卖成交了其中的刹车盘设备,瑞鸿公司作为竞买方竞买成交,拍卖成交价为 3,383,000 元。瑞鸿公司已交纳拍卖成交款 3,383,000 元,所拍得设备均已交付瑞鸿公司。瑞鸿公司通过税务机关向金山公司管理人提出开具增值税专用发票,管理人向税务局申请为瑞鸿公司开具了增值税专用发票,产生销项税额 439,790 元。同时,根据相关规定,拍卖成交价格属于"销售额",由此产生的销项税额,属于价外税,应由瑞鸿公司承担。

法院认为,瑞鸿公司应否承担因拍卖交易而产生的增值税,关键在于涉案 3,383,000 元拍卖成交价是含税价还是不含税价。含税价是包括增值税在内的价格。如果 3,383,000 元是含税价,那么瑞鸿公司向金山公司交付的 3,383,000 元款项中就已包含了因此次拍卖而产生的增值税额,金山公司向瑞鸿公司开具增值税发票后无权要求瑞鸿公司再次支付增值税额。不含税价是指不包含增值税在内的计税价格。如果 3,383,000 元是不含税价,则应根据法律规定或当事人之间的约定来确定此次拍卖而产生的增值税额应由谁实际负担。

金山公司虽然已聘请评估公司对涉案刹车盘设备评估,且评估时的价格是不含税价,但这是金山公司与评估公司之间确认的事实,并不能以此来约束瑞鸿公司,且涉案刹车盘设备在评估价基础上经过多次降价才拍卖成功,评估价与最终竞买价并不相同。并且瑞鸿公司参加刹车盘设备的竞买时,无论是《拍卖规则》还是《拍卖成交确认书》均未明确规定该价格是含税价还是不含税价。《拍卖规则》第 8 条虽然明确约定"过户所需的有关税费由买受人承担",

但这是因为与涉案刹车盘设备同时拍卖的还有金山公司的土地使用权、房地产及地上附属物等,而只有这些拍卖标的物才存在"过户所需的有关税费",刹车盘设备不存在过户的问题,且过户所需的税费与本案争议的税款并不相同。金山公司在成交后主张成交价是不含税价并要求瑞鸿公司另行缴纳增值税,既不利于保护竞买人的积极性,亦有损于司法拍卖的公信力。

此外,2017年《增值税暂行条例》第1条规定:"在中华人民共和国境内销售货物或者加工、修理修配劳务,销售服务、无形资产、不动产以及进口货物的单位和个人,为增值税的纳税人,应当依照本条例缴纳增值税。"(现为《增值税法》第3条)2017年《增值税暂行条例》第5条规定:"纳税人发生应税销售行为,按照销售额和本条例第二条规定的税率计算收取的增值税额,为销项税额。销项税额计算公式:销项税额=销售额×税率。"(现为《增值税法》第16条)

综上所述,结合行业惯例以及金山公司第一次开具增值税发票时将3,383,000元确认为含税价,并且瑞鸿公司亦曾据此抵扣税款的事实,涉案刹车盘设备3,383,000元拍卖成交价是含税价。瑞鸿公司应承担因拍卖交易而产生的增值税,增值税数额为389,194.70元。鉴于瑞鸿公司已承担相应增值税,金山公司无权要求瑞鸿公司再次支付因本案拍卖而产生的增值税额,故驳回金山公司的诉讼请求,且由其承担本次案件受理费和保全费。

相关规定

1.《增值税法》第16条;

2.《民法典》第509条第1款;

3.《最高人民法院关于人民法院网络司法拍卖若干问题的规定》第10条；

4.2023年《民事诉讼法》第264条；

5.国家税务总局《关于异常增值税扣税凭证管理等有关事项的公告》第3条；

6.《国家税务总局关于人民法院强制执行被执行人财产有关税收问题的复函》第4条；

7.《最高人民法院关于人民法院网络司法拍卖若干问题的规定》第30条。

第十七条 【应税销售额】

条文

> 销售额，是指纳税人发生应税交易取得的与之相关的价款，包括货币和非货币形式的经济利益对应的全部价款，不包括按照一般计税方法计算的销项税额和按照简易计税方法计算的应纳税额。

条文主旨

本条是关于如何确定增值税应税销售额的规定。第一，本条强调销售额的范围和相关性，即销售额是纳税人取得的与发生应税交易相关的价款，包括价款和价外费用。与应税交易不相关的，不应列入销售额的范围。第二，本条明确了归入销售额的价款的来源形式，包括了货币和非货币形式经济利益对应的价款，即要求与应税交易相关的全部价款都属于销售额,而对于非货币形式的价款,参照《增值税法》第 19 条的规定进行确定。第三,本条依旧明确增值税价外税的特点,计算增值税的销售额为不含税销售额,销售额既不包括一般计税方法计算的销项税额,也不包括按简易计税方法计算的应纳税额。

1.《增值税法》将《增值税法(草案二次审议稿)》中"货币和非货币形式的经济利益对应的价款"修改为"货币和非货币形式的经济利益对应的全部价款"。增加了"全部"二字强调对应税经济利益的完整性和准确性。

2.《增值税法》将《增值税法(草案二次审议稿)》中"国务院对特殊情况下差额计算销售额另有规定的,从其规定"进行删除。一方面,这使得《增值税法》中关于销售额的计算规定更加简洁明了,减少了特殊情况下差额计算销售额的复杂性。纳税人可以更直观地理解和遵守税法规定,降低了因理解不当或规定复杂而导致的税收风险。另一方面,国务院在特殊情况下对销售额计算方式的调整将受到更多限制,需要遵循更严格的法律程序。这有助于增强税法的稳定性和可预测性。简化的销售额计算规定也有助于减少税收争议和逃税行为的发生,提高了税收的公平性和效率。同时,这也使得税务机关在税收征管方面更加便捷和高效。

条文释义

销售额是计算一般计税方法增值税销项税额和简易计税方法增值税应纳税额的重要组成部分,是增值税的计税依据,销售额的大小也直接决定了纳税人增值税的税额大小,以及征收增值税的税源和税额大小;同时,销售额是区分增值税一般纳税人和小规模纳税人的主要标准,其直接影响着纳税人的具体计税方法和纳税义务。因此,明确规定应税交易的销售额范围对于增值税征收极其重要。其具体含义如下:

1. 销售额是指纳税人发生应税交易取得的与之相关的价款

这句话强调两点,分别是"发生应税交易"和"与之相关"。首先,销售额强调必须是纳税人发生按照《增值税法》前述规定的应税交易而取得的价款,不属于规定应税交易而取得的价款不计入应税销售额;其次,销售额强调与发生应税交易相关的价款,凡是取得的相关的价款,不论是交易货物、服务、不动产、无形资产取得的价格还是向购买方收取的价外费用(手续费、违约金、优质费、包装物租金、返还利润等),应当全部计入销售额计算增值税,同时,取得的与应税交易不相关的价款不计入销售额计算增值税。与 2017 年《增值税暂行条例》相比,《增值税法》中对于销售额范围的确认更加明确与完整。

2. 销售额包括货币和非货币形式的经济利益对应的全部价款

这句话强调两点,分别是"货币和非货币形式"和"对应的全部价款",即:首先纳税人取得的货币形式的经济利益包括现金、存款、应收账款、应收票据、准备持有至到期的债券投资以及债务的豁免等,非货币形式的经济利益包括固定资产、生物资产、无形资产、股权投资、存货、不准备持有至到期的债券投资、劳务以及有关权益等。本句强调纳税人发生应税交易取得的全部经济利益,不论属于何种形式,凡是与之相关的都应计入销售额计税。其次销售额强调"对应的全部价款",即纳入销售额计税的价款应与纳税人取得的经济利益相对应,其中对于取得的非货币形式经济利益,应当按照《增值税法》第 19 条的有关规定予以确定。本句与《增值税法(草案二次审议稿)》中相比,新增"全部"二字,强调对应税经济利益的完整性和准确性。

3. 销售额不包括一般计税方法计算的销项税额和按照简易计税方法计算的应纳税额

本句是对增值税价外税特点的强调,也明确了对于销售额范围来说销项税额/应纳税额除外,即应税交易的销售额不包括增值税税额。因此,在一般计税方法下,销售额不包括计算的销项税额,在简易计税方法下,销售额不包括计算的应纳税额。需要注意的是,若交易中所收取的是含税销售额,应当将含税销售额换算为不含税销售额后,才能作为计算增值税的依据。具体换算如下:(1)一般计税方法:不含税销售额=含税销售额÷(1+增值税税率);(2)简易计税方法:不含税销售额=含税销售额÷(1+增值税征收率)。

▍理解适用

制定本条的主要目的是对"销售额"这一概念进行界定,以确保增值税的征收和缴纳具有明确的法律依据。具体而言,该条款旨在明确纳税人发生应税交易时取得的与之相关的价款,包括货币和非货币形式的经济利益对应的全部价款,都应纳入销售额的计算范围。这一规定有助于税务机关在征收增值税时准确判断纳税人的销售额,从而确保税收的准确性和公平性。此外,通过明确销售额的定义和计算方式,该条款为纳税人提供了一个清晰的税收计算框架,有助于纳税人准确计算应纳税额,避免因税收计算不明确而产生的纠纷和损失。本条法律的具体适用如下。

1. 发生应税交易取得的与之相关的价款

纳税人取得与应税交易相关的价款,首先应当对于"相关"二字进行充分理解。"相关"包括直接和间接两种情况,不能将"间接相关"的价款排除在销售额的确认之外。因此,销售额不仅包括纳税人发生应税货物、服务、不动产、无形资产而取得的直接价款,同时包括向购买方收取的手续费、补贴、基金、集资费、返还利润、奖励费、违约金、滞纳金、延期付款利息、赔偿金、代收款项、代垫款项、包装费、包装物租金、储备费、优质费、运输装卸费以及其他各种性质的相关价款。

纳税人对于"相关性"的把握,直接决定所申报销售额的完整性和准确性以及自身增值税税负的大小。一方面,纳税人应当按照《增值税法》的规定将取得的所有相关价款列入应税销售额进行计算税款,不得违法不计、少计、漏计而减少税款的缴纳;另一方面,纳税人应当加强对于"相关性"的理解,对于与应税交易不相关的价款,纳税人也无须将其计入销售额,避免无形加重增值税税负。例如:

(1)受托加工应征消费税的消费品所代收代缴的消费税。这部分税款是代收代缴性质,并不构成销售方的收入,不计入销售额。

(2)同时符合特定条件的代垫运费。特定条件包括:承运部门的运费发票开具给购货方,且纳税人将该项发票转交给购货方。这种情况下,代垫运费并不构成销售方的实际收入,不计入销售额。

(3)代为收取并同时符合下列条件的政府性基金或者行政事业性收费:由国务院或者财政部批准设立的政府性基金,由国务院或者省级人民政府及其财政、价格主管部门批准设立的行政事业性收费;收取时开具省级以上(含省级)财政部门监(印)制的财政票据;所收款项全额上缴财政。

(4)销售货物的同时代办保险等而向购买方收取的保险费,以及向购买方收取的代购买方缴纳的车辆购置税、车辆牌照费。

(5)收取的销项税额。这再次强调了销项税额不计入销售额的原则。

上述取得的价款,由于与应税交易并不相关,所以不计入销售额计算增值税。因此,纳税人对于"相关性"的把握能够避免加重自身增值税税负,同时也防止偷/漏税风险的发生。

2. 货币和非货币形式的经济利益对应的全部价款的确定

纳税人发生应税交易取得的货币形式的经济利益,销售额按照相关凭证注明的金额予以确定。

纳税人发生应税交易取得非货币形式的经济利益,参照《增值税法》第19条规定,应当按照市场价格确定销售额。

3. 不含税销售额的确定

在通常情况下,一般默认的不含税销售额包括:

(1) 增值税专用发票上注明的金额;

(2) 机动车销售统一发票上注明的金额;

(3) 海关专用缴款书上面的金额;

(4) 中华人民共和国税收缴款凭证上面的金额;

(5) 按规定抵扣了进项税额的货物的成本。

含税销售额包括:

(1) 普通发票上注明的销售额;

(2) 商业企业零售价;

(3) 手续费、补贴、基金、集资费、返还利润、奖励费、违约金、滞纳金、延期付款利息、赔偿金、代收款项、代垫款项、包装费、包装物租金、储备费、优质费、运输装卸费以及其他各种性质的相关价款一般为含增值税收入;

(4) 需要并入销售额一并纳税的包装物押金为含增值税收入。

纳税人取得的不含税价款,直接并入销售额计税;取得含税销售额不能直接计入销售额,应当先做价税分离,再将分离后的不含税价款并入销售额一并计税。

新旧对比

表21 应税销售额条款变化

《增值税暂行条例》	《增值税法（征求意见稿）》	《增值税法（草案一次审议稿）》	《增值税法（草案二次审议稿）》	《增值税法》
第六条 销售额为纳税人发生应税销售行为收取的全部价款和价外费用，但是不包括收取的销项税额。销售额以人民币计算。纳税人以人民币以外的货币结算销售额的，应当折合成人民币计算。	第十五条 销售额，是指纳税人发生应税交易取得的与之相关的对价，包括全部货币或者非货币形式的经济利益，不包括按照一般计税方法计算的销项税额和按照简易计税方法计算的应纳税额。国务院规定可以差额计算销售额的，从其规定。	第十二条 销售额，是指纳税人发生应税交易取得的与之相关的价款，包括全部货币或者非货币形式的经济利益，不包括按照一般计税方法计算的销项税额和按照简易计税方法计算的应纳税额。特殊情况下，可以按照差额计算销售额。	第十六条 销售额，是指纳税人发生应税交易取得的与之相关的价款，包括货币和非货币形式的经济利益对应的价款，不包括按照一般计税方法计算的销项税额和按照简易计税方法计算的应纳税额。国务院对特殊情况下差额计算销售额另有规定的，从其规定。	第十七条 销售额，是指纳税人发生应税交易取得的与之相关的价款，包括货币和非货币形式的经济利益对应的全部价款，不包括按照一般计税方法计算的销项税额和按照简易计税方法计算的应纳税额。

• 典型案例 •

重庆航星实业有限公司、重庆国美房地产开发有限公司装饰装修合同纠纷案[①]

1. 基本案情

本案原告:重庆航星实业有限公司(以下简称航星公司)

本案被告:重庆国美房地产开发有限公司(以下简称国美公司)

原告航星公司与被告国美公司之间的装饰装修合同纠纷案,历经多次庭审,双方就工程款支付、税金差及优先受偿权等问题展开了激烈辩论。

航星公司诉称,2017年4月21日,双方签订了关于"国美北滨路项目(原鹏润国际公寓D区)铝合金门窗、百叶供应及安装工程"的《施工合同》。工程已于2019年12月13日竣工验收,但国美公司未办理结算。经鉴定,工程造价为12,278,697.79元,国美公司已付8,774,533.25元,尚欠3,504,164.54元。根据合同条款,国美公司应于2020年9月7日支付至工程结算总价的95%,并于2021年12月13日退还质保金,但国美公司至今未付,故要求支付工程款及利息。此外,航星公司认为,合同中约定的3%税率违反了税法规定,应属无效,且双方已在《补充协议》中同意根据税收政策调整税率。航星公司已开具合法发票,税率高于3%,国美公司明知并进行抵扣,表明其认可税金差额,故要求其支付税金差1,042,541.66元。同时,航星公司请求确认在欠付工程款范围内对工程的折价或拍卖

[①] 参见重庆市江北区人民法院民事判决书,(2021)渝0105民初467号。

所得价款享有优先受偿权。

国美公司辩称,对造价结算金额无异议,但航星公司在履约过程中存在多项问题,导致国美公司损失 69,746.26 元,应从结算金额中扣除。对于税金差,国美公司认为依法纳税是航星公司的义务,且合同签订时"营改增"已改革完毕,合同履行中并未遇到税率调整。航星公司既享受了税收优惠政策,又意图重复索要费用,其诉求不应得到支持。国美公司还指出,航星公司开票税率频繁变化,显示其开具发票具有随意性。

2. 争议焦点

(1)是否应当扣除国美公司所主张的违约扣款?

(2)航星公司主张税金差为 1,042,541.66 元,包括已开票部分中 3% 的征收率和 17%、16%、13% 鉴定税率之间的差额,国美公司是否应当支付航星公司所主张的税金差?

3. 案情分析

关于争议焦点 1,法院认定,国美公司应付航星公司的工程款包括合同约定的 95% 的工程款及质保金。对于违约扣款,法院部分支持了国美公司的主张,但仅限于有航星公司代表签字的扣款单据。现行《增值税法》第 17 条规定,销售额,是指纳税人发生应税交易取得的与之相关的价款,包括货币和非货币形式的经济利益对应的全部价款,不包括按照一般计税方法计算的销项税额和按照简易计税方法计算的应纳税额。所以本案中航星公司在完成相应的建筑服务时应当取得与之相应的价款。法院认定该案涉工程款的支付条件于 2023 年 3 月 15 日(航星公司当庭提交发票原件时)最终成就,但因支付条件是在诉讼过程中成就的,故对航星公司要求支付工程款利息的诉讼请求不予支持。最终判决国美公司支付航星公司工程款 3,480,651.47 元(略低于航星公司主张的金额,因扣除了部分违约扣款)。

关于争议焦点 2,法院认为,航星公司已经开具的发票中既有 3% 税率的发票,也有高于 3% 税率的发票,是其对自身权利的处分。航星公司在合同履行过程中存在购买铝合金门窗、塑钢门窗以及安装的行为,且未分别进行核算,导致从高适用税率,由此产生的不利后果应由其自行承担。现行《增值税法》第 12 条规定:纳税人发生两项以上应税交易涉及不同税率、征收率的,应当分别核算适用不同税率、征收率的销售额;未分别核算的,从高适用税率。因此,法院应驳回航星公司关于税金差的诉讼请求。

相关规定

1.《增值税法》第 17 条;

2.《增值税法》第 12 条;

3.《发票管理办法实施细则》第 24 条。

第十八条 【销售额的计价货币】

条文

销售额以人民币计算。纳税人以人民币以外的货币结算销售额的,应当折合成人民币计算。

条文主旨

本条是对销售额记账依据所作的规定。是对销售额计价货币的规范。即不论纳税人收取的销售额是以人民币结算的还是以外币结算的,都应当折合为人民币计算。对于以外币结算的,应按照规定折算成人民币。本条不仅体现了与应税交易为"在境内"的标准的衔接性,也体现了税收主权原则。

本条由《增值税法(草案二次审议稿)》第 17 条平移过来,继续沿用原条例的相关表述,未对原条例进行修改。

条文释义

1.《增值税法》规定应税交易的条件之一是在境内,既然是以"发生在境内"作为标准界定应税交易,那么作为计税依据的销售额应当以人民币计算。

2. 本条体现了应税销售额和税额计价货币的统一性。由于销售额以何币种计算会直接影响所计算税额的币种形式,而增值税在我国境内进行税款的缴纳和征收,因此为了保证税额征收的规范和统一,防止外币计算的销售额和税额在征收时可能存在的不一致,本条规定销售额应当统一按照人民币计算。

3. 由于外汇管制体制存在不确定性,可能发生变化,为了确保法律的稳定性、权威性和适用性,本条对于具体外币如何折算,沿袭 2017 年《增值税暂行条例》的规定。2011 年《增值税暂行条例实施细则》第 15 条规定:"纳税人按人民币以外的货币结算销售额的,其销售额的人民币折合率可以选择销售额发生的当天或者当月 1 日的人民币汇率中间价。……"

理解适用

在如今经济飞速发展的时代,公司进行跨国贸易已经屡不见鲜,当我国纳税人与国外进行贸易结算而缴纳税收时,应纳税所得额不能根据国外货币来进行计量,其一,不便于税收征管,其二,则是为了避免非必要的困扰,因此存在"销售额以人民币计算"的法律规定。所以,当企业的某些经营业务采用外币计价时,应当按照我国关于外币折算的规定,将外币金额折算为记账本位币。例如,《企业会计准则第19号——外币折算》(财会〔2006〕3号)中第4条说明:记账本位币,是指企业经营所处的主要经济环境中的货币。企业通常应选择人民币作为记账本位币。业务收支以人民币以外的货币为主的企业,可以按照本准则第5条规定选定其中一种货币作为记账本位币。但是,编报的财务报表应当折算为人民币。

新旧对比

《增值税法》将2017年《增值税暂行条例》中第6条拆分为了第17条及第18条。

表22 销售额计价货币条款的变化

《增值税暂行条例》	《增值税法(征求意见稿)》	《增值税法(草案一次审议稿)》	《增值税法(草案二次审议稿)》	《增值税法》
第六条 销售额为纳税人发生应税销售行为收取的全部价	第十五条 销售额,是指纳税人发生应税交易取得的与之相	第十二条 销售额,是指纳税人发生应税交易取得的与之相	第十六条 销售额,是指纳税人发生应税交易取得的与之相	第十七条 销售额,是指纳税人发生应税交易取得的与之相关

续表

《增值税暂行条例》	《增值税法（征求意见稿)》	《增值税法（草案一次审议稿)》	《增值税法（草案二次审议稿)》	《增值税法》
款和价外费用,但是不包括收取的销项税额。销售额以人民币计算。纳税人以人民币以外的货币结算销售额的,应当折合成人民币计算。	关的对价,包括全部货币或者非货币形式的经济利益,不包括按照一般计税方法计算的销项税额和按照简易计税方法计算的应纳税额。国务院规定可以差额计算销售额的,从其规定。第十七条 销售额以人民币计算。纳税人以人民币以外的货币结算销售额的,应当折合成人民币计算。	关的价款,包括全部货币或者非货币形式的经济利益,不包括按照一般计税方法计算的销项税额和按照简易计税方法计算的应纳税额。特殊情况下,可以按照差额计算销售额。第十三条 销售额以人民币计算。纳税人以人民币以外的货币结算销售额的,应当折合成人民币计算。	关的价款,包括货币和非货币形式的经济利益对应的价款,不包括按照一般计税方法计算的销项税额和按照简易计税方法计算的应纳税额。国务院对特殊情况下差额计算销售额另有规定的,从其规定。第十七条 销售额以人民币计算。纳税人以人民币以外的货币结算销售额的,应当折合成人民币计算。	的价款,包括货币和非货币形式的经济利益对应的全部价款,不包括按照一般计税方法计算的销项税额和按照简易计税方法计算的应纳税额。第十八条 销售额以人民币计算。纳税人以人民币以外的货币结算销售额的,应当折合成人民币计算。

> 典型案例

常州嘉恩床服用品有限公司(以下简称嘉恩公司)诉蓝孔雀家用纺织品有限公司(以下简称蓝孔雀公司)承揽合同纠纷案[①]

1. 基本案情

(1)原告嘉恩公司的诉请

原告嘉恩公司与被告蓝孔雀公司自2005年起发生业务往来,由原告根据被告提供的工艺图样,按照被告发给原告的定单,为被告加工制作被子、床单、被套、枕套等床上用品。付款方式为船期后21天/电汇。2009年5月6日双方核对后确认,截至2009年4月23日,被告拖欠原告价款932,537.32美元(依据发票金额计算),依据报关单金额计算应为932,484.47美元。此后,被告仅向原告支付了116,237美元,余款816,247.47美元至今未付,原告为此向法院提起诉讼。

原告嘉恩公司的诉讼请求为:

①判令被告蓝孔雀公司立即给付价款816,247.47美元,并按照总额816,247.47美元支付退税损失人民币695,859.75元及从付款逾期之日起至付清全部价款之日给原告造成的利息损失、汇率损失;②本案诉讼费用由被告负担。

(2)被告蓝孔雀公司的应诉情况

被告蓝孔雀公司经传票传唤未到庭参加诉讼,亦未提交书面答

[①] 参见江苏省常州市中级人民法院民事判决书,(2011)常商外初字第15号。

辩状。被告蓝孔雀公司未就原告提供的证据发表质证意见。

(3) 法院查明

江苏省常州市中级人民法院经审查,对原告嘉恩公司提供的证据 1～证据 7 的真实性、合法性、关联性予以确认。

2. 争议焦点

(1) 被告蓝孔雀公司结欠价款的数额。

(2) 原告嘉恩公司的损失如何计算？

3. 案情分析

根据《增值税法》第 18 条,《合同法》(已失效)第 113 条第 1 款规定,《增值税暂行条例实施细则》第 15 条,故原告嘉恩公司要求被告蓝孔雀公司承担因迟延付款 816,247.47 美元即《出口未收汇核销单和未收汇明细表》列明的 24 笔未付款报关单金额,给原告造成的利息损失、退税损失及美元兑换人民币的汇率降低而造成的汇率损失,具有事实和法律依据,法院应予支持。

本案中的法院根据查明的事实及原告的主张,认定利息损失应按以下方式计算:24 笔未付款报关单金额,分别依据相应出口日期后第 22 天(以下简称计损起始日)国家外汇管理局美元兑换人民币汇率中间价折算成人民币后,按中国人民银行同期 1～3 年期人民币贷款利率,自计损起始日起计算到实际付清全部款项之日止所得总额;汇率损失应按以下方式计算:24 笔未付款报关单金额,分别乘以相应计损起始日美元兑换人民币汇率中间价与实际付清款项之日美元兑换人民币汇率中间价的差额后所得总额;退税损失的计算方式为:24 笔未付款报关单金额,分别按照相应出货日期当月 1 日的美元兑换人民币汇率中间价折算后,乘以同期的退税率后所得总额。

相关规定

1.《增值税法》第 18 条；

2.《增值税暂行条例》第 6 条；

3.《增值税暂行条例实施细则》第 15 条。

第十九条 【销售额的特别处理】

条文

> 发生本法第五条规定的视同应税交易以及销售额为非货币形式的，纳税人应当按照市场价格确定销售额。

条文主旨

本条规定的是"视同应税交易"交易额以及以"非货币形式销售"销售额的确定问题。销售额是纳税人发生应税交易取得的与之相关的价款，是一般计税方法下计算销项税额和简易计税方法下计算应纳税额的基础。但是，在"视同应税交易"以及"销售额为非货币形式"两种情形下，并没有明确、直观的销售额。因此，为了贯彻落实税收公平和实质课税等税法原则，尤其是在确保纳税人公平负担税负方面，以市场价格确定销售额具有重要意义。此外，本条规定亦在提醒纳税人在进行视同应税交易行为以及发生非货币形式交易行为时，应当按照市场价格合理确定销售额，以避免引发税务风险。

条文释义

1. 视同应税交易

视同应税交易行为实质上是对增值税征税范围之外的行为进行课税,属于对征税范围的补充。《增值税法》对于"视同应税交易"项目的规定,较此前增值税的"视同销售货物"项目而言有重大改变。一方面,《增值税法》将2011年《增值税暂行条例实施细则》中的"视同销售货物"行为改为"视同应税交易"行为。诚然,视同应税交易和视同销售在税法上均属于对特定经济行为的一种税收处理方式,但两者并非同一概念。视同销售是在会计上不作为销售核算,但在税收上则需要作为销售来处理,以确认收入并计缴税金。而视同应税交易是一个更广泛的概念,除货物的视同销售外,还包括服务的视同提供、无形资产的视同转让等所有在税法上应当被视为应税交易的行为。

另一方面,《增值税法》缩减此前增值税政策中"视同销售"行为的范围,将"营改增"前的8项"视同销售"行为[1]与"营改增"政策中的3项

---

[1] 《增值税暂行条例实施细则》第4条规定:"单位或者个体工商户的下列行为,视同销售货物:(一)将货物交付其他单位或者个人代销;(二)销售代销货物;(三)设有两个以上机构并实行统一核算的纳税人,将货物从一个机构移送其他机构用于销售,但相关机构设在同一县(市)的除外;(四)将自产或者委托加工的货物用于非增值税应税项目;(五)将自产、委托加工的货物用于集体福利或者个人消费;(六)将自产、委托加工或者购进的货物作为投资,提供给其他单位或者个体工商户;(七)将自产、委托加工或者购进的货物分配给股东或者投资者;(八)将自产、委托加工或者购进的货物无偿赠送其他单位或者个人。"

"视同销售"行为①简并为 3 项"视同应税交易"行为。《增值税法》第 5 条规定:"有下列情形之一的,视同应税交易,应当依照本法规定缴纳增值税:(一)单位和个体工商户将自产或者委托加工的货物用于集体福利或者个人消费;(二)单位和个体工商户无偿转让货物;(三)单位和个人无偿转让无形资产、不动产或者金融商品。"可见,《增值税法》剔除了"货物代销、销售代销货物、货物在总分机构之间移送、将货物进行投资、将货物分配给股东、视同销售服务"等视同销售行为,增加了"无偿转让金融商品"的视同应税交易行为。据此,单位和个体工商户无偿提供其他服务的,无须视同应税交易缴纳增值税。此外,《增值税法》删除了《增值税法(草案一次审议稿)》中"国务院财政、税务主管部门规定的其他情形"和《增值税法(草案二次审议稿)》中"国务院规定的其他情形"的表述。删除兜底条款意味着立法机关不再授权下位法对本条进行补充,由此提升了税收制度的确定性和权威性,体现了全面落实税收法定原则的基本要求。总之,上述改变有利于限制税务机关的自由裁量权,减少税企之间关于"视同应税交易"的争议和矛盾,降低企业的税务风险。

2. 销售额为非货币形式

非货币形式是指货币以外的其他形式。在 2017 年《增值税暂行条例》和 2011 年《增值税暂行条例实施细则》中,尚无"销售额为非货币形式"的直接规定。事实上,除增值税外,非货币形式交易在企业所得税和

---

① 《财政部 税务总局关于全面推开营业税改征增值税试点的通知》(财税〔2016〕36 号)附件 1 的《营业税改征增值税试点实施办法》第 14 条规定:"下列情形视同销售服务、无形资产或不动产:(一)单位或者个体工商户向其他单位或者个人无偿提供服务,但用于公益事业或者以社会公众为对象的除外。(二)单位或者个人向其他单位或者个人无偿转让无形资产或者不动产,但用于公益事业或者以社会公众为对象的除外。(三)财政部和国家税务总局规定的其他情形。"

会计处理中同样存在。据此,对"销售额为非货币形式"的理解可以参照企业所得税和会计处理的相关规定。《企业所得税法实施条例》第12条第2款规定:"企业所得税法第六条所称企业取得收入的非货币形式,包括固定资产、生物资产、无形资产、股权投资、存货、不准备持有至到期的债券投资、劳务以及有关权益等。"第13条进一步规定:"企业所得税法第六条所称企业以非货币形式取得的收入,应当按照公允价值确定收入额。前款所称公允价值,是指按照市场价格确定的价值。"《企业会计准则第14号——收入》第18条明确指出"客户支付非现金对价的,企业应当按照非现金对价的公允价值确定交易价格"。

相较于货币形式的收入,非货币形式的收入的主要特点在于价值的不确定性,即具体金额难以确定。如固定资产用于企业生产经营的过程中,通过折旧或损耗的方式将其价值转化到产品中,固定资产由此产生的经济效益难以确定具体的金额。非货币形式收入的确定是企业税务合规的前提,如果企业确定的销售额无法代表公允的价格而不被税务机关认可,则会带来偷税漏税的涉税风险,甚至还可能因此引发税务纠纷。因此,需要对"非货币形式"的销售额进行确定。《增值税法》第19条明确了上述情况下销售额的确定规则,与企业所得税中的相关价格确定形成对应,使销售额确定口径一致,有利于厘清一些规定不明确引发的税收争议问题。同时,对该种支付形式销售额的明确规定,更能完善并促进交易结算方式的多样化发展,使企业间的贸易往来更加便利,优化营商环境。

3. 按照市场价格确定销售额

2011年《增值税暂行条例实施细则》第16条规定了"视同销售货物行为而无销售额者"销售额的确定顺序,即应当按纳税人最近时期同类货物的平均销售价格、其他纳税人最近时期同类货物的平均销售价格、组成计税价格的顺序确定。而《增值税法》突破了第16条规定对审查顺序的限制,有利于发挥税务主管机关的灵活性和主观能动性。根据2011年《增值税暂行条例实施细则》,销售额以及税负与纳税人自身出售商品或服务的报价状况紧密相关,"视同销售"也更加贴近"视同"纳税人自身情况的销售。因此,本条规定为纳税人按照自身销售价格确定销售额,以虚报收入的方式进行偷税的行为提供了便利。此外,通过该方式确定"视同销售"销售额,可能无法准确反映出企业在市场上销售的真实情况。例如,纳税人在确定季节性产品的视同销售销售额时,往往采用同类货物的淡季价格,即通过使用不公允价格而规避部分销项税额。

在增值税立法进程中,《增值税法(征求意见稿)》曾规定"视同发生应税交易以及销售额为非货币形式的,按照市场公允价格确定销售额"。而后从《增值税法(草案一次审议稿)》开始,就将其中的"市场公允价格"修改为"市场价格",这一调整好处有二:一是准确反映企业在市场上的销售情况。相较于"市场公允价格"所反映的市场内外可用数据计算出的产品或服务的实际价格,"市场价格"受到市场供求关系等影响而变化波动,更能反映出企业在市场上出售的商品或服务的报价状况。二是与其他制度规定有效衔接。按"市场价格"确定销售额的规定,与企业所得税法和企业会计准则中的"公允价值"相衔接,在增值税制度的国际惯例中也基本如此。但在实际税收征管中,如何确定一项应税交易的"市场价格"仍然可能存在一定的争议。

/ **理解适用**

1. 视同应税交易的基础逻辑

所谓视同应税交易,是指某些交易行为虽然不同于所有权转移的一般销售,但税法仍然将其视同应税交易以课征增值税,其背后的基础逻辑主要有三:其一,保障国家财政收入。税法的主要功能是保障国家征税权,如果税收制度安排可能产生税款流失的漏洞,则需要用其他制度修补。其二,保证增值税链条关系的完整。增值税是间接税,税负会随着销售向下一个环节转移,直至由终端环节的最终消费者承担。如果链条关系中间断裂,则可能发生偷税、漏税等情况。据此,通过制度设计防止纳税人规避税法,可确保增值税链条关系完整,保持经济链条的连续性和国家课税的稳定性。其三,践行税收公平原则。当企业作为最后消费者时,通过规定视同应税交易行为,可以补足最后的增值部分税款。例如,单位和个体工商户将自产或者委托加工的货物用于集体福利或者个人消费,在此情况下,企业作为货物的最后消费者,此前仍有增值部分尚未被征税,故须通过视同应税交易将增值部分纳入征税范围。对此,可以理解为,视同企业将自产或者委托加工的货物销售给自己,以此与其他企业外购同类货物承担的税负保持一致。

为解决现有视同销售规则在实务中的问题,《增值税法》以此为基础对视同应税交易的范围进行了结构性调整。其一,大幅缩窄视同应税交易的范围。具体而言,一是没有将委托代销和销售代销货物列入"视同应税交易"范畴,此举是对基础法律关系的还原。从私法角度来看,委托代销业务只是受托方与委托方之间发生的代理行为,其并未导致货物所有权的转移。因此,货物的销售价款本质上可以理解为受托方代为收取并支付给委托方的款项。二是没有将跨县市移送货物列入"视同应税交易"范畴,此举实现了增值税与企业所得税处理的统一。三是没有将"无偿提供服务"列入"视同应税交易"范畴,服务具有无形性,由此导致提供服务是否为无偿在税收监管中不易判定,此举具有税收征管上的合理性。其二,将"无偿转让金融商品"列入"视同应税交易"范畴。据此,类似于股票的"非交易过户"行为则需要征税,但对于无偿借贷资金,是否需要视同应税交易还有待后续解释。

2. 确定非货币形式销售额的意义

非货币形式销售额,是通过物品或服务的交换而非直接使用货币完成的价值交换。在交易中,相较于货币形式的支付,非货币形式的支付可以表现为多种形式,即基于需求、资源和技能等进行的交换,其对于创造更广泛的交易途径、降低交易成本、促进资源共享和可持续性发展都有一定意义。

事实上,"非货币形式"的概念也存在于其他法律法规中。如《公司法》第48条规定,"股东可以用货币出资,也可以用实物、知识产权、土地使用权、股权、债权等可以用货币估价并可以依法转让的非货币财产作价出资……对作为出资的非货币财产应当评估作价,核实财产,不得高估或者低估作价……"可见,法律允许非货币出资,但这类财产出资须满足"财产可转让""可真实估价"等条件,这将有助于推进作为出资的非货币财产的多样化,实现资源的优化配置和市场的蓬勃发展。企业交易也是同样的道理,非货币形式交易具有降低企业的运营成本、减少企业对物质资源的依赖、满足交易方多样化的需求、提高企业市场竞争力等方面的意义。在税收实务中,企业所采取的以物易物、以货抵债、以物投资等方式的交易,均属于非货币形式的交易。其中,以物易物双方都应作购销处理,以各自发出的货物核算销售额并计算销项税额,以各自收到的货物核算购货额并计算进项税额;以货抵债债务方应当将抵债货物做销售处理,计算增值税销项税额;以物投资的投资人应当将实物资产做销售处理,计算增值税销项税额。此处,以物易物的货物、抵债货物和投资资产均为非货币形式,需要按照一定的规则对销售额进行确认,否则将无法进行增值税的税务处理。

3.市场价格的确认方法

关于市场价格的确认,税务机关会根据具体情况,综合运用以下几种方法进行评估,以确保价格认定的准确性。一是市场调查,税务机关可通过在线平台、实体商店和专业市场报告等渠道进行广泛的市场调查,了解相关货物或服务在市场上的典型价格范围;二是价格比较,税务机关通过比较不同渠道和供应商提供的价格,可以获取全面的市场价格信息,同时要考虑同一地区或相似条件下的价格差异;三是参考历史数据,查看过去的交易记录和市场数据,了解货物或服务的价格趋势,以确定是否存在季节性变化或其他影响价格的因素;四是专业评估,通过专业评估,税务机关可以获取更准确的市场价值,尤其是对于一些独特的或高价值物品。例如,某股东无偿转让一处位于偏僻地区的工业厂房,此时缺乏直接的市场价格,税务机关可以要求企业进行资产评估。

此外,税务机关在确定市场价格时还应考虑一些特殊因素,如商品质量问题、品牌知名度等,这些因素可能会对货物或服务的实际价值产生影响。不仅如此,由于市场价格还会受到市场供需关系等因素的影响而变动,税务机关应当定期更新市场调查和价格比较,以确保获取最新的、及时的市场价格信息。

新旧对比

表23　视同应税交易以及销售额为非货币形式下销售额确定条款的变化

《增值税暂行条例实施细则》	《增值税法（征求意见稿）》	《增值税法（草案一次审议稿）》	《增值税法（草案二次审议稿）》	《增值税法》
第十六条　纳税人有条例第七条所称价格明显偏低并无正当理由或者有本细则第四条所列视同销售货物行为而无销售额者，按下列顺序确定销售额： （一）按纳税人最近时期同类货物的平均销售价格确定； （二）按其他纳税人最近时期同类货物的平均销售价格确定； （三）按组成计税价格确定。 组成计税价格的公式为： 组成计税价格＝成本×(1＋成本利润率) 属于应征消费税的货物，其组成计税价格中应加计消费税额。 公式中的成本是指：销售自产货物的为实际生产成本，销售外购货物的为实际采购成本。 公式中的成本利润率由国家税务总局确定。	第十一条　下列情形视同应税交易，应当依照本法规定缴纳增值税： （一）单位和个体工商户将自产或者委托加工的货物用于集体福利或者个人消费； （二）单位和个体工商户无偿赠送货物，但用于公益事业的除外； （三）单位和个人无偿赠送无形资产、不动产或者金融商品，但用于公益事业的除外； （四）国务院财政、税务主管部门规定的其他情形。 第十六条　视同发生应税交易以及销售额为非货币形式的，按照市场公允价格确定销售额。	第十四条　发生本法第四条规定的视同应税交易以及销售额为非货币形式的，纳税人应当按照市场价格确定销售额。	第十八条　发生本法第四条规定的视同应税交易以及销售额为非货币形式的，纳税人应当按照市场价格确定销售额。	第十九条　发生本法第五条规定的视同应税交易以及销售额为非货币形式的，纳税人应当按照市场价格确定销售额。

• 典型案例 •

贾某与本溪市某有限责任公司房屋买卖合同纠纷案[1]

1. 基本案情

2016年2月16日,原告贾某与被告本溪市某有限责任公司签订商品房买卖合同,主要内容为:买受人购买的商品房坐落于本溪市明山区,建筑面积100.36平方米,房屋总价款为200,720元;双方自行约定:该房屋所有税费均由买受人承担;合同未就办理权属登记时间以及违约责任进行约定。合同签订后,原告向被告交纳购房款200,720元,被告为原告出具收款收据;原告交纳进户费、物业费等相关费用,本溪市某物业有限公司为原告办理了进户手续,原告于2016年2月入住案涉房屋并居住使用至今。其间,被告收回大部分买受人(含原告)之前签订的《商品房买卖合同》,双方重新签订《商品房买卖合同》,但在合同第5条,双方自行约定处增加"该房屋所有税费均由买受人承担",合同其他内容没有变化。后因办理房屋权属登记税费的承担问题双方协商未果,故原告提起本案诉讼。法院认定,原告贾某与被告本溪市某有限责任公司于2016年2月16日签订的商品房买卖合同有效;被告本溪市某有限责任公司于本判决发生法律效力后立即协助原告贾某办理坐落于本溪市明山区房屋的不动产权登记证书,办理时需要缴纳的全部税费由原、被告各自承担1/2。

---

[1] 参见辽宁省本溪市明山区人民法院民事判决书,(2023)辽0504民初3767号。

2. 争议焦点

案涉房屋补缴增值税计税基础应如何确定？

3. 案情分析

双方当事人因办理案涉房屋不动产权证发生纠纷，2023 年 4 月被告发函国家税务总局明山区税务局询问能否按合同价格确认销售价格。本溪市明山区税务局税源管理一股于 2023 年 4 月 17 日向被告出具回复函一份，表明本溪市某有限责任公司不能按照合同价格（2000/元平方米）来确认销售收入。首先，根据 2017 年《增值税暂行条例》第 7 条的规定：纳税人发生应税销售行为的价格明显偏低并无正当理由的，由主管税务机关核定其销售额。其次，根据 2011 年《增值税暂行条例实施细则》第 16 条的规定：纳税人有《增值税暂行条例》第 7 条所称价格明显偏低并无正当理由或者有本细则第 4 条所列视同销售货物行为而无销售额者，按下列顺序确定销售额：(1) 按纳税人最近时期同类货物的平均销售价格确定；(2) 按其他纳税人最近时期同类货物的平均销售价格确定；(3) 按组成计税价格确定。因此，本案的销售金额应当由主管税务机关核定，不能直接按照合同金额来认定。

《增值税法》第 19 条改变了此前对"视同销售"销售额的确定方法，即纳税人不再按照上述顺序确定销售额，而是直接按照市场价格确定销售额。从理论上讲，将市场价格放在优先地位可以使销售额更加公允。但是对于没有市场价格或者市场价格存在较大波动的情形，税务机关应当如何处理，该条规定并未阐释。在未来的税收实务中，当市场价格不明时，其确定方法是仍然沿用旧规则，还是适用新规则，还需通过下位法予以明确。

相关规定

1.《增值税暂行条例》第 7 条；

2.《增值税暂行条例实施细则》第 4 条、第 16 条；

3.《增值税法》第 5 条、第 19 条；

4.《合同法》第 5 条、第 8 条、第 60 条(现为《民法典》第 6 条、第 119 条、第 465 条、第 509 条)；

5.《最高人民法院关于适用〈中华人民共和国民法典〉时间效力的若干规定》第 1 条；

6.《营业税改征增值税试点实施办法》第 14 条；

7.《企业所得税法实施条例》第 12 条、第 13 条；

8.《企业会计准则第 14 号——收入》第 18 条；

9.《公司法》第 48 条。

第二十条 【核定销售额】

条文

> 销售额明显偏低或者偏高且无正当理由的,税务机关可以依照《中华人民共和国税收征收管理法》和有关行政法规的规定核定销售额。

条文主旨

本条规定的是当纳税人"销售额明显偏低或者偏高且无正当理由"时,税务机关核定销售额的依据和措施。对于纳税人的销售额,税务机关会根据企业在市场环境中的经营情况进行提前预测与评估。对于纳税人销售额明显偏低或者偏高且无正当理由的情况,税务机关可以核定销售额,以确保税收征管的公正性和准确性。其依据为2015年《税收征收管理法》和有关行政法规。同时,本条规定是《增值税法》的反避税条款,旨在保证税款及时上缴国库,避免因纳税人的非正常因素导致国家税款流失。此外,将《增值税法》中的程序性规定纳入2015年《税收征收管理法》进行统一管理,可以避免与其他税种的规定脱节。

条文释义

1. 销售额

《增值税法》对销售额进行了重新定义,拓展了价款的涵盖范围,以适应社会经济的发展。销售额通常是指企业在销售商品、提供服务等经营活动中所取得的收入金额。根据《增值税法》第17条的规定,销售额是指"纳税人发生应税交易取得的与之相关的价款,包括货币和非货币形式的经济利益对应的全部价款"。在增值税的计算中,销售额是一个关键概念,它是计算应纳税额的重要基础。销售额可以分为含税销售额和不含税销售额;含税销售额是包括增值税的总收入金额,不含税销售额则是不包括增值税的收入金额。两者在概念、计算方式和用途等方面均存在差异(见表24)。

表24 含税销售额与不含税销售额的比较

项目	含税销售额	不含税销售额
概念	包括增值税的总收入金额	不包括增值税的收入金额
计算方式	企业实际收到的款项	含税销售额÷(1+税率)
用途	初步核算和记录交易收入	准确计算应纳税额

由于增值税是价外税,因此,在增值税的计算中,销售额通常是不含

税的。在一般计税方法下,销项税额＝不含税销售额×税率;在简易计税方法下,应纳税额＝不含税销售额×征收率。可见,销售额的确定,对于准确申报增值税,确保企业履行纳税义务至关重要。

2. 正当理由与无正当理由

正当理由,通常是指纳税人能够提供合理、合法且充分的证据,证明其申报的存在异常情况的销售额具有合理的商业原因,而非其出于故意逃税或虚报收入的目的。总体上看,正当理由主要包括以下情形:一是行业调整,某些行业在特殊时期可能因市场需求、原材料价格波动、技术革新或者适用新政策条款等因素,引发销售额的大幅波动;二是不可抗力,当企业遭受诸如自然灾害、重大疫情、政策限制等不可抗力事件时,企业运营状况可能会受影响,进而出现销售额的大幅度变化;三是季节性因素,对于一些特定行业企业,其销售额会随季节变换而出现大幅波动,诸如旅游业和农业等;四是市场变动,市场竞争不断加剧、消费者偏好迅速转变,均可能导致短期内销售额出现大幅度波动。

与正当理由相对立的概念是无正当理由,它是指纳税人未能提供充分、有效的证据证明其销售额异常情况的合理性,甚至故意低报销售额以逃避税款。常见的不具备正当理由的情形包括:一是故意低报销售额,企业通过少列账面收入或隐藏真实收入压低销售额,以达成少缴纳税款或者享受特定税收优惠的目的;二是虚构交易,企业通过采取虚开发票、伪造或变造销售票据等手段虚构销售额,从而规避税务机关的征税行为;三是账面销售与实际销售不符,企业记录的账面价格与实际发生的销售价格不一致,或者账面记录与实际交易不一致;四是习惯认定,这一情形往往是根据长期以来企业或行业的普遍做法,而非单一的法律条文或明确的规定来进行判断的,主要受行业销售习惯、市场规律等因素影响,导致其销售额异常的合理性欠佳。

3. 销售额明显偏低且无正当理由

销售额明显偏低通常是指企业的销售业绩远低于行业平均水平或历史平均水平。一般而言,销售额明显偏低且无正当理由可能涉及税收征管、市场竞争和发票管理等方面的问题。其一,从税收征管的角度看,如果纳税人的销售额偏低且无正当理由,可能会引起税务机关的关注,税务机关会核查纳税人的销售记录和报税情况,以防范纳税人的偷税、漏税行为,确保其依法依规纳税。其二,从市场竞争的角度看,如果纳税人以低于市场价格甚至以成本价销售商品,且无正当理由的,可能被视为不正当竞争行为。当然,这里也存在例外情况,诸如纳税人销售鲜活商品、处理即将到期商品、季节性降价或因清偿债务、转产、歇业而降价销售商品等。在这些情况下,低价销售商品并不属于不正当竞争。其三,从发票管理的角度看,如果纳税人未按照规定开具发票或者存在其他违反 2023 年《发票管理办法》的行为,也可能导致销售额偏低的情况。在这种情况下,税务机关可以责令其改正并处以相应的罚款。

4. 销售额明显偏高且无正当理由

"销售额明显偏高且无正当理由"是《增值税法》新增的情形,由此将销售额的异常情况规定得更加合理和全面。本规定针对的是,关联企业之间的业务销售额偏高导致的引税行为或者违法享受税收优惠等情形。一方面,销售额明显偏高多与企业虚增销售额等行为有关。企业在进行纳税申报时,可能会通过制造虚假销售、操控价格等途径虚开增值税发票,从而获取税收利益。明显偏高且无正当理由的销售额会使企业税负降低,减少企业实际应缴纳的增值税。在税收实务中,税务机关对于销售额明显偏高的企业会加强审查,调查其销售记录、发票开具、合同及交易背景等,以确认其申报的销售额是否真实、合规。另一方面,销售额明显偏高可能导致企业违法享受税收优惠。税收优惠政策通常依据企业的实际经营状况和纳税表现予以安排,虚增销售额可以让企业通过不真实的销售数据来达到享受特定税收优惠或减免的条件。例如,企业可以通过假构销售数据虚增销售额,使其满足享受高新技术企业税收优惠或区域性税收优惠的条件,从而非法享受税收减免或优惠。

5. 核定销售额

核定销售额并不等同于真实销售额,它是税务机关根据纳税人生产经营情况确定的一个标准,作为确定纳税人应缴纳税款的基础。核定销售额,是税务机关对纳税人销售额的一种行政确认行为。当纳税人的销售额因某些原因无法准确确定时,税务机关会根据相关法规和规定,对纳税人的销售额进行核定。核定的依据是 2015 年《税收征收管理法》及有关行政法规,后者主要包括《税收征收管理法实施细则》和 2023 年《发票管理办法》等。《增值税法》中的本条规定取消了《增值税暂行条例实施细则》中"按纳税人最近时期同类货物的平均销售价格确定""按其他纳税人最近时期同类货物的平均销售价格确定""按组成计税价格确定"三种方法进行纳税调整,将《增值税法》中的程序性规定纳入《税收征收管理法》进行统一管理,以与其他税种的相关规定保持一致。

▌理解适用

1. 依法核定纳税人销售额的适用前提

《增值税法(草案一次审议稿)》提出,销售额明显偏低或者偏高且无正当理由的,税务机关有权按照规定的方法进行核定;《增值税法》第 20 条则在此基础上强调税务机关有权按照《税收征收管理法》和有关行政法规对销售额进行核定,对核定销售额的依据予以明确,是深入贯彻落实税收法定原则的体现。销售额明显偏低或者偏高,通常是指企业实际销售额远低于或者高于同行业平均水平或者历史经营情况,存在虚假申报销售额的可能。对于特定交易行为而言,由于销售额的真实性存疑,依法对明显偏低或者偏高且无正当理由的销售额进行核定,可以确保交易的真实性和纳税的公平性。

2. 销售额明显偏低或者偏高的认定标准

税法并没有针对价格偏低或者偏高制定具体的标准。根据《最高人民法院关于适用〈中华人民共和国合同法〉若干问题的解释(二)》(法释〔2009〕5号)(已失效)第19条,对于《合同法》(已失效)第74条规定的"明显不合理的低价",人民法院应当以交易当地一般经营者的判断,并参考交易当时交易地的物价部门指导价或者市场交易价,结合其他相关因素综合考虑予以确认。转让价格达不到交易时交易地的指导价或者市场交易价70%的,一般可以视为明显不合理的低价;对转让价格高于当地指导价或者市场交易价30%的,一般可以视为明显不合理的高价。然而,在税收实践中,税务机关对该司法解释的认识并不统一,有的税务机关会参考,有的税务机关则不会参考。

此外,《财政部 税务总局关于全面推开营业税改征增值税试点的通知》(财税〔2016〕36号)的附件1《营业税改征增值税试点实施办法》第44条也有相关规定,纳税人发生应税行为价格明显偏低或者偏高且不具有合理商业目的的,或者发生该办法第14条所列行为而无销售额的,主管税务机关有权按照下列顺序确定销售额:(1)按照纳税人最近时期销售同类服务、无形资产或者不动产的平均价格确定;(2)按照其他纳税人最近时期销售同类服务、无形资产或者不动产的平均价格确定;(3)按照组成计税价格确定,组成计税价格的公式为:组成计税价格 = 成本 × (1 + 成本利润率),其成本利润率由国家税务总局确定。

在实务中,对于销售额明显偏低或者偏高的认定标准多样。这些条款为税务机关提供了核定销售额的依据和程序。在具体案件中,税务机关还需要结合案情背景、行业现状、历史销售数据、发票管理以及企业实际运营状况等因素进行综合研判,确保核定销售额的真实性、准确性和可靠性,以充分保障国家的税收利益。

3. 依法核定纳税人销售额的现实意义

依法核定纳税人的销售额不仅有助于防范逃税、确保税收公平,还能提升税务管理的效率和透明度,维护市场秩序,促进税务合规和企业的健康发展。具体来说:其一,防止税收逃避和虚报行为。实践中,企业可能通过不真实的销售额来规避缴纳增值税,税务机关通过核定销售额可以有效减少企业以不当手段减少税负的可能性。其二,保障税收公平与市场秩序。税务机关核定销售额,可以确保所有企业依照相同标准缴纳税款,从而实现税负公平。同时,此举也能够避免价格恶性竞争等不当竞争行为,防止企业通过虚报销售额获取不当税收优惠或市场份额,进而扰乱市场秩序。其三,减少税收征管中的盲点和漏洞。实践中,一些企业可能未如实申报销售额。税务机关通过对企业的销售额进行合理评估,可以保障税收征管的准确性和完整性,减少征管实务中可能出现的盲点和漏洞。其四,提高税务稽查效率。本条规定体现了税法的反避税功能。核定销售额为税务机关提供了便捷工具,可以帮助其快速识别和追踪异常纳税行为。通过比对行业、市场平均水平,税务机关可以更高效地筛查出潜在的逃税行为或异常企业,及时启动稽查程序,提高税务稽查效率。其五,促进税务透明度和合规性。当企业意识到税务机关有能力通过核定销售额来判断其纳税行为真实性时,往往会加强财务管理,确保合规经营。由此有助于营造一个更加健康、透明的税收环境,促进企业长远发展。

此外,《增值税法》第 20 条在《增值税法(草案一次审议稿)》第 15 条的基础上明确指出核定销售额的依据为《税收征收管理法》及有关行政法规,强调了税务机关的法定职责和核定销售额的程序性要求,对核定销售额具有重大意义。一方面,强调了《税收征收管理法》的权威性。在《增值税法(草案一次审议稿)》中,"按照规定的方法核定其销售额"的表述较为宽泛和模糊。由于法律规定笼统,缺乏具体的法律约束和操作细则,使该规定在实际执行过程中难以操作,容易引发实践中税收征纳双方的矛盾和争议。《增值税法》第 20 条更加清晰地表明税务机关在核定销售额时是以《税收征收管理法》为主要依据的,提升了法律依据的位阶以及《增值税法》的权威性和公信力。另一方面,保障了纳税人的权利。以《税收征收管理法》作为核定销售额的主要依据,是落实税收法定原则的具体体现。税收法定是依法治国在税收领域的体现,与建立纳税人权利保护制度具有正相关关系。税务机关在核定销售额时,严格按照《税收征收管理法》及有关行政法规的要求进行执法,有助于确保《增值税法》的正确实施,提高纳税人的遵从度和保障纳税人权利。

新旧对比

表 25　增值税核定销售额条款的变化

《增值税暂行条例》	《增值税法(征求意见稿)》	《增值税法(草案一次审议稿)》	《增值税法(草案二次审议稿)》	《增值税法》
第七条　纳税人发生应税销售行为的价格明显偏低并无正当理由的,由主管税务机关核定其销售额。	第十八条　纳税人销售额明显偏低或者偏高且不具有合理商业目的的,税务机关有权按照合理的方法核定其销售额。	第十五条　纳税人销售额明显偏低或者偏高且无正当理由的,由税务机关按照规定的方法核定其销售额。	第十九条　纳税人销售额明显偏低或者偏高且无正当理由的,税务机关可以依照《中华人民共和国税收征收管理法》和有关行政法规的规定核定其销售额。	第二十条　销售额明显偏低或者偏高且无正当理由的,税务机关可以依照《中华人民共和国税收征收管理法》和有关行政法规的规定核定销售额。

• 典型案例 •

贾某与本溪市某有限责任公司
房屋买卖合同纠纷案[①]

1. 基本案情

2016年2月16日,原告贾某与被告本溪市某有限责任公司签订了《商品房买卖合同》,约定原告购买某公司开发的位于本溪市明山区的房屋,购房款为200,720元。合同签订后,原告已支付全部购房款,并已进行房屋交付。但是,自原告购房至今,本溪市某有限责任公司一直未协助原告贾某办理涉案房屋的不动产权证书。在此过程中,原告贾某发现本溪市某有限责任公司将其房屋抵押给交通银行,并在该《商品房买卖合同》签订后以修改合同编号为由骗取原告贾某的信任,将该合同收回,修改后在合同第5条第1款中新增了"税费由买受人承担"的条款,原告贾某认为该条款不合理。但被告却以该《商品房买卖合同》约定的商品房销售价格远远低于市场价,并且远远低于成本价,属于双方恶意串通以超低价格少缴纳税款的行为,损害国家税收利益,该《商品房买卖合同》应属于无效交易合同为由未能为原告办理不动产权证书。

2. 争议焦点

(1) 原被告双方签订的《商品房买卖合同》的购房价款是否合理?
(2) 200,720元的价款是否具有正当理由?

[①] 参见辽宁省本溪市明山区人民法院民事判决书,(2023)辽0504民初3767号。

3. 案情分析

对于原告贾某与被告本溪市某有限责任公司签订的《商品房买卖合同》中约定的购房价格为200,720元是否具有正当理由而言,国家税务总局本溪明山区税务局回函:贵公司不能按照合同价格(2000元/平方米)来确认销售收入。根据2017年《增值税暂行条例》第7条的规定:纳税人发生应税销售行为的价格明显偏低并无正当理由的,由主管税务机关核定其销售额。① 另根据2011年《增值税暂行条例实施细则》第16条的规定:纳税人有《增值税暂行条例》第7条所称价格明显偏低并无正当理由或者有该细则第4条所列视同销售货物行为而无销售额者,按下列顺序确定销售额:(1)按纳税人最近时期同类货物的平均销售价格确定;(2)按其他纳税人最近时期同类货物的平均销售价格确定。本案的销售金额应当由主管税务机关核定,不能直接按照合同金额来认定,该合同约定的商品房销售价格不具有合理性。

《增值税法》规定,明显偏低且无正当理由的销售额应当由税务机关按照《税收征收管理法》及有关行政法规的规定进行核定。也就是说,本案中200,720元的销售价格相较于市场销售价格和房屋成本价格而言,是否属于明显偏低还需进一步予以明确,这也将成为征纳双方的主要争论点。

相关规定

1.《增值税暂行条例》第7条;

---

① 《增值税法》第20条规定:销售额明显偏低或者偏高且无正当理由的,税务机关可以依照《中华人民共和国税收征收管理法》和有关行政法规的规定核定销售额。

2.《增值税暂行条例实施细则》第 16 条；

3.《增值税法》第 17 条、第 20 条；

4.《营业税改征增值税试点实施办法》第 14 条、第 44 条。

第二十一条 【留抵退税选择权】

条文

> 当期进项税额大于当期销项税额的部分，纳税人可以按照国务院的规定选择结转下期继续抵扣或者申请退还。

条文主旨

本条规定的是增值税留抵税额的处理方式。增值税留抵税额是企业当期进项税额大于当期销项税额的部分。《增值税法》将留抵退税的规定上升至法律层面，强化了留抵退税的权利属性，是近年来留抵退税改革成效和增值税制度完善的表现。本条规定明确赋予纳税人自主选择留抵税额处理方式的权利：一是将税额结转至下一期继续抵扣；二是申请退税以充分保护纳税人的税收权利。此外，本条规定取消了此前留抵退税政策中的特定行业、一定比例等限定条件，进一步明确了留抵退税全行业覆盖、全额退还的改革方向，对经济社会的发展具有重要意义。

条文释义

1. 销项税额与进项税额

《增值税法》第 16 条规定，进项税额是"纳税人购进货物、服务、无形资产、不动产支付或者负担的增值税税额",销项税额是"纳税人发生应税交易,按照销售额乘以本法规定的税率计算的增值税税额"。在一般计税方法下,销项税额减去进项税额的差额为应纳税额。如果销项税额大于进项税额,那么差额部分即为纳税人当期应缴纳的税款;反之,如果销项税额小于进项税额,当期应纳税额为负数,则意味着纳税人多交了税,差额部分形成留抵税额。这部分税额可以结转至下期继续抵扣或在符合条件的情况下申请退还,从而实现增值税的抵扣机制,避免重复征税。

2. 留抵税额

留抵税额产生的直接原因在于销项税额相对较低而进项税额相对较高。在增值税具体计征方式上,我国采取税额扣除法,以销项税额抵扣进项税额的余额计算增值税。在此种方法下,当一个纳税期内销项税额多于进项税额时,通过抵扣,可以避免因国家挤占纳税人资金而影响其生产经营活动。但是,当销项税额少于进项税额时,因抵扣不完全而产生的留待抵扣的税额,在性质上属于纳税人缴纳的超过当期应纳税额的"溢缴税款"。在此情形下,国家享有留抵税额的税收时间利益,即国家可以暂时占用这部分资金,直到企业在未来某个纳税期内进行抵扣。

3. 结转下期继续抵扣

当纳税人在某一纳税申报期内的进项税额大于销项税额时,即出现"留抵税额",也称之为"超额进项税",这部分进项税额可以选择不立即退税,而是结转到下一个纳税申报期抵扣销项税额。这种制度安排允许纳税人在未来期间继续利用这些未抵扣完的进项税额,从而在一定程度上平衡了企业税负。当留抵税额以结转抵扣方式处理时,国家享有留抵税额的税收时间利益,纳税人于后期以抵扣的方式获得留抵税额。在这种方式下,国家在短期内仍享有对留抵税额的支配权,不会对财政现金流产生影响。但是,纳税人难以及时获得"企业资金",进而会影响企业的现金流和资金周转能力。

4. 申请退还

此前 2017 年《增值税暂行条例》第 4 条仅规定了"结转下期继续抵扣"这一处理方式,而《增值税法(草案一次审议稿)》则规定"可以结转下期继续抵扣或者予以退还",该规定有两种解释路径:其一,国家主导模式,这种模式在实践中可能仍以结转抵扣为原则抵销留抵税额,即留抵税额优先结转到下期继续抵扣,而不是直接退还给纳税人。其二,纳税人主导模式,纳税人可以根据自身需要在结转抵扣和予以当期退还之间作出选择,国家仅在留抵退税可能引发税收风险的前提下限制纳税人的权利。

相较《增值税法(草案一次审议稿)》,《增值税法》在相关表述上由"可以结转下期继续抵扣或者予以退还"修改为"选择结转下期继续抵扣或者申请退还":其一,"予以退还"更多强调税务机关的主动性和责任,即税务机关在确认纳税人符合条件后会主动进行退税,相关过程缺少纳税人的主动参与;其二,"申请退还"方式赋予了纳税人更大的自主权,要求其在符合条件的情况下按照规定和程序向税务机关提交退税申请。根据《增值税法》的规定,当纳税人选择以申请退还的方式处理留抵税额时,国家在当期期末就会向纳税人退回其多缴纳的税款。由于纳税人享有留抵税额的税收时间利益,静态的留抵税额则转化为动态的"企业资金"重新进入经济循环,助力企业开展投资、生产和研发等经济活动。

▌理解适用▐

1. 留抵退税政策的演进

增值税留抵退税政策的出台是基于特定背景。该政策最早于 2011 年开始试点并在 2019 年和 2022 年进行大规模实施,逐步形成常态化的制度安排。该制度最终在 2024 年由《增值税法》所确认,不仅降低了纳税人承担的增值税时间成本,还减少了对纳税人现金流的占用而产生的不利性。

(1)发展脉络

总体上看,增值税留抵退税政策的发展脉络如下:2011年,《关于退还集成电路企业采购设备增值税期末留抵税额的通知》(财税〔2011〕107号)对29家集成电路企业实行增值税留抵退税政策。此时该政策尚处于探索阶段,政策限制较多,退税范围也较有限。2014年,《关于利用石脑油和燃料油生产乙烯芳烃类产品有关增值税政策的通知》(财税〔2014〕17号)规定,部分化工企业在采购特定化工产品时,可以享受增值税留抵退税政策。2016年,《关于大型客机和新支线飞机增值税政策的通知》(财税〔2016〕141号)明确规定,对于从事大型客机、大型客机发动机研制项目以及生产销售新支线飞机的企业,其形成的增值税留抵税额准予退税。2018年,财政部和国家税务总局发布了《关于2018年退还部分行业增值税留抵税额有关税收政策的通知》(财税〔2018〕70号),规定对部分先进制造业和先进服务业共18个大类行业及电网企业2017年末的增值税留抵税额予以退还。该留抵退税政策不仅扩大了试点行业的范围,还取消了对可退税进项税额来源的限制。从2019年4月1日起,依据财政部、税务总局、海关总署发布的《关于深化增值税改革有关政策的公告》(财政部 税务总局 海关总署公告2019年第39号),增值税期末增量留抵退税政策在全行业展开试点,所有符合条件的纳税人都可以申请退税。该政策从以留抵为主转向谨慎的全行业退税制度,有效地缓解了先进制造业的留抵问题。2021年,财政部和税务总局发布了《关于明确先进制造业增值税期末留抵退税政策的公告》(财政部 税务总局公告2021年第15号),该公告明确了先进制造业的范围,细化了可申请增值税增量留抵退税的纳税人条件,并完善了留抵税额的计算方法。2022年,财政部和税务总局发布了《关于进一步加大增值税期末留抵退税政策实施力度的公告》(财政部 税务总局公告2022年第14号)和《关于扩大全额退还增值税留抵税额政策行业范围的公告》(财政部 税务总局公告2022年第21号),进一步加大了留抵退税的力度、扩大了适用行业的范围。

(2)政策内容

增值税留抵退税政策是政府为了支持企业发展、缓解资金压力而实施的一项重要税收政策,其主要内容如表26所示。

表26 增值税留抵退税政策主要内容

项目	一般企业	小微企业和制造业等行业企业	批发零售业等行业企业
文件依据	《关于深化增值税改革有关政策的公告》(财政部 税务总局 海关总署公告2019年第39号)	《关于进一步加大增值税期末留抵退税政策实施力度的公告》(财政部 税务总局公告2022年第14号)	《关于扩大全额退还增值税留抵税额政策行业范围的公告》(财政部 税务总局公告2022年第21号)
有效期	2019年4月起	2022年4月起	2022年7月起
增量留抵税额	2019年3月31日	纳税人获得一次性存量留抵退税前,增量留抵税额为当期期末留抵税额与2019年3月31日相比新增加的留抵税额。纳税人获得一次性存量留抵税额后,增量留抵税额为当期期末留抵税额。	

续表

项目	一般企业	小微企业和制造业等行业企业	批发零售业等行业企业
政策执行起始时间	2019年4月1日	2022年4月1日	2022年7月1日
进项构成比例	2019年4月至申请退税前一税款所属期已抵扣的增值税专用发票、收费公路通行费增值税电子普通发票、海关进口增值税专用缴款书、解缴税款完税凭证注明的增值税额占同期全部已抵扣进项税额的比重。		
退税比例	60%	100%	100%
退税公式	允许退还的增量留抵税额＝增量留抵税额×进项构成比例×60%	允许退还的增量留抵税额＝增量留抵税额×进项构成比例×100%；允许退还的存量留抵税额＝存量留抵税额×进项构成比例×100%	增量留抵税额×进项构成比例×100%；存量留抵税额×进项构成比例×100%
退税基本条件	自2019年4月税款所属期起，连续6个月增量留抵税额均大于零，且第6个月增量留抵税额不低于50万元。	可以自2022年4月纳税申报期起申请退还增量留抵税额；微型企业自2022年4月纳税申报期起申请退还存量留抵税额；小型企业自2022年5月、中型企业自2022年7月纳税申报期起申请一次性退还存量留抵税额；大型企业自2022年10月纳税申报期起申请一次性退还存量留抵税额。小微企业自2023年起连续6个月增量留抵税额均大于0，且第6个月增量留抵税额不低于50万元。	自2022年7月纳税申报期起向主管税务机关申请退还增量留抵税额和存量留抵税额。

续表

项目	一般企业	小微企业和制造业等行业企业	批发零售业等行业企业
其他限制条件	1.纳税信用等级为 A 级或者 B 级； 2.申请退税前 36 个月未发生骗取留抵退税、出口退税或虚开增值税专用发票情形； 3.申请退税前 36 个月未因偷税被税务机关处罚两次及以上； 4.自 2019 年 4 月 1 日起未享受即征即退、先征后返（退）政策。		

2. 留抵退税确权的意义

留抵退税权是一般纳税人享有的就当期期末没有抵扣完的进项税额向税务机关请求返还的权利。本条授予了纳税人留抵退税权，是增值税留抵退税改革的一项重大成果，也是实现创新型积极财政政策与完善税制的有效结合。可以说，增值税留抵退税确权对经济社会发展具有深远意义：一方面，有利于拓展积极的财政政策空间。近年来，我国财政承受的压力较大。在当前减税空间有限的情形下，需要实施新的支持政策予以配套。通过增值税留抵退税确权，实现减税与退税的并举，把纳税人尚未抵扣的进项税额提前退还，既是完善增值税制度设计的要求，也是对党中央、国务院决策部署的落实，有利于推动经济高质量发展。

另一方面，有利于创造更好的税收营商环境。留抵税额是市场主体的收入而非政府的收入，退还资金被占用在本质上是对市场主体的投资行为征税。因此，退税不及时会在一定程度上对营商环境造成损害。长期以来，我国留抵税额的存量规模较大，留抵退税确权有助于给市场主体纾困，尤其是有助于解决中小微企业和个体工商户现金流紧张的问题，进而提振市场主体信心和增强市场主体活力。当市场主体获得退税资金后，可以将其投入生产经营活动之中，这样不仅助推自身发展，还能够推动行业进步。

新旧对比

表27　留抵退税选择权条款变化

《增值税暂行条例》	《增值税法（征求意见稿）》	《增值税法（草案一次审议稿）》	《增值税法（草案二次审议稿）》	《增值税法》
第四条第三款　当期销项税额小于当期进项税额不足抵扣时，其不足部分可以结转下期继续抵扣。	第二十一条第二款　当期进项税额大于当期销项税额的，差额部分可以结转下期继续抵扣；或者予以退还，具体办法由国务院财政、税务主管部门制定。	第十六条第一款　当期进项税额大于当期销项税额的部分，可以结转下期继续抵扣或者予以退还，具体办法由国务院财政、税务主管部门规定。	第二十条　当期进项税额大于当期销项税额的部分，纳税人可以选择结转下期继续抵扣或者申请退还，具体办法由国务院规定。	第二十一条　当期进项税额大于当期销项税额的部分，纳税人可以按照国务院的规定选择结转下期继续抵扣或者申请退还。

• 典型案例 •

某公司与乌鲁木齐某服务中心委托合同纠纷案①

1. 基本案情

某公司(以下简称甲公司)委托乌鲁木齐某服务中心(以下简称乙公司)为其提供代理记账服务和报税服务。在代理期间，乙公司为甲公司申请了两笔增值税留抵退税，金额分别为420,884.58元和612,155.79元。税务机关后来要求甲公司缴回这两笔退税款，并产

---

① 参见新疆维吾尔自治区乌鲁木齐市中级人民法院民事判决书，(2024)新01民终6606号。

生了相应的增值税滞纳金、城市维护建设税(以下简称城建税)及城建税滞纳金、教育费附加和地方教育费附加。

甲公司认为,乙公司在代理申报过程中存在过错,导致甲公司被税务机关要求缴回退税款并产生了一系列税费和滞纳金。具体来说,甲公司认为乙公司在纳税申报系统中将甲公司免税项目对应的进项税额错误地进行了抵扣,并据此申请办理了留抵退税业务,导致甲公司违法取得了留抵退税款。为配合税务机关缴回留抵退税款,甲公司通过更正纳税申报的方式将上述进项税额作转出处理,由此产生了滞纳金及附加税。

乙公司则认为,其在代理记账服务和报税服务期间不存在过错。甲公司被税务机关要求缴回留抵退税,系其自身过错导致。乙公司认为,甲公司在营业期间开具的全部是零税率发票,而非免税发票,因此对相应的进项税额进行抵扣在税法上是正确的。乙公司还认为,甲公司在更正申报时自行将所有进项进行转出,才导致产生滞纳金,这是甲公司内部人员操作问题,与乙公司无关。双方因此发生争议,甲公司遂向法院提起诉讼。

2. 争议焦点

(1)乙公司在代理记账服务和报税服务过程中是否存在过错?

(2)甲公司被税务机关要求缴回留抵退税款并产生的税费和滞纳金是否应由乙公司承担?

3. 案情分析

首先,关于税费(城市维护建设税、教育费附加、地方教育费附加)及税费利息损失的问题,一审法院和二审法院均认为,这些税费是甲公司作为纳税人依法应当缴纳的,与乙公司的服务行为无直接法律关联。甲公司要求乙公司支付这些税费及利息损失缺乏法律依据,因此法院不予支持。其次,关于滞纳金(增值税滞纳金、城市维护建设税滞纳金)及相应滞纳金利息损失的问题,法院认为,乙公司在代理纳税申报过程中,虽然根据甲公司提供的数据进行申报,但亦负有一定的审核责任。而甲公司在得知需要补缴税费后,也未及时采取措施缴回留抵退税款,导致滞纳金产生。综合考虑双方过错,法院酌定甲公司承担80%的责任,乙公司承担20%的责任。在具体计算滞纳金数额时,法院依据税务机关的复函,结合甲公司认可税务机关通知补缴税费的时间点,对滞纳金的计算期间进行了合理确定。据此得出乙公司应承担的滞纳金数额,并计算了相应的利息损失。最后,关于甲公司主张以增值税滞纳金353,050.7元为基数计算利息的问题,由于法院未支持其主张的该部分滞纳金数额,因此对其相应的利息计算请求也不予支持。

在本案中,甲公司与乙公司的委托合同纠纷主要围绕增值税留抵退税及其相关税费的缴纳问题展开。《增值税暂行条例》第4条第3款规定:"当期销项税额小于当期进项税额不足抵扣时,其不足部分可以结转下期继续抵扣。"(现为《增值税法》第21条)乙公司作为代理机构,协助甲公司办理留抵退税业务,符合法律规定,但关键在于甲公司留抵退税申请存在不符合规定的情形,导致税务机关要求其缴回退税款。关于滞纳金,《税收征收管理法》第32条规定,纳税人未按时缴纳税款的,需缴纳滞纳税款5‰的滞纳金。甲公司因未及时缴回留抵退税款而产生滞纳金,应承担主要责任。一审法院酌定甲公司承担80%的过错责任,乙公司承担20%的过错责任,这一责任划分较合理。

相关规定

1.《增值税法》第 16 条、第 21 条；

2.《民事诉讼法》第 177 条第 1 款；

3.《民法典》第 509 条、第 577 条、第 579 条；

4.《税收征收管理法》第 32 条；

5.《增值税暂行条例》第 4 条。

第二十二条 【不得抵扣的进项税额】

条文

> 纳税人的下列进项税额不得从其销项税额中抵扣：
> (一)适用简易计税方法计税项目对应的进项税额；
> (二)免征增值税项目对应的进项税额；
> (三)非正常损失项目对应的进项税额；
> (四)购进并用于集体福利或者个人消费的货物、服务、无形资产、不动产对应的进项税额；
> (五)购进并直接用于消费的餐饮服务、居民日常服务和娱乐服务对应的进项税额；
> (六)国务院规定的其他进项税额。

条文主旨

本条规定的是增值税进项税额不得从销项税额中抵扣的具体情形，其实质为应税项目对应的进项税额才可以抵扣。《增值税法》第 16 条规定:进项税额是指纳税人购进货物、服务、无形资产、不动产支付或者负担的增值税税额,纳税人应当凭法律、行政法规或者国务院规定的增值税扣税凭证从销项税额中抵扣进项税额。但是,并不是所有的进项税额都可以从销项税额中抵扣。实践中,存在企业无法将购进货物或服务等所支付或负担的增值税作为成本来减少其应纳税额的情形。原因在于,避免企业通过抵扣非生产经营相关的进项税额来降低其应纳税额,确保增值税链条关系的合理性和税收征管的公平性。此外,本条规定也有利于引导纳税人合规经营、依法纳税,进而实现企业高质量发展的目标。

条文释义

1. 适用简易计税方法计税项目对应的进项税额

《增值税法》第 14 条规定,按照简易计税方法计算缴纳增值税的,应纳税额为当期销售额乘以征收率。《增值税法》第 11 条规定,适用简易计税方法计算缴纳增值税的征收率为 3%。一般纳税人若满足特定条件,可以选择简易计税方法,按 3% 的征收率缴纳增值税。由于 3% 的征收率远低于一般计税方法中 6%、9% 和 13% 的税率,因此简易计税方法被视为一种特殊的税收优惠政策。一些纳税人积极争取符合简易计税方法的条件以享受政策优惠。同时,税法规定采用简易计税方法的一般纳税人,其进项税额不得抵扣,须按征收率计算应纳税额。如果此时允许一般纳税人抵扣进项税额,其税负将会进一步降低,甚至可能无须缴税,进而出现大量进项税额留抵。这不仅违背了简易计税方法的初衷,还可能导致税务机关面临"欠税"的困境。因此,适用简易计税方法计税项目对应的进项税额不再考虑扣除。

2. 免征增值税项目对应的进项税额

增值税遵循征扣税一致的原则,免税项目则不扣税。具体来说,如果纳税人有销售行为应当计算销售额及其销项税额,对于此前购买材料或者货物等所支付或负担的进项税额则允许进行抵扣。如果纳税人没有销售行为或视同应税交易,则无须计算销售额及其销项税额,同时此前购买材料或者货物等所支付或负担的进项税额则不得进行抵扣。增值税是一种典型的流转税,其征税对象为商品或服务等在流转过程中产生的增值额。但是,免税项目在流转过程中并未形成应税增值额,那么,其对应的进项税额则不应予以抵扣。可以说,免税项目本身无须缴纳增值税,其进项税额自然也就丧失了抵扣的基础。如果允许抵扣,将会导致由国家来承担企业税负的后果,此举有违增值税中性原则。

3. 非正常损失项目对应的进项税额

非正常损失,是指企业在生产经营过程中,管理不善、自然灾害、意外事故以及因违反法律法规造成货物或不动产被依法没收、销毁、拆除的情形等原因造成的损失。例如,货物被盗、火灾导致的存货损毁等。由于此类损失与企业的经营管理直接相关,具有人为性或可避免性,因此,损失的后果不应由国家来承担,纳税人也无权要求抵扣进项税额。本条沿袭了《增值税法(草案一次审议稿)》和《增值税法(草案二次审议稿)》的相关条文,将2017年《增值税暂行条例》第10条第2项的"非正常损失的购进货物,以及相关的劳务和交通运输服务"、第3项的"非正常损失的在产品、产成品所耗用的购进货物(不包括固定资产)、劳务和交通运输服务"合并为"非正常损失项目对应的进项税额",扩大了非正常损失的范围,也使法律规定更简明扼要,易于纳税人理解和遵守。

4. 购进并用于集体福利或者个人消费的货物、服务、无形资产、不动产对应的进项税额

集体福利,通常是指为职工提供的福利活动或服务,诸如员工食堂、职工宿舍等,此类服务设施往往是为了提高职工生活质量而设立的。个人消费,通常涉及职工私人使用的物品或服务,如食品、个人交通工具等。税法规定"购进并用于集体福利或者个人消费的货物、服务、无形资产、不动产对应的进项税额"不得抵扣有两个方面的原因:一是基于税收公平,由于集体福利或者个人消费在《增值税法》上并不属于生产经营性支出,不会产生增值额,如果将对应的进项税额纳入抵扣范围,那么可能导致企业通过增加集体福利或者个人消费的方式来规避税收,破坏税收环境的公平性;二是基于政策引导,《增值税法》通过制度设计引导企业合理地分配资源,将更多的资金投入生产经营活动,以取得更多的允许抵扣的进项税额,降低企业的税收负担。

5. 购进并直接用于消费的餐饮服务、居民日常服务和娱乐服务对应的进项税额

这一情形有两个方面内容值得关注。一方面,相较《增值税法(征求意见稿)》,在不得抵扣的进项税额项目中删除"贷款服务"。立法层面的删除意味着未来纳税人的贷款利息支出可能成为可抵扣的进项税额。如果未来实施条例及配套文件不对该规定进行补充,贷款服务项目的进项税额就可以抵扣,对金融业的发展来说将是重大利好。反之,贷款服务项目则仍属于不得抵扣的进项税额。因此,后续对该问题仍需持续关注。另一方面,将"购进的餐饮服务、居民日常服务和娱乐服务"不得抵扣的范围限定为"直接用于消费"。由于"直接用于消费"的"餐饮服务、居民日常服务和娱乐服务"通常属于最终消费环节,其不存在继续增值的可能,则在增值税的链条关系中不会产生重复征税,故其对应的进项税额不能抵扣。但是,如果购进的"餐饮服务、居民日常服务和娱乐服务"属于"非直接用于消费",而是与纳税人从事的经营活动相关,那么并不属于最终消费环节,增值税的链条关系仍在延续,纳税人在取得增值税专用发票后则可抵扣进项税额,以此避免重复征税,例如,企业外购餐饮服务用于商务活动。需要说明的是,购进上述服务是"直接用于消费"还是"非直接用于消费",在税收实务中很容易产生争议,需要纳税人与税务机关进行沟通,并留存证明资料。

6. 国务院规定的其他进项税额

"国务院规定的其他进项税额"属于兜底条款,它授权国务院可以根据实际情况或政策需要,规定其他不得从销项税额中抵扣的进项税额项目。这意味着,除上述5项明确列举的不得抵扣进项税额的项目外,诸如不符合增值税专用发票开具规定的发票、接受虚开的发票以及贷款服务项目等内容,都可能在"增值税法实施条例"等国务院配套文件中进一步细化列举。可以说,本条针对那些尚不成熟或具有探索性的情形或项目采取了"留白"处理,体现了立法的灵活性和前瞻性,能够有效防止法律的不周严性以及社会情势的变迁性。此外,相较《增值税法(草案一次审议稿)》,《增值税法》将此处授权立法的主体调整为国务院,取消对财政部、国家税务总局的授权,符合《立法法》的要求,有利于贯彻税收法定原则。

理解适用

1. 增值税进项税额不得抵扣的基本原理

增值税是以商品(含应税服务等)在流转过程中产生的增值额作为计税依据而征收的流转税,采用"上征下抵"的征收机制。从计税原理上来看,增值税的征税对象是商品(含应税服务等)在生产、流通等多个环节的新增价值或商品的附加值。在一般计税方法下,当期应纳税额为当期销项税额抵减当期进项税额后的余额。然而,并不是纳税人支付的所有进项税额都可以从销项税额中抵扣。在增值税的"链条"关系中,销项税额和进项税额之间应当存在对应关系,一旦抵扣链条中断,纳税人支付的进项税额则不能从销项税额中抵扣。例如,某建筑企业为增值税一般纳税人,购买了一批建筑材料,取得增值税专用发票注明金额10万元,进项税额1.3万元。该批材料用于适用简易计税方法的老建筑项目,该进项税额没有对应的销项税额,因此,该建筑企业无法将1.3万元的进项税额从销项税额中抵扣,而应直接将材料成本11.3万元计入项目成本。《增值税法》第22条所列举的6种进项税额不得抵扣情形,主要是从增值税抵扣链条机制和税收公平的角度来考虑的,有利于确保增值税链条关系的合理性以及税收政策目标的实现。

2. 增值税进项税额不得抵扣的立法变动

《增值税法》第22条沿袭了《增值税法(草案二次审议稿)》的规定,对不得抵扣的进项税额作了部分调整,有两点内容值得关注:第一,相较《营业税改征增值税试点实施办法》第27条第1款第6项,《增值税法》未将购进贷款服务对应的进项税额列入不得抵扣的进项税额项目。该变化为贷款服务抵扣增值税提供了可能性。从增值税制度完善和抵扣链条畅通的角度来看,允许贷款利息抵扣是改革的大方向。如果未来贷款服务的进项税额可以抵扣,关联方之间的无偿资金拆借可能不再产生增值税税负,资金流转效率将会更高,增值税税负将不再构成实质性影响。同时,《增值税法》第22条第5项对《营业税改征增值税试点实施办法》第27条第1款第6项"购进的旅客运输服务、贷款服务、餐饮服务、居民日常服务和娱乐服务"进行了调整,扩大了此前规定中可以进项抵扣的范围,增加了"并直接用于消费"的限定词,此举意味着企业在购进餐饮服务、居民日常服务和娱乐服务这三项服务后需要区分后续用途。在税收实践中,如何界定"直接用于消费",还有待下位法进一步细化列举。第二,删除了《营业税改征增值税试点实施办法》第27条中"专用于上述项目的固定资产、无形资产(不包括其他权益性无形资产)、不动产"和《增值税法(征求意见稿)》第22条中"专用于上述项目的固定资产、无形资产和不动产"的表述,其意味着未来将不再严格区分资产是否专用于某些项目,而是根据资产的实际使用情况确定进项税额是否可以抵扣。但是,《增值税法》所表述的"对应的进项税额"的具体定义和计算方法尚未明晰,如何区分不同用途的资产的进项税额抵扣问题尚无标准,为降低企业的税务风险和确保新旧政策稳定衔接,后续"增值税法实施条例"等国务院配套文件应对此作进一步解释。

3. 不得抵扣进项税额和视同应税交易的区分

不得抵扣进项税额和视同应税交易情形在涉税实务中常被混淆。本条所列举的不得抵扣进项税额的情形,实际上意味着相关商品(含应税服务等)已经退出流通环节,增值税抵扣链条由此终止,其可视为最终消费环节,因此对应的进项税额不得抵扣。《增值税法》第5条对视同应税交易的情形作了规定。简言之,如果商品(含应税服务等)仍在继续流转,且货物所有权仍在流转过程中,即使该行为不属于销售行为,也应当视同应税交易,需要计算并缴纳增值税。

区分不得抵扣进项税额与视同应税交易的标准主要有两点:一是经济行为是否产生增值。如果经济行为产生了增值,诸如将自产或者委托加工的货物用于集体福利或者个人消费,应视同应税交易,需计算销项税额。反之,如果该经济行为并未发生增值,则需要进一步分析。二是该经济行为是否针对企业内部。如果该经济行为是针对企业内部的,诸如将购进的货物用于职工福利等,则属于不得抵扣进项税额的情形。在税收实践中,"购进并用于集体福利或者个人消费的货物、服务、无形资产、不动产"通常容易与"单位和个体工商户将自产或者委托加工的货物用于集体福利或者个人消费"相混淆。例如,某企业购买20张机票用于奖励公司优秀员工团队,购票支出对应的进项税额,能否从销项税额中抵扣?首先,该经济行为并未产生增值,机票价值在购买时已经确定,企业并没有通过该行为增加其价值；其次，20张机票由航空公司流转至内部员工，因此，属于进项税额不得抵扣情形。又如，某啤酒厂将委托加工收回的20吨新型啤酒奖励给优秀员工团队，该经济行为属于视同应税交易还是不得抵扣进项税额的情形？在委托加工的过程中，啤酒的价值有所增加，加工企业为啤酒提供了加工服务，使其从普通啤酒转变为新型啤酒。因为存在价值增加，因此属于视同应税交易的情形。

新旧对比

表28　不得抵扣的进项税额的条款变化

《增值税暂行条例》	《增值税法（征求意见稿）》	《增值税法（草案一次审议稿）》	《增值税法（草案二次审议稿）》	《增值税法》
第十条　下列项目的进项税额不得从销项税额中抵扣： （一）用于简易计税方法计税项目、免征增值税项目、集体福利或者个人消费的购进货物、劳务、服务、无形资产和不动产； （二）非正常损失的购进货物，以及相关的劳务和	第二十二条下列进项税额不得从销项税额中抵扣： （一）用于简易计税方法计税项目、免征增值税项目、集体福利或者个人消费的购进货物、服务、无形资产、不动产和金融商品对应的进项税额，其中涉及的固定资产、无形资	第十七条纳税人的下列进项税额不得从其销项税额中抵扣： （一）适用简易计税方法计税项目对应的进项税额； （二）免征增值税项目对应的进项税额； （三）非正常损失项目对应的进项税额；	第二十一条纳税人的下列进项税额不得从其销项税额中抵扣： （一）适用简易计税方法计税项目对应的进项税额； （二）免征增值税项目对应的进项税额； （三）非正常损失项目对应的进项税额；	第二十二条纳税人的下列进项税额不得从其销项税额中抵扣： （一）适用简易计税方法计税项目对应的进项税额； （二）免征增值税项目对应的进项税额； （三）非正常损失项目对应的进项税额； （四）购进并用于集体福利或者个人消费的货物、服务、无

续表

《增值税暂行条例》	《增值税法（征求意见稿)》	《增值税法（草案一次审议稿)》	《增值税法（草案二次审议稿)》	《增值税法》
交通运输服务； (三)非正常损失的在产品、产成品所耗用的购进货物(不包括固定资产)、劳务和交通运输服务； (四)国务院规定的其他项目。	产和不动产，仅指专用于上述项目的固定资产、无形资产和不动产； (二)非正常损失项目对应的进项税额； (三)购进并直接用于消费的餐饮服务、居民日常服务和娱乐服务对应的进项税额； (四)购进贷款服务对应的进项税额； (五)国务院规定的其他进项税额。	(四)购进并用于集体福利或者个人消费的货物、服务、无形资产、不动产对应的进项税额； (五)购进并直接用于消费的餐饮服务、居民日常服务和娱乐服务对应的进项税额； (六)国务院财政、税务主管部门规定的其他进项税额。	(四)购进并用于集体福利或者个人消费的货物、服务、无形资产、不动产对应的进项税额； (五)购进并直接用于消费的餐饮服务、居民日常服务和娱乐服务对应的进项税额； (六)国务院规定的其他进项税额。	形资产、不动产对应的进项税额； (五)购进并直接用于消费的餐饮服务、居民日常服务和娱乐服务对应的进项税额； (六)国务院规定的其他进项税额。

• 典型案例 •

甲公司诉乙公司等五公司财产损害赔偿纠纷案[①]

1. 基本案情

在本案中,甲公司为原告,乙公司、丙公司、丁公司、戊公司和己公司为被告。其中,乙公司为己公司所租赁仓库的产权人,丙公司、戊公司为乙公司仓库的其他承租人,租赁的区域与己公司所租赁仓库相邻,丁公司为丙公司所租赁仓库的实际管理方。2022年4月12日,由于己公司管理的仓库发生火灾,甲公司在该仓库储存的货物被全部烧毁。经消防部门调查,被告五公司均对该起事故负有责任。乙公司作为产权人,将使用性质为厂房的建筑物和占用防火间距的钢结构构筑物进行仓储出租,未落实消防安全主体责任。丙公司将防火间距的钢结构用作仓储,导致火灾扩大。丁公司未按照法律和技术标准设置防火分隔及消防设施,导致火势蔓延。戊公司未按照法律和技术标准设置防火分隔及消防设施,占用消防车通道,影响灭火行动,导致火灾蔓延。己公司占用不属于自身租赁的区域,占用消防车通道、丙类仓库防火分区,导致火势扩大。为维护自身合法权益,甲公司诉至法院。

经审查,法院认为五被告的上述行为共同导致火灾蔓延,烧毁了原告储存于己公司仓库的全部货物,造成原告巨额损失,依法应当承担连带赔偿责任。法院认定,己公司应对事故负主要责任,其余被告应对事故负次要责任,具体赔偿责任比例为己公司承担55%

[①] 参见上海市嘉定区人民法院民事判决书,(2023)沪0114民初24967号。

的赔偿责任,乙公司承担15%的赔偿责任,丙公司、丁公司和戊公司各承担10%的赔偿责任。

2. 争议焦点

甲公司货物损失所对应的进项税额是否应当扣除?

3. 案情分析

关于原告火灾损失,依据2017年《增值税暂行条例》第10条(现为《增值税法》第22条)的规定,非正常损失的购进货物的进项税额不得从销项税额中抵扣,另依据2011年《增值税暂行条例实施细则》第24条的规定,前述所称非正常损失,是指因管理不善造成被盗、丢失、霉烂变质的损失。法院认为,案涉货物系因火灾灭失毁损,相应货损不属于进项税额不得从销项税额中抵扣的非正常损失,案涉货物的增值税进项税额依法可以正常抵扣,无须作进项税额转出,故原告实际损失应为货物含税购入总价款扣除13%增值税税额后的金额,即8,159,292元。根据法院确定的赔偿比例,被告已公司应赔偿4,487,610.6元(55%),乙公司应赔偿1,223,893.8元(15%),被告丙公司、丁公司、戊公司各应赔偿815,929.2元(10%)。

综上,2011年《增值税暂行条例实施细则》第24条将"非正常损失"界定为"因管理不善造成被盗、丢失、霉烂变质的损失",明确了"管理原因"是界定"非正常损失"的关键因素。换言之,非"管理原因"造成被盗、丢失、霉烂变质的损失则属于正常损失,诸如纳税人因火灾、洪水和地震等自然灾害造成的损失,其进项税额则允许从其销项税额中抵扣。《增值税法》第22条将2017年《增值税暂行条例》第10条第2项和第3项以及《营业税改征增值税试点实施办法》第27条第1款第2项至第5项的内容合并为"非正常损失项目对应的进项税额",由于缺乏对"非正常损失项目"的界定,在一定程度上扩大了非正常损失的范围。因此,未来非正常损失的范围是否会发生变化,及具体操作细节,还需持续关注《增值税法》的配套法律法规。

相关规定

1.《增值税法》第 5 条、第 11 条、第 14 条、第 16 条、第 22 条;
2.《增值税暂行条例实施细则》第 24 条;
3.《营业税改征增值税试点实施办法》第 27 条;
4.《民法典》第 1165 条、第 1172 条、第 1184 条;
5.《增值税暂行条例》第 10 条。

第四章

税收优惠

第二十三条 【起征点】

> 条文

> 小规模纳税人发生应税交易，销售额未达到起征点的，免征增值税；达到起征点的，依照本法规定全额计算缴纳增值税。
> 前款规定的起征点标准由国务院规定，报全国人民代表大会常务委员会备案。

> 条文主旨

本条规定的是增值税的起征点。起征点是《增值税法》规定对小规模纳税人开始征收增值税的最低界限，又被称为增值税纳税人的"注册门槛"。设置增值税起征点制度的目的主要有二：一是缩小征税对象的范围，减轻小规模纳税人的税收遵从成本，有效降低纳税人的税负；二是提高税收行政效率，减少税收管理的成本，让税务部门集中更多资源和精力到增值税的税收风险管理领域。本条通过对增值税起征点的原则性规定，明确了增值税纳税人的应税交易销售额超过起征点的，全额计算缴纳增值税，未达起征点的，免征增值税。同时，本条将起征点标准的制定权明确规定由国务院行使。

> 条文释义

增值税的起征点，又被称为增值税的"起步税"。起征点是增值税的征税门槛，未达起征点的主体免于缴纳增值税，而达到起征点的主体应全额纳税，从而区别于《个人所得税法》规定的标准费用扣除额（又称免征额制度）。从本条规定来看，其主要从以下方面对增值税起征点制度进行了明确。

1. 增值税起征点的适用前提

根据《增值税法》第23条第1款前半句的规定，适用增值税起征点的制度前提是"小规模纳税人发生应税交易"，因此，如果不是小规模纳税人，也未发生应税交易的，既无增值税的纳税义务，也当然不构成对增值税起征点制度的适用。对于何为"小规模纳税人"，《增值税法》第9条第1款规定，本法所称小规模纳税人，是指年应征增值税销售额未超过500万元的纳税人。而对于何为"应税交易"，《增值税法》第3条第1款明确规定，应税交易是指在中华人民共和国境内销售货物、服务、无形资产、不动产的情形。《增值税法》第3条第2款继续明确，销售货物、服务、无形资产、不动产，是指有偿转让货物、不动产的所有权，有偿提供服务，有偿转让无形资产的所有权或者使用权。由此可知，应税交易的发生应以"境内发生"和"有偿"为前提要件。

2. 增值税起征点的适用对象

从起征点的适用对象来看，最初我国相关条例规定的起征点仅适用于个人，包括个体工商户和其他个人，但不适用于登记为一般纳税人的个体工商户，而《增值税法》，则直接将适用对象限定为小规模纳税人，体现了法律的继受和发展。早在1993年《增值税暂行条例》颁行之时，我国便确立了增值税的起征点制度。该条例第18条规定，纳税人销售额未达到财政部规定的增值税起征点的，免征增值税。在此基础上，1993年的《增值税暂行条例实施细则》（财法字〔1993〕38号）进一步限缩了起征点的适用对象，其第32条规定，条例第18条所称的增值税起征点的适用对象只限于个人。需要指出的是，2011年《增值税暂行条例实施细则》第9条第2款明确规定："条例第一条所称个人，是指个体工商户和其他个人。"这意味着,增值税的起征点制度的适用对象既包括一般的自然人,也包括个体工商户。直到 2013 年《关于暂免征收部分小微企业增值税和营业税的通知》(财税〔2013〕52 号)规定,"为进一步扶持小微企业发展,经国务院批准,自 2013 年 8 月 1 日起,对增值税小规模纳税人中月销售额不超过 2 万元的企业或非企业性单位,暂免征收增值税",将起征点制度的适用对象限缩为小规模纳税人,并由此前的个人扩展到企业或非企业性单位。自此,增值税的起征点完全以销售额为标准涵盖所有纳税人,并以纳税人身份标准进行区分。从《增值税法》来看,其明确了起征点适用对象为小规模纳税人,从制度上给予小规模纳税人以税收优待,有助于更好地减轻小微企业和个人的税收负担。

3. 增值税起征点的适用标准

我国增值税的起征点一直是以"销售额"为衡量标准。对此,《增值税法》第 17 条明确规定:"销售额,是指纳税人发生应税交易取得的与之相关的价款,包括货币和非货币形式的经济利益对应的全部价款,不包括按照一般计税方法计算的销项税额和按照简易计税方法计算的应纳税额。"第 20 条规定:"销售额明显偏低或者偏高且无正当理由的,税务机关可以依照《中华人民共和国税收征收管理法》和有关行政法规的规定核定其销售额。"这意味着增值税销售额的确定存在计算确立和税务机关核定两种方法,须结合不同交易情形合理确定。同时,根据《增值税法》的规定,销售额不包括其应纳税额,采用销售额和应纳税额合并定价方法的,应当按照下列公式计算销售额:销售额 = 含税销售额 ÷ (1 + 征收率)。

但本条并未对增值税起征点的具体金额作出规定,而是采取"授权 + 备案"的方法,授权国务院根据经济发展情况规定起征点的具体数额标准，并报全国人民代表大会常务委员会备案。对于增值税的起征点究竟该采用何种数额标准？从增值税起征点制度的历史演进来看，其先后历经了数次调整。在调整过程中，我国先后出台了《增值税暂行条例实施细则》(财法字〔1993〕38号)、《国家税务总局关于小微企业免征增值税和营业税有关问题的公告》(国家税务总局公告2014年第57号)、财政部、国家税务总局《关于延续小微企业增值税政策的通知》(财税〔2017〕76号)等文件，修改了2011年《增值税暂行条例实施细则》(财政部令第65号)中的数额规定。以上文件的出台或者修改基本是基于经济社会发展的需要，将增值税起征点的幅度逐步提高。从最新标准来看，为了鼓励小规模纳税人的发展、减轻其税负，根据2023年1月9日发布的《财政部 税务总局关于明确增值税小规模纳税人减免增值税等政策的公告》(财政部 税务总局公告2023年第1号)以及2023年8月1日财政部、国家税务总局发布的《财政部 税务总局关于增值税小规模纳税人减免增值税政策的公告》(财政部 税务总局公告2023年第19号)的规定，自2023年1月1日至2027年12月31日，对月销售额10万元以下(含本数)的增值税小规模纳税人，免征增值税。从中可知，10万元就是现行增值税起征点的具体标准，对于增值税小规模纳税人月销售额不超10万元，或以1个季度为1个纳税期的，季度销售额未超过30万元时，免征增值税。

理解适用

1. 增值税起征点制度的性质定位

当前，尽管我国增值税起征点制度已经运行了20余年，但对起征点的法律性质仍然存在争议。从《增值税法》第23条的规定来看，其归属于第四章"税收优惠"之中，站在体系解释的角度来看，增值税起征点可被解释为一项增值税的税收优惠政策。然而，从以往对增值税起征点制度的讨论来看,对于其是否属于增值税的税收优惠,在学理上仍有争议。有学者提出,对所有主体来说起征点作为一种标准,只要满足了销售额条件即可被适用,不宜被认定为税收优惠。增值税的起征点本身不属于增值税的税收优惠,应当从体系上对其进行调整,可在"总则"中予以规定。[1] 另有学者指出,起征点的设置目的主要是避免重复征税,系"本不应征税的情形",不属于税收优惠。[2] 对此,本书主张,对于何为税收优惠,应当作正确理解。税收优惠,是指国家运用税收政策在税收法律、行政法规中规定对某一部分特定企业和课税对象给予减轻或免除税收负担的一种措施。一方面,《增值税法》第23条将起征点的适用主体确定为小规模纳税人,其在身份上具有特殊性,是为了在整体上降低小规模纳税人税负而确立的一项税收优惠制度,不能因为增值税的起征点形式上适用于所有符合条件的小规模纳税人就否定其作为税收优惠的属性。另一方面,是否避免重复征税也与税收优惠无关,起征点制度的设置只能避免对未达起征点主体的重复征税,而对于超过起征点的主体无能为力,因此不能以此否定起征点制度的税收优惠属性。而从起征点制度的适用效果来看,其确实能够实现为"未达起征点的主体"减税之目的。近年来,我国针对小规模纳税人的起征点政策调整,往往都是基于给予小微企业更大税收优惠的目的,致力于减轻小微企业的实体税负,因此具有税收优惠制度的属性。

2. 增值税起征点制度的功能价值

增值税是一项中性税收,但大部分国家的增值税法律制度都设置了

---

[1] 参见叶永青、马晓煜、王一骁:《〈中华人民共和国增值税法(草案)〉的亮点、变化和问题》,载金杜律师事务所官网2023年1月15日,https://www.kwm.com/cn/zh/insights/latest-thinking/highlights-changes-and-problems-of-draft-vat-law-of-prc.html。
[2] 参见王霞:《税收优惠法律制度研究:以法律的规范性和正当性为视角》,法律出版社2012年版,第11页。

起征点条款。从原理上来看,为增值税纳税人设置起征点,一方面可以降低税收征管成本,另一方面则可以实现该制度独有的经济社会功能。从前者来看,起征点制度无疑是一种稽征经济的体现。因为与其他税种一样,增值税的征收管理蕴含较大的成本,增值税制度的实施需要纳税人进行积极主动的纳税申报,也需要依赖增值税发票和抵扣权制度的实施,在此过程中,无论是纳税人的遵从抑或税务机关的征管均需付出一定的成本。而起征点制度的设计能够实现一定的"过滤"效应,通过抓大放小的方式来减轻税务机关的征管成本,使税务机关有更多的征管资源投入税款的征收和风险监管领域。但随着时代的发展,该项制度的设计又开始附加了减轻小微企业税收负担的经济社会功能。在我国,起征点制度的经济社会功能无疑更突出,历次起征点调整的文件中,都存在"支持小微企业发展""保障就业和社会稳定"等表述。增值税起征点的设置和上调,不仅有效降低了个体工商户的经营成本,还增加了下岗职工再就业的机会,促进了小型微型企业的快速发展。因此,从经济社会功能的角度出发,它是促进就业和扩大再就业的需要,是发挥税收调节作用,减轻低收入者税收负担,增加收入、缩小贫富差距的实质性举措,有利于构建和谐社会、促进共同富裕。

3. 增值税起征点的科学设定

增值税的起征点数额大小直接关系着进入增值税"征税范围"的纳税人数量的多少,纳税人收入达到增值税起征点的,应全额计算缴纳增值税,不应仅就超过增值税起征点的部分计算缴纳增值税,因此对起征点的科学设定至关重要。

从 2002 年至今,增值税的起征点政策历经多次调整。对于国家而言,个人的起征点数额确定通常会考虑经济发展现状、国家财力状况、人均 GDP、贫困地区标准、当地平均工资水平、最低生活保障、最低工资标准、物价浮动水平等相关数据,从而进行科学测定。对于企业而言,则主要考虑按照平均利润率、与之相关的企业规模大小等来确定起征点数额的大小。起征点数额的确定至关重要,因为起征点数额大小决定着纳税人是否缴纳增值税,一旦这个"临界点"设置不当,会带来巨大的税负悬殊问题。例如,根据现有起征点的规定,如果纳税人月销售额达到了10万元,无论其利润大小,其将因为超过起征点需要纳税;如果纳税人的月销售额少于10万元,即便其利润再大,也将因为未超过起征点,无须纳税,因此起征点的合理设定至关重要。但未来的标准是多少,需要由国务院根据经济形势的需要确定。

4. 增值税起征点的制度效果

起征点与免征额同为征税与否的界限,对纳税人来说,在其收入没有达到起征点或没有超过免征额的情况下,都不征税,两者是一样的。但是二者又有明显的区别:其一,当纳税人收入达到或超过起征点时,就其收入全额征收增值税;而当纳税人收入超过免征额时,则只就超过的部分征收个人所得税。其二,当纳税人的收入恰好达到起征点时,就要按其收入全额征税;而当纳税人收入恰好与免征额相同时,则免予征税。就此而言,起征点是一项特惠的制度,只能照顾小微企业和个人等一部分小规模纳税人的利益,而免征额则是一项普惠型的制度,可以照顾适用范围内的所有纳税人。

新旧对比

表29 增值税起征点适用范围条款的变化

《增值税暂行条例》(2017年修订)	《营业税改征增值税试点实施办法》	《增值税法(征求意见稿)》	《增值税法(草案一次审议稿)》	《增值税法(草案二次审议稿)》	《增值税法》
第十七条 纳税人销售额未达到国务院财政、税务主管部门规定的增值税起征点的,免征增值税;达到起征点的,依照本条例规定全额计算缴纳增值税。	第四十九条 个人发生应税行为的销售额未达到增值税起征点的,免征增值税;达到起征点的,全额计算缴纳增值税。增值税起征点不适用于登记为一般纳税人的个体工商户。	第五条第三款 销售额未达到增值税起征点的单位和个人,不是本法规定的纳税人;销售额未达到增值税起征点的单位和个人,可以自愿选择依照本法规定缴纳增值税。	第二十一条 纳税人发生应税交易,销售额未达到国务院规定的增值税起征点的,免征增值税;达到起征点的,依照本法规定全额计算缴纳增值税。	第二十二条 纳税人发生应税交易,销售额未达到国务院规定的增值税起征点的,免征增值税;达到起征点的,依照本法规定全额计算缴纳增值税。	第二十三条 小规模纳税人发生应税交易,销售额未达到起征点的,免征增值税;达到起征点的,依照本法规定全额计算缴纳增值税。前款规定的起征点标准由国务院规定,报全国人民代表大会常务委员会备案。

第四章 税收优惠

表30 增值税起征点适用标准条款的变化

《增值税暂行条例实施细则》(2011年修订)	《营业税改征增值税试点实施办法》	《增值税法（征求意见稿)》	《增值税法（草案一次审议稿)》	《增值税法（草案二次审议稿)》	《增值税法》
第三十七条 增值税起征点的适用范围限于个人。增值税起征点的幅度规定如下：(一)销售货物的，为月销售额5000－20,000元；(二)销售应税劳务的，为月销售额5000－20,000元；(三)按次纳税的，为每次(日)销售额300－500元。前款所称销售额，是指本细则第三十条第一款所称小规模纳税人的销售额。	第五十条 增值税起征点幅度如下：(一)按期纳税的，为月销售额5000－20,000元（含本数）。(二)按次纳税的，为每次(日)销售额300－500元（含本数）。起征点的调整由财政部和国家税务总局规定。省、自治区、直辖市财政厅（局）和国家税务局应当在规定的幅度内，根据实际情况确定本地区适用的起征点，并报	第五条 在境内发生应税交易且销售额达到增值税起征点的单位和个人，以及进口货物的收货人，为增值税的纳税人。增值税起征点为季销售额三十万元。销售额未达到增值税起征点的单位和个人，不是本法规定的纳税人；销售额未达到增值税起征点的单位和个人，可以自愿选择依照本法规定缴纳增值税。	第二十一条 纳税人发生应税交易，销售额未达到国务院规定的增值税起征点的，免征增值税；达到起征点的，依照本法规定全额计算缴纳增值税。	第二十二条 纳税人发生应税交易，销售额未达到国务院规定的增值税起征点的，免征增值税；达到起征点的，依照本法规定全额计算缴纳增值税。	第二十三条 小规模纳税人发生应税交易，销售额未达到起征点的，免征增值税；达到起征点的，依照本法规定全额计算缴纳增值税。前款规定的起征点标准由国务院规定，报全国人民代表大会常务委员会备案。

续表

《增值税暂行条例实施细则》(2011年修订)	《营业税改征增值税试点实施办法》	《增值税法（征求意见稿)》	《增值税法（草案一次审议稿)》	《增值税法（草案二次审议稿)》	《增值税法》
省、自治区、直辖市财政厅(局)和国家税务局应在规定的幅度内，根据实际情况确定本地区适用的起征点，并报财政部、国家税务总局备案。	财政部和国家税务总局备案。对增值税小规模纳税人中月销售额未达到2万元的企业或非企业性单位，免征增值税。2017年12月31日前，对月销售额2万元（含本数）至3万元的增值税小规模纳税人，免征增值税。				

第四章 税收优惠

> **• 典型案例 •**
>
> # 玉兔王餐饮店重生记案[1]
>
> 1. 基本案情
>
> 2013年,王某某和她弟弟合伙开了丁月玉兔王餐饮店,主营兔肉火锅,生意一直还不错。"营改增"后,税务机关根据他们的实际经营情况定额为每月14.6万元,每个季度增值税及附加、个人所得税不到2万元。但是,从2018年开始,经营地点的人流量逐渐下降,兔肉价格也在上涨,餐饮店的经营压力不断加大。2018年7月,王某某和弟弟核算了上半年的总收支,感觉利润不大。于是,王某某的弟弟便应友人相邀,南下深圳发展,独留王某某一人经营店面,餐饮店直到2018年12月销售热季都没有起色。2019年1月,小微企业普惠性减税降费红包来袭。2019年1月1日起,小规模纳税人增值税的起征点标准从每月3万元上调至10万元。根据这一政策,王某某的丁月玉兔王餐饮店因为每月销售额不足10万元,不再需要缴纳增值税。
>
> 2. 争议焦点
>
> 王某某所经营餐饮店每月销售额不足10万元,是否可以享受增值税起征点的政策?
>
> 3. 案情分析
>
> 本案中,根据2019年的小规模纳税人增值税起征点政策(现为《增值税法》第23条规定),王某某的丁月玉兔王餐饮店每月应税销

---

[1] 参见贺艳:《玉兔王餐饮店重生记》,载《中国税务报》2019年5月22日,第2版。

售额不足 10 万元,未达起征点的标准,无须缴纳增值税。目前,我国《增值税法》第 23 条第 1 款明确规定了增值税的起征点制度。根据该规定,小规模纳税人发生应税交易,销售额未达起征点的,免征增值税;达到起征点的,依照本法规定全额计算缴纳增值税。但对于起征点的标准,《增值税法》第 23 条第 2 款授权由国务院规定,报全国人民代表大会常务委员会备案。而根据《财政部 税务总局关于增值税小规模纳税人减免增值税政策的公告》(财政部 税务总局公告 2023 年第 19 号)以及《财政部 税务总局关于明确增值税小规模纳税人减免增值税等政策的公告》(财政部 税务总局公告 2023 年第 1 号)的规定,自 2023 年 1 月 1 日至 2027 年 12 月 31 日,对月销售额 10 万元以下(含本数)的增值税小规模纳税人,免征增值税。适用到本案中,因为提供应税服务的起征点为 10 万元,王某某提供的应税服务月销售收入未达起征点,因此对该部分收入无须缴纳增值税。

相关规定

1.《增值税法》第 1 条、第 2 条、第 3 条、第 9 条、第 17 条、第 19 条、第 20 条、第 23 条;

2.《增值税暂行条例》第 18 条;

3. 1993 年《增值税暂行条例实施细则》第 32 条;

4. 2011 年《增值税暂行条例实施细则》第 9 条;

5.《个人所得税法》;

6.《营业税改征增值税试点实施办法》第 50 条。

第二十四条 【免征增值税项目】

条文

下列项目免征增值税：

(一)农业生产者销售的自产农产品,农业机耕、排灌、病虫害防治、植物保护、农牧保险以及相关技术培训业务,家禽、牲畜、水生动物的配种和疾病防治；

(二)医疗机构提供的医疗服务；

(三)古旧图书,自然人销售的自己使用过的物品；

(四)直接用于科学研究、科学试验和教学的进口仪器、设备；

(五)外国政府、国际组织无偿援助的进口物资和设备；

(六)由残疾人的组织直接进口供残疾人专用的物品,残疾人个人提供的服务；

(七)托儿所、幼儿园、养老机构、残疾人服务机构提供的育养服务,婚姻介绍服务,殡葬服务；

(八)学校提供的学历教育服务,学生勤工俭学提供的服务；

(九)纪念馆、博物馆、文化馆、文物保护单位管理机构、美术馆、展览馆、书画院、图书馆举办文化活动的门票收入,宗教场所举办文化、宗教活动的门票收入。

前款规定的免税项目具体标准由国务院规定。

条文主旨

本条规定的是增值税的免税项目。增值税的免税项目是指根据《增值税法》的规定,对于特定的增值税销售项目免征增值税。免税是指按照税法规定免除全部应纳税款的制度,是对某些纳税人或征税对象给予鼓励、扶持或照顾的特殊规定,是世界各国及各个税种普遍采用的一种税收优惠方式。其中,法定免税是指在税法中列举相应的免税条款所确立的法定免税规则。根据《增值税法》第24条的规定,我国一共有农业生产者销售的自产农产品、医疗机构提供的医疗服务等9个方面的项目被纳入免税范围,涉及农业、医疗、文化、教育、养老等多个领域。同时,该法规定免税项目的具体标准由国务院规定。

条文释义

《增值税法》第24条分为2款,其中第1款共分为9个免税项目,整合了2017年《增值税暂行条例》第15条第1款的内容,并作了细微调整,删除了对于避孕药品和用具的免税优惠,确保了税收优惠政策的透明性和可预期性。同时,顺应"营改增"的客观需要,综合规定了相关服务类的增值税免税项目,并增加了授权国务院制定免税项目的具体标准的内容。

1. 农业生产者销售的自产农产品,农业机耕、排灌、病虫害防治、植物保护、农牧保险以及相关技术培训业务,家禽、牲畜、水生动物的配种和疾病防治免征增值税

农业生产者销售的自产农产品免征增值税需满足一定的前提条件。其一,农业生产者一般是指从事种植业、养殖业、林业、牧业、水产业的单位和个人。其二,免征增值税的自产农产品是《农业产品征税范围注释》(财税字〔1995〕52号)规定的初级农业产品。该税收优惠政策适应了农业生产发展的客观规律,减轻了农民税负,有利于提升农产品的质量和安全性,增强国家的食品安全和农业可持续发展能力。同时考虑农业生产需要专门技术、基础设施建设的支撑,且更容易遭受病虫害和自然灾害,为分担农业生产者的风险、减轻经济压力,新增了农业机耕、排灌、病虫害防治、植物保护等免征项目。

2. 医疗机构提供的医疗服务免征增值税

起初国家为了鼓励避孕、减少生育、落实计划生育政策而对避孕药品和用具免征增值税,但发展至今,这项免税政策已与国家鼓励生育、调整人口结构的目的不相吻合了。因此,《增值税法》取消了对避孕药品和用具的免税政策,以更好地适应国家的发展战略和目标。而医疗机构提供的医疗服务是传统免征营业税的项目,对其免征增值税有利于降低公众的医疗价格成本,提高社会整体医疗水平,有助于公共利益的实现。

3. 古旧图书,自然人销售的自己使用过的物品免征增值税

古旧图书是指向社会收购的古书和旧书,具有重要的历史和文化价值,免征增值税可以鼓励古旧图书的流通、促进文化的保护和传承,并增进公众对历史和文化的认知。而对自然人销售自己使用过的物品免征增值税,是为了更好地促进"二手物品"的交易。但这里的"销售自己使用过的物品"的免税仅限于"自然人",不包括企业类的主体,以保证对以营利为目的的二手物品交易进行公平征税。

4. 直接用于科学研究、科学试验和教学的进口仪器、设备免征增值税

如果是从国外进口的仪器和设备,原本需要缴纳关税和进口环节增值税。但进口的仪器、设备在技术和性能上可能更具优势,免征增值税可以降低科研机构和学校的采购成本,使他们能够将更多的资金投入科研项目和教学活动中,鼓励科研人员开展前沿性、创新性的研究工作,提高我国的科研水平和创新能力,且进口的科学研究、科学试验和教学的进口仪器和设备通常具有专业性强、使用范围窄、使用周期长等特点,其价值往往在长期的科研和教学过程中逐步转移和消耗,很难准确计算。免征增值税可以使科研机构和学校及时获取国际上最先进的技术和设备,以此满足科研和教学的高端需求。

5. 外国政府、国际组织无偿援助的进口物资和设备免征增值税

该项目的适用对象是"进口的物资和设备",前提是由"外国政府、国际组织"无偿援助,不适用于本国政府和本国涉外组织;其次以"无偿援助"为要件,有偿援助相当于购买,不免征相应的增值税。这项免税项目的设置有利于降低援助物资运输和通关的成本、促进和加强国际间的友好合作。

6. 由残疾人的组织直接进口供残疾人专用的物品,残疾人个人提供的服务免征增值税

一方面,该项目适用前提是由"残疾人的组织直接进口"且必须"供残疾人专用",这种免税方式有利于降低残疾人专用物品的价格,使更多的残疾人能够负担得起这些稀缺物品,进而能够有效提高残疾人的生活质量,使他们更好地康复和融入社会。另一方面,当今社会还面临着推动残疾人就业的需求,对残疾人个人提供的服务免征增值税能够促进残疾人创业和就业,为残疾人的价值体现提供更多的机会和激励。

7. 托儿所、幼儿园、养老机构、残疾人服务机构提供的育养服务,婚姻介绍服务,殡葬服务免征增值税

根据本款规定,托儿所、幼儿园提供的保育和教育服务等获得的收入免征增值税;婚姻介绍服务是指婚姻介绍机构应征婚者需求提供服务、进行专业的匹配和筛选,为他们提供最有效的婚恋帮助的过程,对其免征增值税有利于降低婚姻介绍服务成本,为婚姻介绍服务机构提供了更多的发展空间和潜力,有助于提升我国的结婚率;养老机构为老年人提供的食宿服务、康复保健服务、医疗服务等养老服务获得的收入免征增值税;残疾人服务机构提供的残疾人康复、职业训练、劳动就业等育养服务的收入免征增值税;殡葬服务,包括丧葬用品的销售、告别仪式的服务等方面的收入也免征增值税。

8. 学校提供的学历教育服务,学生勤工俭学提供的服务免征增值税

学历教育,是指受教育者经过国家教育考试或者国家规定的其他入学方式,进入国家有关部门批准的学校或者其他教育机构学习,获得国家承认的学历证书的教育形式,包括小学、初中、高中、专科教育、本科教育、研究生教育等。这类服务旨在减轻学生和家庭的经济负担,促进教育的普及和可及性,属于公益性质的活动,因此可以享受免征增值税政策。勤工俭学,是指学校组织由学生个人从事的有酬劳动,这种活动能够鼓励学生以劳动方式参加勤工俭学活动,也能在一定程度上降低困难学生的负担,因此应当予以免税。

9. 纪念馆、博物馆、文化馆、文物保护单位管理机构、美术馆、展览馆、书画院、图书馆举办文化活动的门票收入,宗教场所举办文化、宗教活动的门票收入免征增值税

该项目属于新增内容,主要目的在于推广文化、提升人民精神文化生活水平或提供宗教服务,对其免征增值税可以降低这些机构的运营成本,使其能够更好地履行公益使命、扩大影响力、推动社会进步。

10. 具体标准

《增值税法》第 24 条第 2 款规定,免税项目具体标准由国务院规定。

理解适用

税收优惠,是指为了配合国家在一定时期内的政治、经济和社会发展的总目标,在税收方面相应采取的鼓励和照顾措施,是国家对宏观和微观经济进行干预的重要手段。从整个增值税的税收优惠来看,大概可以划分为税基式减免、税率式减免和税额式减免这3种类型。其中税基式减免是指通过直接缩小计税依据的方式实现减税免税,如《增值税法》规定对小规模纳税人销售额未达到起征点的,可免征增值税;税率式减免是指直接通过降低税率的方式实现减税免税;税额式减免则是指通过直接减少应纳税额的方式实现减税免税,包括全部免征、减半征收、核定减免率等。

对于增值税来说,由于其具有公平、中性、简便、普遍征收的特征,对增值税实行过多的税优惠将破坏其税制特征,不利于其作用的发挥。具体而言,一是过多的税收优惠有悖税收中性原则,容易破坏增值税的链条机制、搅乱税收分配秩序,同时也将加大实际操作的难度,增加征管漏洞。二是过多的税收优惠将直接减少国家财政收入,税收的目的是组织财政收入,但其客观上具有调节财富分配和经济活动的效果,而税收优惠是国家利用税收调节经济活动的具体表现。但这种调节机制的对象范围应该是相对局限的、特定的,不能被过度扩张,否则容易带来政府公共财政的危机和难题。三是过多的税收优惠不利于市场机制的正当发挥,容易对正常运行的经济环境造成侵扰,产生无序、恶意的税收竞争。

正是基于此,国家在进行增值税立法时对现行优惠政策进行了全面整合和清理,从法定的免税项目和授权的税收优惠项目两个方面保留了增值税的税收优惠制度。从《增值税法》第24条的立法规定来看,其呈现出以下几个方面的特征。

1. 增值税免税项目的法定性要求

税收优惠可能造成税负不公、偏离中性原则的问题,因此需要受到税收法定原则的约束。根据《立法法》第11条的规定,税种的设立、税率的确定和税收征收管理等税收基本制度事项只能制定法律。而根据《税收征收管理法》第3条第1款的规定,税收的减免必须由法律规定,或者法律授权国务院规定的,由国务院制定行政法规规定。《增值税法》第24条规定的便是法定的优惠项目,将免税项目以"法定形式"确定、规范下来,成为税收法定原则在税收优惠领域的具体体现。

2. 增值税免税项目构成的多样性

就税收优惠的方式来看,其主要包括税基式、税率式、税额式等不同类型,此外还有时间上的优惠,比如分期缴纳或缓缴税款等。根据税收优惠的直接目的,又可以将其划分为照顾类的税收优惠和鼓励类的税收优惠。从增值税的免税项目构成来看,其主要是一种税基式的减免,即通过直接缩小计税依据的方式以实现减免税。从增值税免税项目的构成来看,既包括销售商品的免税,如农业生产者销售的自产农产品、古旧图书、进口仪器、进口物资、设备等,又包括销售服务的免税,包括医疗服务、育养服务、婚姻介绍服务、殡葬服务、教育服务等。有的属于照顾类的免税项目,如针对残疾人的组织直接进口供残疾人专用的物品,学生勤工俭学提供的服务等。有的属于鼓励类免税项目,如婚姻介绍服务仍然在税法鼓励之列,古旧图书、自然人销售的自己使用过的物品也属于典型的鼓励类增值税免税项目。从增值税免税项目的比例来看,属于照顾类的税收优惠项目居多。

3. 增值税免税项目的标准由国务院来规定

《立法法》第11条在明确税收法定原则的同时,也在第12条中规定了授权立法的条件和程序,指出当《立法法》第11条规定的事项尚未制定法律的,全国人民代表大会及其常务委员会有权作出决定,授权国务院可以根据实际需要,对其中的部分事项先制定行政法规。对此,《增值税法》第24条第2款提出增值税免税项目的标准由国务院来规定。与

2017年《增值税暂行条例》第15条第2款规定的,"除前款规定外,增值税的免税、减税项目由国务院规定。任何地区、部门均不得规定免税、减税项目"。不同的是,《增值税法》第24条第2款改变了"增值税的免税、减税项目由国务院规定"的做法,明确免征增值税的项目需要遵循税收法定原则,但"免税项目的具体标准"可以由国务院规定,体现出免税项目的适用张力,这便能够较好地处理好法定性与税收制度灵活性之间的矛盾,通过"授权立法"的方式让国务院来根据经济社会发展的实际情况把握增值税免税项目的标准,实现增值税免税项目的适度调节。

/ 新旧对比

表31 免征增值税项目条款的变化

《增值税暂行条例》（2017年修订）	财税〔2016〕36号文件附件3《营业税改征增值税试点过渡政策的规定》	《增值税法（征求意见稿）》	《增值税法（草案一次审议稿）》	《增值税法（草案二次审议稿）》	《增值税法》
第十五条 下列项目免征增值税： （一）农业生产者销售的自产农产品； （二）避孕药品和用具；	一、下列项目免征增值税： （一）托儿所、幼儿园提供的保育和教育服务。 …… （四十）军队转业干部就业。 ……	第二十九条 下列项目免征增值税： （一）农业生产者销售的自产农产品； （二）避孕药品和用具； （三）古旧	第二十二条 下列项目免征增值税： （一）农业生产者销售的自产农产品，农业机耕、排灌、病虫害防治、植物	第二十三条 下列项目免征增值税： （一）农业生产者销售的自产农产品，农业机耕、排灌、病虫害防治、植物	第二十四条 下列项目免征增值税： （一）农业生产者销售的自产农产品，农业机耕、排灌、病虫害防治、植物

续表

《增值税暂行条例》（2017年修订）	财税〔2016〕36号文件附件3《营业税改征增值税试点过渡政策的规定》	《增值税法（征求意见稿)》	《增值税法（草案一次审议稿)》	《增值税法（草案二次审议稿)》	《增值税法》
(三)古旧图书； (四)直接用于科学研究、科学试验和教学的进口仪器、设备； (五)外国政府、国际组织无偿援助的进口物资和设备； (六)由残疾人的组织直接进口供残疾人专用的物品； (七)销售的自己使用过的物品。 除前款规定外,增值税的免税、减税项目		图书； (四)直接用于科学研究、科学试验和教学的进口仪器、设备； (五)外国政府、国际组织无偿援助的进口物资和设备； (六)由残疾人的组织直接进口供残疾人专用的物品； (七)自然人销售的自己使用过的物品； (八)托儿所、幼儿园、养老院、残疾	保护、农牧保险以及相关技术培训业务,家禽、牲畜、水生动物的配种和疾病防治； (二)避孕药品和用具,医疗机构提供的医疗服务； (三)古旧图书,自然人销售的自己使用过的物品； (四)直接用于科学研究、科学试验和教学的进口仪器、设备； (五)外国	保护、农牧保险以及相关技术培训业务,家禽、牲畜、水生动物的配种和疾病防治； (二)避孕药品和用具,医疗机构提供的医疗服务； (三)古旧图书,自然人销售的自己使用过的物品； (四)直接用于科学研究、科学试验和教学的进口仪器、设备； (五)外国	保护、农牧保险以及相关技术培训业务,家禽、牲畜、水生动物的配种和疾病防治； (二)医疗机构提供的医疗服务； (三)古旧图书,自然人销售的自己使用过的物品； (四)直接用于科学研究、科学试验和教学的进口仪器、设备； (五)外国政府、国际组织无

续表

《增值税暂行条例》(2017年修订)	财税〔2016〕36号文件附件3《营业税改征增值税试点过渡政策的规定》	《增值税法(征求意见稿)》	《增值税法(草案一次审议稿)》	《增值税法(草案二次审议稿)》	《增值税法》
由国务院规定。任何地区、部门均不得规定免税、减税项目。		人福利机构提供的育养服务,婚姻介绍,殡葬服务;(九)残疾人员个人提供的服务;(十)医院、诊所和其他医疗机构提供的医疗服务;(十一)学校和其他教育机构提供的教育服务,学生勤工俭学提供的服务;(十二)农业机耕、排灌、病虫害防治、植物保护、	政府、国际组织无偿援助的进口物资和设备;(六)由残疾人的组织直接进口供残疾人专用的物品,残疾人个人提供的服务;(七)托儿所、幼儿园、养老机构、残疾人福利机构提供的育养服务,婚姻介绍,殡葬服务;(八)学校提供的学历教育服务,学生勤工俭学	政府、国际组织无偿援助的进口物资和设备;(六)由残疾人的组织直接进口供残疾人专用的物品,残疾人个人提供的服务;(七)托儿所、幼儿园、养老机构、残疾人福利机构提供的育养服务,婚姻介绍服务,殡葬服务;(八)学校提供的学历教育服务,学生	偿援助的进口物资和设备;(六)由残疾人的组织直接进口供残疾人专用的物品,残疾人个人提供的服务;(七)托儿所、幼儿园、养老机构、残疾人服务机构提供的育养服务,婚姻介绍服务,殡葬服务;(八)学校提供的学历教育服务,学生勤工俭学提供的

续表

《增值税暂行条例》(2017年修订)	财税〔2016〕36号文件附件3《营业税改征增值税试点过渡政策的规定》	《增值税法（征求意见稿)》	《增值税法（草案一次审议稿)》	《增值税法（草案二次审议稿)》	《增值税法》
		农牧保险以及相关技术培训业务,家禽、牲畜、水生动物的配种和疾病防治；(十三)纪念馆、博物馆、文化馆、文物保护单位管理机构、美术馆、展览馆、书画院、图书馆举办文化活动的门票收入,宗教场所举办文化、宗教活动的门票收入；	提供的服务；(九)纪念馆、博物馆、文化馆、文物保护单位管理机构、美术馆、展览馆、书画院、图书馆举办文化活动的门票收入,宗教场所举办文化、宗教活动的门票收入。前款规定的免税项目具体标准由国务院规定。	勤工俭学提供的服务；(九)纪念馆、博物馆、文化馆、文物保护单位管理机构、美术馆、展览馆、书画院、图书馆举办文化活动的门票收入,宗教场所举办文化、宗教活动的门票收入。前款规定的免税项目具体标准由国务院规定。	服务；(九)纪念馆、博物馆、文化馆、文物保护单位管理机构、美术馆、展览馆、书画院、图书馆举办文化活动的门票收入,宗教场所举办文化、宗教活动的门票收入。前款规定的免税项目具体标准由国务院规定。

续表

《增值税暂行条例》(2017年修订)	财税〔2016〕36号文件附件3《营业税改征增值税试点过渡政策的规定》	《增值税法(征求意见稿)》	《增值税法(草案一次审议稿)》	《增值税法(草案二次审议稿)》	《增值税法》
		(十四)境内保险机构为出口货物提供的保险产品。			

• 典型案例 •

武威金苹果农业股份有限公司与国家税务总局武威市凉州区税务局其他行政行为案[①]

1. 基本案情

原告武威金苹果农业股份有限公司(以下简称金苹果公司)不服被告国家税务总局武威市凉州区税务局(以下简称凉州区税务局)作出的凉税通〔2020〕1号税务事项通知,于2020年6月16日向甘肃省武威市凉州区人民法院起诉。

根据《财政部 国家税务总局关于若干农业生产资料征免增值税政策的通知》(财税〔2001〕113号)的有关规定,金苹果公司向凉州区税务局提出减免税申请,根据《增值税暂行条例》第15条的规

[①] 参见甘肃省武威市凉州区人民法院行政判决书,(2020)甘0602行初48号。

定,原凉州区国税局依据金苹果公司的申请分别作出审批,同意减免金苹果公司相应年度的种子销售增值税。2012 年 7 月 18 日,原凉州区国税局向金苹果公司发出纳税评估实地调查通知书,金苹果公司经自查确认,2011 年应补缴增值税 58,076.38 元。次月,原凉州区税务局向金苹果公司发出加收滞纳金通知书,载明金苹果公司从滞纳税款之日起至缴纳或解缴税款 2012 年 8 月 7 日止,滞纳税款共 202 天,按日加收 0.05% 的滞纳金计 5865.71 元。同日,金苹果公司缴纳了此笔增值税税款和滞纳金,凉州区税务局开具了税收通用缴款书。

2019 年 8 月 21 日,金苹果公司向凉州区税务局提出申请,要求凉州区税务局退还其 2010 年 1 月 14 日至 2014 年 1 月 7 日缴纳的(税款所属时期为 2009 年 12 月 1 日至 2013 年 12 月 31 日)增值税 163,882.62 元、滞纳金 5865.71 元及利息。凉州区税务局决定不予退税。金苹果公司不服,向国家税务总局武威市税务局申请复议。2019 年 12 月 6 日,国家税务总局武威市税务局作出决定,责令凉州区税务局对金苹果公司申请退还多缴增值税 163,882.62 元、滞纳金 5865.71 元及其利息的请求重新作出具体行政行为。

2020 年 1 月 6 日,凉州区税务局作出税务事项通知书,主要内容为金苹果公司申请退税时已经超过了 3 年的申请期限,不符合申请退还税款的法定条件,驳回金苹果公司的申请。金苹果公司对该税务事项通知书不服,于 2020 年 6 月 16 日向甘肃省武威市凉州区人民法院起诉。

甘肃省武威市凉州区人民法院经过审理认为,根据《税收征收管理法》第 51 条的规定,退还多缴纳税款有两种情形:一种情形是税务机关发现的,应当立即退还;另一种情形是纳税人自结算缴纳税款之日起3年内发现的,纳税人可以向税务机关要求退还多缴纳的税款并加算银行同期存款利息。本案中,原告申请退还的是2010年1月14日至2014年1月7日其缴纳的增值税163,882.62元、滞纳金5865.71元及其利息。退税事由属于自行发现的情形,原告应当在结算缴纳税款之日起3年内向被告提出退税申请,而原告于2019年8月21日向被告提出退税申请,已经超过法律规定的3年期限。庭审中,被告明确表示本案所涉及的税款不属于原告多缴纳的税款,且未发现原告多缴纳税款。据此,被告作出凉税通〔2020〕1号税务事项通知书,决定驳回原告的申请,并无不当。

2. 争议焦点

金苹果公司是否能够退回多征的增值税税款、滞纳金和利息?

3. 案情分析

《增值税暂行条例》第15条第1项规定,"农业生产者销售的自产农产品"免征增值税(现《增值税法》第24条规定,"农业生产者销售的自产农产品,农业机耕、排灌、病虫害防治、植物保护、农牧保险以及相关技术培训业务……"免征增值税),原凉州区国税局依据金苹果公司的申请分别作出审批,已经同意减免金苹果公司2012年度、2013年度、2014年度的种子销售增值税。根据我国税法的相关规定,农业生产者包括从事农业生产的单位和个人;农业产品是指种植业、养殖业、林业、牧业、水产业生产的各类植物、动物的初级产品。因此,从实体税收法定的角度看,金苹果公司属于农业生产者的范围,其所从事的种子销售也属于初级产品,符合免征增值税的法律规定。但从退税的程序法依据看,根据《税收征收管理法》第51

条的规定,纳税人应当在结算缴纳税款之日起 3 年内向税务机关提出退税申请,金苹果公司申请退税已经超出了规定期限,从退税程序的角度来看,已经超出了法定的时间要求。

相关规定

1.《立法法》第 11 条;
2.《增值税法》第 1 条、第 2 条、第 24 条;
3.《税收征收管理法》第 8 条、第 51 条;
4.《增值税暂行条例》第 3 条、第 15 条。

第二十五条 【专项优惠政策】

条文

根据国民经济和社会发展的需要,国务院对支持小微企业发展、扶持重点产业、鼓励创新创业就业、公益事业捐赠等情形可以制定增值税专项优惠政策,报全国人民代表大会常务委员会备案。

国务院应当对增值税优惠政策适时开展评估、调整。

条文主旨

本条明确规定国务院有权对支持小微企业发展、扶持重点产业、鼓励创新创业就业、公益事业捐赠等情形制定税收优惠政策,进而通过对优惠政策的范围限定限制了增值税专项优惠政策的实施范围。出于对增值税所具有的税收中性特征的考虑,增值税不宜规定过多的税收优惠,但与此同时,增值税又兼顾"贯彻落实党和国家路线方针政策、决策部署,为国民经济和社会发展服务"的目的。本条通过对"授权范围"的限定,一方面可以实现增值税的社会调控目的,反映出增值税税收优惠的重点政策导向是小微企业、重点产业、创业就业、公益事业四大领域;另一方面则以法定的程序限定了增值税专项优惠政策的范围,可以防范税收优惠政策被滥用,有利于贯彻税收公平原则。

条文释义

　　税收优惠制度的本质在于赋予具有可税性的征税对象以低于标准税收的税负。增值税的税收优惠的前提条件是征税对象具有可税性,为了使某些特殊的征税对象不被纳税或减轻税负,国家在法定的增值税免税项目之外,还通常以部门规章、规范性文件等方式出台增值税的专项优惠政策。根据 2017 年《增值税暂行条例》第 15 条第 2 款的规定,除法定的免税项目规定外,增值税的免税、减税项目由国务院规定。但在实践中,有些政策是由国务院规定的;有些是经国务院批准由财政部、国家税务总局颁发文件规定的;还有些则是由财政部、国家税务总局联合或单独颁布的,并未明确是否经过国务院批准,带来了免税项目规范无序的现象。《增值税法》第 25 条规定,在第 24 条规定的"法定免税"制度基础上,国务院可以制定增值税专项优惠政策,以及国务院可以制定增值税专项优惠政策的适用情形和具体程序,并要求国务院应当对增值税专项优惠政策适时开展评估和调整,这更加符合税收法定原则的要义,也能实现税收调控的目的。

1. 适用的前提:根据国民经济和社会发展的需要

　　《增值税法》第 2 条规定,增值税税收工作"应当贯彻落实党和国家路线方针政策、决策部署,为国民经济和社会发展服务"。本条将"根据国民经济和社会发展的需要"作为立法原则予以宣示性规定,反映了增值税对社会经济的调节作用,也体现了增值税立法的社会责任。《增值税法》第25条的规定根据该项原则明确了增值税专项优惠政策的前提是"根据国民经济和社会发展的需要",正是落实增值税立法原则的要求。

2. 适用的情形:支持小微企业发展、扶持重点产业、鼓励创新创业就业、公益事业捐赠

与《增值税法(草案一次审议稿)》第23条相比,《增值税法(征求意见稿)》第30条虽授权国务院根据国民经济和社会发展的需要,或者由于突发事件等原因对纳税人经营活动产生重大影响,制定增值税专项优惠政策,但未明确相关范围。《增值税法(草案二次审议稿)》第24条则有明显进步,规定国务院能够制定增值税专项优惠政策的范围为"支持小微企业发展、扶持重点产业、鼓励创业就业等",通过列举式说明的方式对增值税专项税收优惠的适用范围作了方向性的限定。《增值税法》第25条在此前的《增值税法(草案二次审议稿)》基础上,将可以制定增值税专项优惠政策的范围从3项拓展为4项,将"鼓励创业就业"调整为"鼓励创新创业就业",并增加"公益事业捐赠"情形,更强调了增值税专项优惠政策对经济社会的调控作用。值得关注的是,在增值税立法之前,我国已经为支持小微企业发展、扶持重点产业、鼓励创新创业就业发布了多项增值税的税收优惠政策,如财政部、国家税务总局《关于进一步支持小微企业和个体工商户发展有关税费政策的公告》(财政部 税务总局公告2023年第12号)、财政部、国家税务总局、科技部、教育部《关于科技企业孵化器 大学科技园和众创空间税收政策的通知》(财税〔2018〕120号)、《财政部 海关总署 税务总局关于"十四五"期间支持科技创新进口税收政策的通知》(财关税〔2021〕23号)等。此次立法还增加了对公益事业捐赠的免税优惠政策,通过免税政策,一方面,可以引导社会资金向公益事业流动,从而实现资源的合理配置;另一方面,能够降低捐赠者的税收负担,促进社会公平,进而激发社会各界对公益事业的热情和支持。需要注意的是,此次立法虽以"列举式"方法强调国家所制定的增值税专项优惠政策应以这些领域为核心,但可以制定的专项优惠政策并不限于这4种情形,该条通过一个"等"字的不完全列举方式,为国务院制定其他增值税专项优惠政策预留了空间,凸显了立法的技术性。

3. 适用的程序:国务院制定+全国人民代表大会常务委员会备案

《增值税法》第25条规定,国务院在制定增值税专项优惠政策后,报全国人民代表大会常务委员会备案。这是《立法法》的规定和税收法定原则在本法中的具体体现,根据《立法法》第12条的规定,对于《立法法》第11条规定的事项尚未制定法律的,全国人民代表大会及其常务委员会有权作出决定,授权国务院可以根据实际需要,对其中的部分事项先制定行政法规。《立法法》第13条第1款规定,授权决定应当明确授权的目的、事项、范围、期限以及被授权机关实施授权决定应当遵循的原则等。《增值税法》第25条通过确立授权国务院对支持小微企业发展、扶持重点产业、鼓励创新创业就业、公益事业捐赠等情形可以制定增值税专项优惠政策,并报全国人民代表大会常务委员会备案的程序,进一步规范相关税收立法的授权条款和国务院授权立法的程序要求。

4. 效果的评估:国务院应对增值税专项优惠政策适时开展评估和调整

与此前的《增值税法(草案一次审议稿)》第23条、《增值税法(草案二次审议稿)》第24条相比,《增值税法》第25条还专门增设了一款"国务院对增值税优惠政策适时开展评估、调整"。之所以增设这一条款,主要原因是增值税专项优惠政策过多将影响增值税公平,并影响抵扣链条的顺畅运行,因此需要根据经济社会的发展情况来适当加以评估和动态调整,以防止税收优惠的滥用扭曲资源配置。例如,增值税的税收优惠是否提高了企业经济效益、是否促进了创新、是否能够合理引导投资方向?这些都需要得到合理评估,评估的要点包括政策的覆盖面、政策的执行力度和执行效果等,以此确保税法的灵活性和适应性,并根据不同时期的经济发展状况适用不同的税收优惠政策,及时取消不合理的税收优惠政策。

理解适用

按照在税法中的地位分类,税收优惠可分为法定的减免、特定的减免、临时的减免。(1)法定的减免,是指各税种的基本法规定的减免税,可长期适用。(2)特定的减免,是指根据涉税经济情况发展变化和税收调节作用的发挥而规定的减免税。其出现的原因有二:一方面,在税收的基本法确定后,由于国家政治经济情况的发展变化所作的减免税补充规定;另一方面,由于税收基本法中不能或不宜一一列举,而采用补充规定的减免税形式。[①] 例如,我国以往的相关制度中就存在增值税应纳税额的扣减、加计抵减以及增值税的即征即退和先征后退优惠。应纳税额的扣减,是指按规定在增值税应纳税额基础上,直接扣减一定限额的应纳税额,从而直接减少企业增值税的应纳税额。如财政部、国家税务总局、退役军人部《关于进一步扶持自主就业退役士兵创业就业有关税收政策的通知》(财税〔2019〕21号)便规定了针对退役士兵创业就业的应纳税额扣减政策。应纳税额的加计抵减,是指纳税人按照当期可抵扣的进项税额的一定比例,加计递减应纳税额。如财政部、国家税务总局、海

[①] 参见杜春法:《增值税新政策新业务大全》,立信会计出版社2022年版,第487页。

关总署《关于深化增值税改革有关政策的公告》(财政部 税务总局 海关总署公告2019年第39号)便规定了有关生产、生活性服务业的加计递减政策。增值税的即征即退优惠,是指纳税人对按照税法规定缴纳的税款,由税务机关在征税时部分或全部退还纳税人的一种税收优惠。如《财政部 国家税务总局关于软件产品增值税政策的通知》(财税〔2011〕100号)规定,销售软件产品可实行即征即退的优惠政策。增值税的先征后退优惠,是指根据税法规定缴纳的税款,由税务机关征收入库后,再由税务机关或财政部门按规定的程序给予部分或全部退税或返还已纳税款的一种税收优惠。又如,《财政部 税务总局关于延续宣传文化增值税优惠政策的公告》(财政部、税务总局公告2021年第10号)规定,我国对符合条件的出版物在出版环节实行一定比例的先征后退优惠政策。(3)临时的减免,是指除法定的减免和特定的减免之外的其他临时性的减免税措施。

在落实税收法定原则的基础上建立现代增值税制度,是我国自党的十八届三中全会以来"构建更现代更科学税收体系"的应有之义,既是税制改革的重要方向和目标,也是保障纳税人合法权益、提高税法确定性和透明度、促进公平正义的必要条件。《增值税》第25条通过进一步明确授权国务院制定增值税专项优惠政策的范围和要求,进一步强化税收法定原则的适用,规范税收授权性规则约束的要求。同时,借助增值税专项优惠政策的制定,使国务院作为我国的最高国家行政机关能够借助税收的手段对经济实行必要的干预,体现了立法灵活性和适应性的结合。

1. 专项增值税税收优惠的制定符合税收法定原则

按照《立法法》有关税收法定原则和授权立法的规定,本条进一步明确了授权国务院制定增值税专项优惠政策的范围和要求,是对税收法定原则的根本遵循。我国逐步实现将税收基本制度的确定权力归由全国人大行使,但同时也需要为"税种的设立、税率的确定和税收征收管理等税收基本制度"以外的事项设定必要的授权立法空间。综观整个增值税的立法,现已将视同应税交易的兜底情形认定,按照差额计算销售额的特殊情况,扣税凭证范围认定等条款中对国务院财政、税务主管部门的授权性规定,调整或者明确为依照法律、行政法规或者国务院的规定确定。本条亦顺应了立法变化的整体趋势,明确授权国务院对支持小微企业发展、扶持重点产业、鼓励创新创业就业、公益事业捐赠等情形可以制定增值税专项优惠政策。

2. 专项增值税税收优惠的制定符合税收社会政策原则

税收社会政策原则,是指税收制度的建设必须体现党和国家的财政、经济、政治和社会政策要求,必须以党和国家的经济政策为依据并服务于政策的原则体系。税收社会政策原则是我国进行税制改革的重要原则,也是我国用以推行各种社会政策的重要手段之一,其在《增值税法》第 2 条中的确立,实质上实现了税收调节职能的法律原则化。遵循这一原则,我国可以更好地助推特殊经济社会目的的实现,有利于更好地贯彻税收公平原则,推动企业之间的平等竞争,也有助于企业以社会政策为基础健康发展,从而让企业享受必要的税收优惠政策,减少税收差别及税收歧视行为的发生。《增值税法》第 25 条明确规定,要"根据国民经济和社会发展的需要"来制定增值税专项优惠政策,且制定的主要范围限定在"支持小微企业发展、扶持重点产业、鼓励创新创业就业、公益事业捐赠等情形",这能够保持增值税政策的灵活性和适应性,满足国民经济和社会发展需要,实现公共利益的最大化。

3. 专项增值税税收优惠的制定符合税收中性原则的要求

立法不仅是总结实践经验、巩固改革成果,同时还要发挥做好顶层设计、推动改革的作用,特别是要对经济社会发展作出回应,进行前瞻性、创新性的规定。目前,从我国整体经济发展的方向来看,小微企业、重点产业、创新创业就业以及公益事业对经济社会发展关系重大,也是需要重点扶持的领域。新增规定让税收优惠更加"有的放矢",体现了对产业的引领和推动作用,这是经济发展的大势所趋、改革所向。但与此同时,税收中性原则要求不能使税收超越市场机制而成为资源配置的决定因素,尽量减少税收对市场经济正常运行的干扰。相比以往的增值税税收优惠政策,本次专项增值税税收优惠的立法在很大程度上限缩了税收优惠的范围,通过授权范围的限制来防止优惠政策的随意性。

新旧对比

表32　专项优惠政策条款的变化

《增值税暂行条例》	《增值税法》（征求意见稿）》	《增值税法》（草案一次审议稿）》	《增值税法》（草案二次审议稿）》	《增值税法》
第十五条第二款　除前款规定外,增值税的免税、减税项目由国务院规定。任何地区、部门均不得规定免税、减税项目。	第三十条　除本法规定外,根据国民经济和社会发展的需要,或者由于突发事件等原因对纳税人经营活动产生重大影响的,国务院可以制定增值税专项优惠政策,报全国人民代表大会常务委员会备案。	第二十三条　根据国民经济和社会发展的需要,国务院可以制定增值税专项优惠政策,报全国人民代表大会常务委员会备案。	第二十四条　根据国民经济和社会发展的需要,国务院对支持小微企业发展、扶持重点产业、鼓励创新创业就业等情形可以制定增值税专项优惠政策,报全国人民代表大会常务委员会备案。	第二十五条　根据国民经济和社会发展的需要,国务院对支持小微企业发展、扶持重点产业、鼓励创新创业就业、公益事业捐赠等情形可以制定增值税专项优惠政策,报全国人民代表大会常务委员会备案。国务院应当对增值税优惠政策适时开展评估、调整。

第四章 税收优惠

• 典型案例 •

上海山鹰环保科技有限公司因不予退税决定及行政复议决定案[①]

1. 基本案情

上诉人上海山鹰环保科技有限公司(以下简称山鹰公司)因不予退税决定及行政复议决定一案,不服上海铁路运输法院(2018)沪7101行初10号行政判决,向上海市第三中级人民法院提起上诉。

2015年8月10日,山鹰公司将活性二氧化硅微粉进行技术合同登记。2016年9月5日,原上海市静安区国家税务局(以下简称原静安国税局)对山鹰公司申请技术转让、技术开发免征增值税优惠事项予以受理,并进行了纳税人减免税备案登记,山鹰公司享受技术转让、技术开发免征增值税优惠,减免期限为2015年5月1日至2016年4月30日和2016年5月1日至2018年12月31日。2017年2月10日,原静安国税局税务代扣款系统扣划山鹰公司2015年12月、2016年3月、2016年5月、2016年8月、2016年11月、2016年12月的增值税及滞纳金合计人民币(以下币种同)109,987.07元。

2017年2月17日,山鹰公司向原静安国税局申请退还上述增值税税款和滞纳金。原静安国税局于同日受理,并于2017年3月10日要求山鹰公司提交发票等材料。山鹰公司陆续补充提交了增值

[①] 参见上海市第三中级人民法院行政判决书,(2018)沪03行终526号。

税专用发票及《军队国防工程活性硅粉采购合同》《军队国防工程矿渣粉采购合同》《3256-3 工程活性二氧化硅微粉采购合同》《产品供应合同》4 份合同等申请材料。原静安国税局经审查,认为上述合同并非技术转让、技术开发和与之相关的技术咨询、技术服务合同,且未进行减免税备案登记,由此产生的收入不符合免征增值税条件,不同意山鹰公司的退税申请。

山鹰公司不服,申请行政复议。原上海市国家税务局维持了原决定。山鹰公司诉至上海铁路运输法院,请求判决撤销被诉通知书和被诉复议决定,并责令原静安国税局退还山鹰公司增值税税款及滞纳金合计 109,987.07 元。上海铁路运输法院认为,根据《税收征收管理法实施细则》第 78 条第 1 款的规定,纳税人发现多缴税款,要求退还的,税务机关应当自接到纳税人退还申请之日起 30 日内查实并办理退还手续。原静安国税局未在接到山鹰公司退还申请 30 日内查实并办理退还手续,且未在合理的期限内将被诉通知书送达山鹰公司,行政程序轻微违法。山鹰公司主张其于 2016 年 9 月 5 日经纳税人减免税备案登记而享有技术转让、技术开发免征增值税优惠,且提交的《军队国防工程活性硅粉采购合同》等 4 份相关合同属于技术服务合同,应当免征增值税,原静安国税局应退还相应增值税及滞纳金。根据《营业税改征增值税试点过渡政策的规定》第 1 条第 26 项的规定,纳税人提供技术转让、技术开发和与之相关的技术咨询、技术服务,免征增值税,并规定,"1. 技术转让、技术开发,是指《销售服务、无形资产、不动产注释》中'转让技术''研发服务'范围内的业务活动。技术咨询,是指就特定技术项目提供可行性论证、技术预测、专题技术调查、分析评价报告等业务活动。与技术转让、技术开发相关的技术咨询、技术服务,是指转让方(或者受托方)根据技术转让或者开发合同的规定,为帮助受让方(或者委托方)掌握所转让(或者委托开发)的技术,而提供的技术咨询、技术服务业务,且这部分技术咨询、技术服务的价款与技术转让或者技术开发的价款应当在同一张发票上开具。2.备案程序。试点纳税人申请免征增值税时,须持技术转让、开发的书面合同,到纳税人所在地省级科技主管部门进行认定,并持有关的书面合同和科技主管部门审核意见证明文件报主管税务机关备查"。根据上述规定,山鹰公司向原静安国税局申请退税提供的《军队国防工程活性硅粉采购合同》等4份合同,并非技术转让、技术开发和与之相关的技术咨询、技术服务合同,亦未经原静安国税局减免税备案登记,故不符合技术转让、技术开发免征增值税优惠条件。原静安国税局作出的不予退税决定,认定事实清楚,适用法律正确。据此,上海铁路运输法院判决确认被诉通知书违法,撤销被诉复议决定并驳回山鹰公司的其他诉讼请求。山鹰公司不服继续提起上诉。

2. 争议焦点

山鹰公司的退税申请所涉税款是否属于免征增值税范畴?

3. 案情分析

《财政部 税务总局关于将铁路运输和邮政业纳入营业税改征增值税试点的通知》(财税〔2013〕106号文,于2014年1月1日起施行,于2016年5月1日废止)其附件3——《营业税改征增值税试点过渡政策的规定》第1点第4项规定,试点纳税人提供技术转让、技术开发和与之相关的技术咨询、技术服务项目,免征增值税。《财政

部 税务总局关于全面推开营业税改征增值税试点的通知》(财税〔2016〕36号文)延续了《财政部 税务总局关于将铁路运输和邮政业纳入营业税改征增值税试点的通知》对于纳税人提供技术转让、技术开发和与之相关的技术咨询、技术服务免征增值税的规定,并作进一步明确。因此,本案的关键在于山鹰公司提交的《军队国防工程活性硅粉采购合同》等4份合同是否属于技术服务合同,是否应当免征增值税?从案件事实来看,山鹰公司虽与案外人贵州海天铁合金磨料有限责任公司就已取得发明专利的活性二氧化硅微粉的试验、检测等签订技术服务合同,并因此取得技术转让、技术开发免征增值税优惠事项的备案登记,但此次申请要求免征的增值税所依据的是其与部队等单位签订的活性二氧化硅微粉等4份采购合同,合同约定由供方山鹰公司向需方提供二氧化硅微粉等货物,约定的内容包括交付货物的规格型号、价格、数量、包装、交货及结算方式等,在本质上属于买卖合同而非技术转让、技术开发和与之相关的技术咨询、技术服务的范畴,因此,不能享受免征增值税的优惠。

相关规定

1.《立法法》第11条、第12条、第13条;

2.《增值税法》第1条、第2条、第24条、第25条;

3.《税收征收管理法》第3条、第8条;

4.《增值税暂行条例》第15条;

5.《税收征收管理法实施细则》第78条。

第二十六条 【兼营增值税优惠项目】

条文

纳税人兼营增值税优惠项目的,应当单独核算增值税优惠项目的销售额;未单独核算的项目,不得享受税收优惠。

条文主旨

本条规定的是增值税优惠项目的单独核算。兼营行为是指纳税人除主营业务外,还从事其他各项业务。在增值税纳税人的生产经营过程中,一些纳税人在从事某些应税商品或服务的同时,还从事着一些属于减免增值税的应税行为。此时,对于兼营不同应税项目的纳税人,应分别核算减免税和没有减免的各项目营业额,这样才能分别确定享受免税的收入和应该征税的收入,将纳税人销售增值税优惠项目的部分从销项额中独立核算出来;如果不能独立核算的,不得享受税收优惠。

条文释义

在增值税纳税人的生产经营过程中,经常存在兼营多项应税销售的行为,也存在同时兼营应税销售行为和免税销售行为的情形。需要说明的是,"兼营"和"混合销售"这两个概念在《增值税法(草案二次审议稿)》中发生了变化,即相比以往的增值税立法,只保留了"兼营",不再保留"混合销售"。《增值税法》第26条延续了这一变化,规定"纳税人兼营增值税优惠项目的,应当单独核算增值税优惠项目的销售额;未单独核算的项目,不得享受税收优惠"。根据该条规定,纳税人兼营增值优惠项目应作如下处理。

1. 适用前提：纳税人兼营增值税优惠项目

总体上，对于不同项目的税收待遇可以概括为应税、免税、退税等，各自适用范围和前提不同，需要加以区分。① 其中，对于兼营不同税率的应税行为，需要分别核算。对此，《增值税法》第 12 条规定，纳税人发生两项以上应税交易涉及不同税率、征收率的，应当分别核算适用不同税率、征收率的销售额；未分别核算的，从高适用税率。对于本条来说，其适用的前提是纳税人兼营增值税优惠项目，是指纳税人生产经营的产品中既包括增值税应税商品或服务，又包括免税商品或服务。对于纳税人在从事应税行为的过程中同时兼营增值税优惠项目的，也需要做单独核算的类似处理。

2. 适用方法：单独核算增值税优惠项目的销售额

单独核算，是指由纳税人对自己的业务进行独立核算，从核算内容上进行区分从而计算出结果，其对应的是"非独立核算"。与混合销售在本质上是一项应税交易相比，兼营的本质是两项以上应税交易。但在实践中，如何判断一项业务是一项交易还是多项交易，现行政策并没有给出清晰的指引。同样，当出现两项以上交易时，哪些属于应税交易，哪些属于免税事项，税务机关往往很难进行判断。尤其是当一项交易是销售方基于一份合同或订单进行，报价为整体报价之时，需要纳税人根据我国会计准则准确地分别核算相关业务的收入，单独核算增值税优惠项目的销售额。

3. 适用后果：未单独核算的项目，不得享受税收优惠

从我国增值税一般纳税人和小规模纳税人的划分来看，判断的标准主要看其会计核算健全与否和经营规模大小情况。其中，会计核算健全

---

① 参见徐汇俊、朱恭平：《增值税不同项目税收待遇处理有差别》，载《注册税务师》2021 年第 5 期。

是其中的一个重要标准,要求纳税人能够按照会计制度和税务机关的要求准确核算增值税进项税额、销项税额和应纳税额。在增值税税收优惠的享受过程中,如果纳税人可以在法定账簿之内分别核算适用不同税率或者征收率应税行为的销售额,从而计算相应的增值税应缴税额,并对特定的减免税事项进行明细核算,准确地计算进销抵扣,则可享受相应的税收优惠;反之,如果纳税人不能单独核算出免税项目的数额,则不得享受相应的税收优惠。

理解适用

随着我国增值税改革的深入以及减税降费力度的加大,我国现行增值税的税收优惠政策呈现多样性的特点,既有免税,又有减税,既有针对所有纳税人的直接减免,又有专属于小规模纳税人的未达起征点免税。而这些增值税的税收优惠政策在 2024 年通过的《增值税法》中以"法定税收优惠"+"专项税收优惠"的方式进行了确立。这意味着,对增值税纳税人来说,无论其纳税人身份如何,即无论是一般纳税人还是小规模纳税人,当符合条件之时均可享受增值税的税收优惠。

而从增值税免税税收优惠的享受来看,有必要对其做单独的会计核算处理。以免税项目为例,其经济实质是国家对纳税人收取的销售额免于计提销项税额,同时要求纳税人应将对应的进项税额作转出。根据《财政部关于印发〈增值税会计处理规定〉的通知》(财会〔2016〕22 号,以下简称 22 号文)的规定,"减免税款"专栏,记录一般纳税人按现行增值税制度规定准予减免的增值税额,对于当期直接减免的增值税,借记"应交税费—应交增值税(减免税款)"科目,贷记损益类相关科目。可以看到,22 号文的处理思路是,将减免的税款单独核算,同时确认损益,以达到国家对纳税人收取的销售额免于计提销项税额的目的。

从中我们可以大致总结出一个减免增值税会计处理的原则:减税免

税部分是否需要价税分离后记入其他收益,要看纳税人向客户收取的款项是否包含增值税。如果向客户收取的款项包含增值税,而且收到后无须向税务机关缴纳,则称为"直接减免",需要价税分离后将减免部分计入其他收益;如果向客户收取的款项不包含增值税,收到款项后也不涉及缴纳增值税,则称为"直接免征",无须进行价税分离,直接将全部款项计入营业收入,无须再单独进行账务处理。而在如何识别纳税人收取的价款是否包含增值税的过程中,则主要根据《发票管理办法》第3条的规定,发票是指在购销商品、提供或者接受服务以及从事其他经营活动中开具、收取的收付款凭证,看所开具的发票是否填列了增值税项目,以此来作为判断交易事实的标准。

基于实质课税原则的要求,要求纳税人在享受增值税税收优惠的过程中对增值税优惠项目进行单独核算,其目的是让纳税人在合法程序和会计制度要求下获得其必要的税收优惠利益。而之所以规定未单独核算的项目不得享受税收优惠,主要是为了更好地保护国家在此过程中的税收利益。税法的精神是根据具体经济业务发生的应税行为,适用不同税率或征收率,如果企业能够在业务发生时,根据各项业务所适用的税率或征收率,准确核算各项业务的销售金额,那么企业可选择相应的税率或征收率进行纳税核算;如果在多税率或征收率的业务发生后,不能或无法分别适用相应税率或征收率核算时,那么企业只能在所涉及的所有税率或征收率中选取最高的税率或征收率进行纳税核算,即税率从高原则。同时,企业也可放弃低税率或征收率及免税、减税,直接以企业最高税率进行纳税核算。换言之,当企业无故少缴或不缴及计算失误少缴相应税款,而税务机关无法从交易过程和会计账簿中将增值税的项目单独核算时,企业将承担整体应税项目收入税率从高计算缴税的后果,以保障国家课税权力与纳税人税收优惠权利之间的平衡。

新旧对比

表33　兼营增值税优惠项目条款的变化

《增值税暂行条例》	《增值税法（征求意见稿）》	《增值税法（草案一次审议稿）》	《增值税法（草案二次审议稿）》	《增值税法》
第十六条　纳税人兼营免税、减税项目的,应当分别核算免税、减税项目的销售额;未分别核算销售额的,不得免税、减税。	第三十一条　纳税人兼营增值税减税、免税项目的,应当单独核算增值税减税、免税项目的销售额;未单独核算的项目,不得减税、免税。	第二十四条　纳税人兼营增值税优惠项目的,应当单独核算增值税优惠项目的销售额;未单独核算的项目,不得享受税收优惠。	第二十五条　纳税人兼营增值税优惠项目的,应当单独核算增值税优惠项目的销售额;未单独核算的项目,不得享受税收优惠。	第二十六条　纳税人兼营增值税优惠项目的,应当单独核算增值税优惠项目的销售额;未单独核算的项目,不得享受税收优惠。

• 典型案例 •

高州市某农业发展有限公司逃避缴纳税款案[①]

1. 基本案情

高州市某农业发展有限公司2019～2021年兼营应税和免税项目,并进行了纳税人减免税备案。然而,由于该公司申报时将大部分销售额申报为免税销售额,在会计账簿上未分别核算应税和免税销售额,造成少缴增值税合计22,210.35元、城市维护建设税合计

[①]　参见国家税务总局茂名市税务局第一稽查局行政处罚决定书,茂税一稽罚〔2023〕4号。

555.26元。根据《税收征收管理法》第63条第1款的规定,国家税务总局茂名市税务局第一稽查局将该行为认定为偷税,对其处以2019~2021年少缴增值税、城市维护建设税税款50%的罚款,罚款金额合计11,382.82元;对该公司以其他凭证代替发票使用的行为,处以2000元罚款。

2. 争议焦点

(1)高州市某农业发展有限公司未分别核算应税和免税销售额,能否享受税收优惠?

(2)其在申报时将大部分销售额申报为免税销售额,是否构成偷税?

3. 案情分析

根据《增值税暂行条例》第16条的规定,纳税人兼营免税、减税项目的,应当分别核算免税、减税项目的销售额;未分别核算销售额的,不得免税、减税。该项规定也为现在的《增值税法》第26条所确认,即纳税人兼营增值税优惠项目的,应当单独核算增值税优惠项目的销售额;未单独核算的项目,不得享受税收优惠。同时,根据《税收征收管理法》第63条第1款的规定,纳税人伪造、变造、隐匿、擅自销毁帐簿、记账凭证,或者在账簿上多列支出或者不列、少列收入,或者经税务机关通知申报而拒不申报或者进行虚假的纳税申报,不缴或者少缴应纳税款的,是偷税。本案中,由于高州市某农业发展有限公司在会计账簿上未分别核算应税和免税销售额,本不得享受免税优惠政策,但其在申报时却将大部分销售额申报为免税销售额,属于在账簿上不列、少列收入的行为,构成逃避缴纳税款的行为,应当根据《税收征收管理法》第63条第1款、《发票管理办法》第33条第6项的规定,在广东省税务系统规范税务行政处罚裁量权的范围内给予处罚。

相关规定

1.《增值税法》第12条、第13条、第24条、第25条、第26条;

2.《税收征收管理法》第8条、第33条、第63条;

3.《发票管理办法》第3条、第33条;

4.《增值税暂行条例》第16条。

第二十七条 【放弃增值税优惠】

条文

> 纳税人可以放弃增值税优惠;放弃优惠的,在三十六个月内不得享受该项税收优惠,小规模纳税人除外。

条文主旨

本条规定的是放弃增值税优惠制度。放弃免税权,是一项允许增值税纳税人放弃税法给予的免税待遇以获得税收抵扣权的法律权利。对于增值税一般纳税人而言,由于其采用的是进销项抵扣的计算方法,出于纳税核算便利性和进项抵扣准确性的考虑,有些纳税人享受增值税的税收优惠反而可能影响纳税人税收抵扣权的实现,因此有必要赋予纳税人在一段时期内按照应税项目来放弃免税的选择权利。《增值税法》第27条规定,纳税人可以放弃增值税优惠,但是,一旦放弃优惠,在36个月内不得享受该项税收优惠,小规模纳税人除外。2011年《增值税暂行条例实施细则》第36条规定,纳税人销售货物或者应税劳务适用免税规定的,可以放弃免税,放弃免税后的36个月内不得再申请免税。此次《增值税法》对"三十六个月内"的规定予以平移确认,并直接将小规模纳税人排除在外,体现了小规模纳税人放弃税收优惠的特殊性,遵循了税收法定原则和公平原则。

条文释义

自《增值税暂行条例》制定以来,我国便有了增值税的免税项目和其他税收优惠条款的规定,但有关纳税人是否能够放弃税收优惠权,是由《增值税暂行条例实施细则》(2008年修订)第36条确立下来的。该条规定:"纳税人销售货物或者应税劳务适用免税规定的,可以放弃免税,依照条例的规定缴纳增值税。放弃免税后,36个月内不得再申请免税。"《增值税法》沿袭了这一制度,将"放弃免税"的表述改为了"放弃增值税优惠",有关制度的设计也有所变化,具体而言,可从以下几个方面予以解释。

1. 纳税人放弃增值税优惠的自愿性

从增值税税收优惠的本质来看,其实际上是国家对特定纳税人或征税对象,给予其减轻或免除税收负担的一种优惠措施。就纳税人而言,这意味着是一种税负减轻的权利。但对有些纳税人,尤其是对具有较多进项税额的纳税人而言,实行增值税的抵扣制度往往得到的税收利益更大,甚至还可以享受大量的增值税留抵退税,此时适当地放弃增值税优惠是一种经济理性的选择。因此,纳税人放弃增值税优惠系建立在纳税人自愿的基础之上,将纳税人具有放弃免税的选择权在《增值税法》中予以明确,可以通过纳税人放弃增值税的免税、减税待遇的方式真正实现自己的税收利益,并以此来真正实现税收公平。

2. 纳税人放弃增值税优惠的广泛性

从《增值税法》第27条的规定来看,纳税人放弃增值税优惠的范围应该是指所有的纳入增值税减免范畴的应税项目,既包括法定减免税

(如《增值税法》第24条规定的免征增值税项目),也包括特定增值税减免(如《增值税法》第25条规定的根据国民经济和社会发展的需要由国务院制定的增值税专项优惠政策)。在《增值税法》制定之前,还包括除法定减免和特定减免以外的其他的临时性的增值税的减税和免税项目。

3. 纳税人放弃增值税优惠的期限性

从《增值税法》第27条的规定来看,纳税人在放弃增值税优惠的同时,也意味着在特定的期限内不能再享受该项税收优惠,但这种"放弃"可以是暂时的、有期限的,纳税人在36个月的规定期限内不得享受该项税收优惠。但如果在规定期限以后,纳税人经过权衡,认为享受该项税收优惠更有利于自身降低税负的,可以重新启用该项税收优惠。因此,一般而言,对于享受减税、免税增值税优惠的纳税人,减税、免税期满,应当自期满次日起恢复纳税;不再符合减税、免税条件的,应当依法履行纳税义务;未依法纳税的,税务机关应当予以追缴。

4. 纳税人放弃增值税优惠的部分性

根据我国以往增值税放弃免税制度的规定,纳税人一旦放弃免税权即视为放弃全部的免税项目,如《财政部 国家税务总局关于增值税纳税人放弃免税权有关问题的通知》(财税〔2007〕127号)规定:"纳税人一经放弃免税权,其生产销售的全部增值税应税货物或劳务均应按照适用税率征税,不得选择某一免税项目放弃免税权,也不得根据不同的销售对象选择部分货物或劳务放弃免税权。"但随着时代的发展,越来越多的纳税人虽可以享受多项增值税的税收优惠,但需要能够分开独立核算,如果部分放弃意味着整体放弃,对于纳税人而言是不公平的。因此,《增值税法》第27条规定,"放弃优惠的,在三十六个月内不得享受该项税收优惠"。这意味着,对增值税税收优惠的放弃可以是"单项税收优惠"的放弃,意味着纳税人可以分项选择放弃或者享受税收优惠,并不意味着"整体税收优惠"的让渡,纳税人可以在规定期限内不得享受"该项"税收优惠。

5. 小规模纳税人放弃享受增值税优惠具有灵活性

根据《增值税法》第 27 条的规定,放弃优惠政策的适用对象不包括小规模纳税人,这意味着小规模纳税人可以自由选择放弃或者享受优惠,不受 36 个月的时间限制。为什么小规模纳税人对于增值税优惠的选择权利更大?主要原因是小规模纳税人适用的是简易计税方法,其选择权的适用并不会对增值税抵扣链条的完整性带来过大侵蚀。从近几年的增值税实践可以看到,赋予小规模纳税人对于增值税优惠的选择权能够更好地保障其生产经营。如根据国家税务总局《关于扩大小规模纳税人自行开具增值税专用发票试点范围等事项的公告》(国家税务总局公告 2019 年第 8 号)规定,为了进一步便利小微企业开具增值税专用发票,试点行业的所有小规模纳税人均可以自愿使用增值税发票管理系统自行开具增值税专用发票,不受月销售额标准的限制。

理解适用

增值税是一项以宽广税基、比例税率和特有抵扣制度为支撑的税种,税收中性是增值税得以成为现代流转税之首的生命力,因此,一般认为,为防止税收优惠给纳税人的经济决策带来扭曲,增值税不应设定任何豁免内容。然而,增值税的税收优惠制度设置有其存在的合理性和必要性,一方面,增值税是具有累退效应的税种,难以直接体现课税与负担能力之间的关系,因此,对公共服务或低收入群体的消费品予以免税有助于减轻低收入群体的税收负担,而对某些特定交易项目的纳税人提供鼓励或税收补贴更有助于实现征税实质公平。① 另一方面,对某些难以确定课税对象和抵扣款项的金融服务及某些特殊不动产租赁和销售服务进行课税,无疑将增加征税成本,而且这也会加重纳税人负担;相反,如对其减免税将节约大量财政资源。但是,鉴于增值税征收依赖于环环相扣的税款抵扣机制,在某些情形下,增值税的税收优惠非但不能使相关企业受益,反而可能影响纳税人税收抵扣权的实现。根据《增值税法》第22条的规定,纳税人购进免征增值税项目对应的进项税额不能从其销售税额中抵扣,对于某些特殊环节经营的企业而言,增值税优惠反而会因抵扣链条破裂增加交易负担,影响生产经营和产业发展。因此,放弃增值税优惠成为增值税纳税人的一项重要选择性权利。

整体来看,作为一项抑制增值税优惠负面效应的制度,放弃增值税优惠在我国增值税制度设计中的作用主要体现在以下方面:

1. 降低纳税人的经营成本

通常而言,纳税人缴税必须依托增值税独特的计税原理,即采用进项税额冲减销项税额的扣税法来实现税款抵扣。② 但就增值税免税而言,其特指免除销项税,对于该项交易对应的进项税额不能抵扣。显然,这对处于末端消费环节的纳税人而言是有益的,但对处于中间环节的纳税人而言,由于中间成本税负不能抵消,未能抵扣的进项税将转为纳税人的经营成本,尤其是某些"高征低扣"情形将增加纳税人税负。因此,为防止特定情形下行使免税权利给纳税人带来不利益,赋予纳税人放弃增值税优惠的权利反而能使其以正常纳税方式承担合理税负,减少经营

---

① 参见 V.图若尼主编:《税法的起草与设计》,国际货币基金组织、国家税务总局政策法规司译,中国税务出版社2004年版,第216~217页。
② 参见程子建:《增值税扩围改革的价格影响与福利效应》,载《财经研究》2011年第10期。

成本。

2. 推动纳税人的自主决策

基于人本主义的课税理念,国家课税的目的、范围与方法,应让人民在纳税时或纳税后有获得尊严的感受。这就要求,在不违反税法规定前提下,任何公民都应有自我决定投资和收益方式的自由。增值税作为一项重要的税法制度,应当为纳税人保留适当独立决策和自由发展的权利。而放弃增值税优惠制度恰好是纳税人意思自治的体现,能够保障纳税人自愿、自治地放弃增值税优惠并由此获得抵扣权利。

3. 保障增值税的税收中性

理想意义上的增值税制度应该以单一税率、较高的起征点、广阔的税基、较少的免税以及完善的发票抵扣制度为特征,从而最大限度地减少对经济的扭曲,维系征税效率和公平。[①] 如果增值税不能确保在整个生产环节都进行必要抵扣,其税收中性价值将会被大大削弱。在增值税制中,减免税作为一项要求将某一应税项目从税基中部分或全部排除的制度,其适用范围越宽,则意味着税收中性越少,因此,只有赋予纳税人选择放弃增值税优惠的权利,方能实现增值税制度在税收公平与税收中性之间的二元平衡。

目前,尽管《增值税法》对纳税人可以放弃增值税优惠作出了原则性规定,但如何放弃增值税优惠、有何程序上的要求,依然有待具体实施细则的出台。根据《税收征收管理法》第33条的规定,纳税人依照法律、行政法规的规定办理减税、免税。地方各级人民政府、各级人民政府主管部门、单位和个人违反法律、行政法规规定,擅自作出的减税、免税决定无效,税务机关不得执行,并向上级税务机关报告。这意味着,对于符

[①] 参见全国人大常委会预算工作委员会编:《增值税法律制度比较研究》,中国民主法制出版社2010年版,第39~40页。

合增值税优惠条件的纳税人,有必要根据相关法律规定的程序来使其享受和放弃增值税的税收优惠。对此,《营业税改征增值税试点实施办法》(财税〔2016〕36号附件1)第48条第1款规定:"纳税人发生应税行为适用免税、减税规定的,可以放弃免税、减税,依照本办法的规定缴纳增值税。放弃免税、减税后,36个月内不得再申请免税、减税。"而《国家税务总局关于明确二手车经销等若干增值税征管问题的公告》(国家税务总局公告2020年第9号)第5条则进一步规定:"一般纳税人可以在增值税免税、减税项目执行期限内,按照纳税申报期选择实际享受该项增值税免税、减税政策的起始时间。一般纳税人在享受增值税免税、减税政策后,按照《营业税改征增值税试点实施办法》(财税〔2016〕36号文件印发)第四十八条的有关规定,要求放弃免税、减税权的,应当以书面形式提交纳税人放弃免(减)税权声明,报主管税务机关备案。一般纳税人自提交备案资料的次月起,按照规定计算缴纳增值税。"从中可以看到,国家税务总局公告2020年第9号文件在财税〔2016〕36号文件的基础上增加了"报主管税务机关"备案的程序要求,而这要求仅限于增值税的一般纳税人,并不包括小规模纳税人,因此未来《增值税法》中所规定的纳税人的放弃增值税优惠的权利应当遵循何种程序进行、如何落地实施仍有待细则保障。

新旧对比

表34 放弃增值税优惠条款的变化

2011年《增值税暂行条例实施细则》	《营业税改征增值税试点实施办法》(财税[2016]36号附件1)	《财政部、国家税务总局关于增值税纳税人放弃免税权有关问题的通知》(财税[2007]127号)	《国家税务总局关于明确二手车经销等若干增值税征管问题的公告》(国家税务总局公告2020年第9号)	《增值税法(征求意见稿)》	《增值税法(草案一次审议稿)》	《增值税法(草案二次审议稿)》	《增值税法》
第三十六条 纳税人销售货物或者应税劳务适用免税规定的,可以放弃免税,依照本细则的规定缴纳增值税。放弃免税后,36个月内不得再申请免税。	第四十八条 纳税人发生应税行为适用免税、减税规定的,可以放弃免税、减税,依照本办法的规定缴纳增值税。放弃免税、减税后,36个月内不得再申请免税、减税。纳税人发生应税行为同时适用免税和零税率规定的,纳税人可以选择适用免税或者零税率。	一、生产和销售免征增值税货物或劳务的纳税人要求放弃免税权,应当以书面形式提交放弃免税权声明,报主管税务机关备案。纳税人自提交备案资料的次月起,按照现行有关规定计算缴纳增值税。二、放弃免税权的纳税人符合一般纳税人认定条件尚未认定为增值税一般纳税人的...	五、一般纳税人可以在增值税免税、减税项目执行期限内,按照纳税申报期实际享受该项增值税免税、减税政策的起始时间。一般纳税人在享受免税、减税政策后,按照《营业税改...	第三十条第一、二款 纳税人发生适用减税、免税规定的,可以选择放弃减税、免税。	第二十五条 纳税人可以放弃增值税优惠。放弃优惠的,在规定期限内不得享受该项税收优惠。	第二十六条 纳税人可以放弃增值税优惠。放弃优惠的,在规定期限内不得享受该项税收优惠。	第二十七条 纳税人可以放弃增值税优惠。放弃优惠的,在三十六个月内不得享受该项优惠。

个税行为同时适用零税率和免税规定的，纳税人可以选择适用免税或者零税率。生应适用税率后，36个月内不得再申请免税。	一般纳税人的，应当按现行规定认定为增值税一般纳税人，其销售的货物或劳务可开具增值税专用发票。三、纳税人一经放弃免税权，其生产销售的全部增值税应税货物或劳务均应按照适用税率征税，不得选择某一免税项目放弃免税权，也不得根据不同的销售对象选择部分货物或劳务放弃免税权。四、纳税人自税务机关受理纳税人放弃免税权声明的次月起12个月内不得申请免税。五、纳税人在免税期内购进用于免税项目的货物或者应税劳务所取得的增值税扣税凭证，一律不得抵扣。六、本规定自2007年10月1日起执行。	征增值税试点实施办法》（财税[2016]36号文件印发）第四十八条的有关规定，要求放弃免税、减税的，应当以书面形式提交纳税人放弃免（减）税权声明，报主管税务机关备案。一般纳税人自提交备案资料的次月起，按照规定计算缴纳增值税。免税、减税的，自税、减税，免税、减税项目可以分别放弃免税、减税项目选择放弃。放弃免税、减税后，三十六个月内不得再申请免税、减税。	收优惠。	收优惠。	税收优惠，小规模纳税人除外。

• 典型案例 •

天祝藏族自治县某某商贸有限公司
与麦岛某某集团有限公司买卖合同纠纷案[①]

1. 基本案情

2021年3月1日,天祝藏族自治县某某商贸有限公司(以下简称某甲公司)与麦岛某某集团有限公司(以下简称某乙公司)签订商品混凝土采购合同,约定某甲公司向某乙公司供应混凝土,合同期限自2021年3月起至2021年12月31日止,某甲公司在供货时送货单一式两份,某乙公司收货人对商品混凝土供货量及规格核对无误后,签署送货单,送货单双方各保留一份。合同履行期间每月25~28日为对账日,双方确认当期供货总量及应付货款。业主向某乙公司拨付进度款时,某乙公司向某甲公司拨付供货款,供货款按月结75%,剩余部分在工程竣工验收后15天内结清。某乙公司向某甲公司支付货款时,某甲公司要向某乙公司足额出具13%税率的增值税专用发票,否则某乙公司有权拒付。另外,合同对C40P8、C40P6、C40、C35P8、C35P6、C35、C30、C20、C15、C20细石、C35微膨胀规格的混凝土单价进行约定,商品单价为含税价格,税率为13%。双方签订合同后,某甲公司向某乙公司供应货物,2021年某乙公司向某甲公司支付共计3,765,993.50元的货款。某甲公司、某乙公司未核对确认2022年某甲公司供货货款数额。现某乙公司共计向某甲公司支付货款2,700,000元,尚欠某甲公司货款1,285,718.50元。

[①] 甘肃省兰州市中级人民法院民事判决书,(2024)甘01民终5471号。

2. 争议焦点

(1)某乙公司 2022 年供货价款数额的确认。

(2)双方签订的买卖合同约定支付全部货款的付款条件是否成就?

以下仅针对第二个争议焦点进行分析。

3. 案情分析

本案中,某甲公司认为,本案付款条件已具备,某乙公司应当支付拖欠货款。双方约定的付款条件为某甲公司交付 13% 税率的增值税专用发票,根据国家税务总局公告 2022 年第 6 号文《关于小规模纳税人免征增值税等征收管理事项的公告》第 1 条的规定,增值税小规模纳税人适用 3% 征收率应税销售收入免征增值税的,应按规定开具免税普通发票。纳税人选择放弃免税并开具增值税专用发票的,应开具征收率为 3% 的增值税专用发票。某甲公司申报简易纳税后,只能开具 3% 税率的增值税专用发票或免税普票,不具备开具 13% 税率的增值税专用发票的条件。某乙公司 2021 年供货结束后,于 2022 年 4 月提出继续供货,某甲公司在此之前已申报简易纳税,即使继续按 2021 年买卖合同履行,开具发票的付款条件属于情势变更,也应当以 3% 税率的增值税专用发票作为付款条件,一审认定事实不清。某乙公司认为,某甲公司拒绝交付 13% 税率的增值税专用发票,既违背合同约定,也缺乏事实和法律依据。双方在合同履行过程中从未对该合同进行变更、解除和撤销,某甲公司认为其 2022 年申报简易纳税人不能开具 13% 税率的增值税发票的理由不成立。该事实仅是某甲公司对其企业纳税作出的选择,与某乙公司无关,也与本案合同无关。双方均应按照合同约定履行各自的义务。根据采购合同第 8 条第 3 款的约定,某甲公司要求某乙公司支付货款的前提条件是出具足额 13% 税率的增值税专用发票,某甲公司未依约交付发票前,某乙公司有权拒绝按进度支付货款。

对此,一审判决认为,某甲公司未能证明 2022 年某乙公司应付货款数额,也未能证明已按照约定向某乙公司交付与应付货款相应的增值税专用发票,无法确认合同约定的付款条件已经成就,某甲公司的主张缺乏证据支持,进而驳回某甲公司的诉讼请求。二审判决主张,因竣工验收手续没有办理并非某甲公司的原因,支付货款是某乙公司的主要义务,开具发票是某乙公司的附随义务,且某乙公司未提供证据证明其按照合同约定向某甲公司支付货款并对某甲公司已开具发票的部分足额支付,某甲公司亦未按照约定向某乙公司开具全部发票,双方在合同履行过程中均存在违约行为,应当各自承担相应的责任。某甲公司庭后出具情况说明确认其可按照合同约定向某乙公司足额开具 13% 的增值税专用发票,因此判决某乙公司应当继续向某甲公司履行付款义务,支付尚欠款 1,285,718.50 元。

从本案中可以看到,由于某甲公司在申报简易纳税后,只能开具 3% 税率的增值税专用发票或免税普票,带来了是否违约的争议。根据《财政部 税务总局关于全面推开营业税改征增值税试点的通知》(财税〔2016〕36 号)附件 1《营业税改征增值税试点实施办法》(部分失效)第 18 条的规定,一般纳税人发生应税行为适用一般计税方法计税。一般纳税人发生财政部和国家税务总局规定的特定应税行为,可以选择适用简易计税方法计税,但一经选择,36 个月内不得变更。对于某甲公司而言,其在合同中对开具发票作出了承诺,但在申报简易纳税后,就无法开具增值税专用发票满足这些客户的需求。如果放弃这种减税或免税权,就需要对其应税销售行为缴纳增值税,便能够开具增值税专用发票进而满足合同履约的要求。税法中之所以赋予增值税纳税人放弃免税的选择权利,主要是为了保障交易对方的税款抵扣权能够及时实现,而为了保障这种交易秩序的稳定性,也要求对放弃免税权作出限制。对此,《增值税暂行条例实施细则》第36条规定:"纳税人销售货物或者应税劳务适用免税规定的,可以放弃免税,依照条例的规定缴纳增值税。放弃免税后,36个月内不得再申请免税。"《增值税法》第27条规定:"纳税人可以放弃增值税优惠;放弃优惠的,在三十六个月内不得享受该项税收优惠,小规模纳税人除外。"本案中,某甲公司要求某乙公司支付货款的前提条件是足额出具13%税率的增值税专用发票,因此如果其违背这一做法,将承担违约责任,如果其后续确认能按合同约定向某乙公司足额开具13%税率的增值税专用发票,则无须作违约处理,而应当由某乙公司向某甲公司履行付款义务。由此,增值税纳税人应当全面考虑自身承担的法律责任和义务,审慎地享受免税权利,必要时可以放弃免税权以保障交易的正常运行。

相关规定

1.《增值税法》第23条、第24条、第25条、第26条、第27条;

2.《税收征收管理法》第8条、第33条;

3.《增值税暂行条例实施细则》(2008年修订)第36条;

4.《国家税务总局关于纳税人权利与义务的公告》(国家税务总局公告2009年第1号)第8条。

第五章 征收管理

第二十八条 【纳税义务发生时间】

条文

增值税纳税义务发生时间,按照下列规定确定:

(一)发生应税交易,纳税义务发生时间为收讫销售款项或者取得销售款项索取凭据的当日;先开具发票的,为开具发票的当日。

(二)发生视同应税交易,纳税义务发生时间为完成视同应税交易的当日。

(三)进口货物,纳税义务发生时间为货物报关进口的当日。

增值税扣缴义务发生时间为纳税人增值税纳税义务发生的当日。

条文主旨

本条是关于纳税义务发生时间和扣缴义务发生时间的规定。

增值税是我国最主要的税种之一,增值税纳税义务发生时间,主要是指增值税纳税人、扣缴义务人发生应税、扣缴税款行为应承担纳税义务、扣缴义务的起始时间,是以商品(含应税劳务)在流转过程中产生的增值额作为计税依据而征收的一种流转税。

纳税义务发生时间指纳税人依照税法规定负有纳税义务的时间。由于纳税人的某些应税行为和取得应税收入在发生时间上不尽一致,为正确确定税务机关和纳税人之间的征纳关系和应尽职责,《增值税法》对纳税义务的发生时间作了明确规定。

条文释义

1. 应税交易

应税交易,是指在中华人民共和国境内销售货物、服务、无形资产、不动产,以及进口货物的单位和个人,作为增值税的纳税人,进行的应当依照本法规定缴纳增值税的交易。销售货物、不动产,是指有偿转让货物、不动产的所有权。销售服务,是指有偿提供服务。销售无形资产,是指有偿转让无形资产的所有权或者使用权。

2. 视同应税交易

视同应税交易,是指行为本身的性质不是应税交易,而在增值税法上产生与应税交易相同效果的行为。视同应税交易是一种法律拟制。视同应税交易规则是《增值税法》中的一项重要内容,《增值税法》将视同应税交易明确限定为货物等用于集体福利或者个人消费和无偿赠送两大类型。

3. 收讫销售款项

税法虽有"收讫销售款项"的概念,但并无对此概念的解释。根据《最高人民法院关于印发〈关于审理行政案件适用法律规范问题的座谈会纪要〉的通知》第4条的规定,"在裁判案件中解释法律规范,是人民法院适用法律的重要组成部分。人民法院对于所适用的法律规范,一般按照其通常语义进行解释;有专业上的特殊涵义的,该涵义优先;语义不清楚或者有歧义的,可以根据上下文和立法宗旨、目的和原则等确定其涵义",因此"收讫销售款项"在没有法律规范专业解释的情况下,一般按照其通常语义进行解释。按照字典中"讫"的解释,讫意为(事情)完结。收讫销售款项意为收取完所有的销售款项。

4. 货物报关进口

货物报关进口,是指进口货物的收/发货人或受委托的代理企业,在规定的期限、地点,采用电子数据或纸质形式向海关报告实际进口货物的情况,并接受海关审核的行为。税法规定,凡进入我国海关境内的货物,应于进口报关时向海关缴纳进口环节增值税。

5. 纳税义务

纳税义务,是税法义务的一种。它是税收法律关系主体依照法律规定所承受的一定的行为上的约束,包括依照法律规定作出或不作出一定的行为。违反纳税义务就产生税法责任的问题,因而纳税义务是税法责任产生的前提之一。负有纳税义务的公民、法人或其他组织称为"纳税人"。

6. 开具发票

开具发票,是指法律、法规规定在何种情况下开具发票。基于证明商品和资金所有权转移的需要、进行会计核算的需要和进行税收管理的需要,发票应在发生经营业务确认营业收入时由收款方向付款方开具,特殊情况下,由付款方向收款方开具。

理解适用

1. 销售货物的纳税义务发生时间

(1)采取直接收款方式销售货物,无论货物是否发出,均为收到销售款或者取得索取销售款凭据的当天。自2011年8月1日起,纳税人生产经营活动中采取直接收款方式销售货物,已将货物移送对方并暂估销售收入入账,但既未取得销售款或取得索取销售款凭据也未开具销售发票的,其增值税纳税义务发生时间为取得销售款或取得索取销售款凭据的当天;先开具发票的,为开具发票的当天。

(2)采取托收承付和委托银行收款方式销售货物,为发出货物并办妥托收手续的当天。

(3)采取赊销和分期收款方式销售货物,为书面合同约定的收款日期的当天,无书面合同的或者书面合同没有约定收款日期的,为货物发出的当天。

(4)采取预收货款方式销售货物,为货物发出的当天,但生产销售生产工期超过 12 个月的大型机械设备、船舶、飞机等货物,为收到预收款或者书面合同约定的收款日期的当天。

(5)委托其他纳税人代销货物,为收到代销单位的代销清单或者收到全部或者部分货款的当天。未收到代销清单及货款的,为发出代销货物满 180 天的当天。

(6)纳税人发生《增值税暂行条例实施细则》第 4 条第 3 项至第 8 项所列视同销售货物行为,为货物移送的当天。

政策依据

《增值税暂行条例实施细则》第 38 条;

《国家税务总局关于增值税纳税义务发生时间有关问题的公告》(国家税务总局公告 2011 年第 40 号)。

2. 销售劳务的纳税义务发生时间

销售应税劳务,为提供劳务同时收讫销售款或者取得索取销售款的凭据的当天。

政策依据

《增值税暂行条例实施细则》第 38 条。

3. 销售应税服务

(1)纳税人发生应税行为并收讫销售款项或者取得索取销售款项凭据的当天;先开具发票的,为开具发票的当天。

收讫销售款项,是指纳税人销售服务、无形资产、不动产过程中或者完成后收到款项。

取得索取销售款项凭据的当天,是指书面合同确定的付款日期;未签订书面合同或者书面合同未确定付款日期的,为服务、无形资产转让完成的当天或者不动产权属变更的当天。

(2)纳税人提供建筑服务(自2017年7月1日起废止)、租赁服务采取预收款方式的,其纳税义务发生时间为收到预收款的当天。

(3)纳税人从事金融商品转让的,为金融商品所有权转移的当天。

(4)增值税扣缴义务发生时间为纳税人增值税纳税义务发生的当天。

政策依据

《营业税改征增值税试点实施办法》(财税〔2016〕36号附件1)第45条;

《财政部 税务总局关于建筑服务等营改增试点政策的通知》(财税〔2017〕58号)第2条。

4. 货物代销

分类

(1)单位或者个体工商户将货物交付其他单位或者个人代销。

(2)单位或者个体工商户销售代销货物。

政策依据

《增值税暂行条例实施细则》第4条。

5. 货物应税行为

(1)单位和个体工商户将自产或者委托加工的货物用于集体福利或者个人消费。

(2)单位和个体工商户无偿转让货物。

(3)单位和个人无偿转让无形资产、不动产或者金融商品。

政策依据

《增值税法》第5条。

6. 视同销售

下列情形视同销售服务、无形资产或者不动产：

(1)单位或者个体工商户向其他单位或者个人无偿提供服务,但用于公益事业或者以社会公众为对象的除外。

(2)单位或者个人向其他单位或者个人无偿转让无形资产或者不动产,但用于公益事业或者以社会公众为对象的除外。

(3)财政部和国家税务总局规定的其他情形。

纳税人发生以上情形的,其纳税义务发生时间为服务、无形资产转让完成的当天或者不动产权属变更的当天。

政策依据

《营业税改征增值税试点实施办法》(财税〔2016〕36号附件1)第14条、第45条。

7. 贷款服务

金融企业发放贷款后,自结息日起90天内发生的应收未收利息按现行规定缴纳增值税,自结息日起90天后发生的应收未收利息暂不缴纳增值税,待实际收到利息时按规定缴纳增值税。

政策依据

《营业税改征增值税试点过渡政策的规定》(财税〔2016〕36号附件3)第4条。

证券公司、保险公司、金融租赁公司、证券基金管理公司、证券投资基金以及其他经中国人民银行、原中国银行业监督管理委员会、中国证券监督管理委员会、原中国保险监督管理委员会批准成立且经营金融保险业务的机构发放贷款后,自结息日起90天内发生的应收未收利息按现行规定缴纳增值税,自结息日起90天后发生的应收未收利息暂不缴纳增值税,待实际收到利息时按规定缴纳增值税。

政策依据

《财政部 国家税务总局关于明确金融 房地产开发 教育辅助服务等增值税政策的通知》(财税〔2016〕140号)第3条。

银行提供贷款服务按期计收利息的,结息日当日计收的全部利息收入,均应计入结息日所属期的销售额,按照现行规定计算缴纳增值税。

政策依据

国家税务总局《关于营改增试点若干征管问题的公告》(国家税务总局公告2016年第53号)第6条。

8. 建筑服务扣押质保金

纳税人提供建筑服务,被工程发包方从应支付的工程款中扣押的质押金、保证金,未开具发票的,以纳税人实际收到质押金、保证金的当天为纳税义务发生时间。

政策依据

《国家税务总局关于在境外提供建筑服务等有关问题的公告》(国家税务总局公告2016年第69号)第4条。

9. 电力产品

发、供电企业销售电力产品的纳税义务发生时间的具体规定如下:

(1)发电企业和其他企事业单位销售电力产品的纳税义务发生时间为电力上网并开具确认单据的当天。

(2)供电企业采取直接收取电费结算方式的,销售对象属于企事业单位,为开具发票的当天;属于居民个人,为开具电费缴纳凭证的当天。

(3)供电企业采取预收电费结算方式的,为发行电量的当天。

(4)发、供电企业将电力产品用于非应税项目、集体福利、个人消费的,为发出电量的当天。

(5)发、供电企业之间互供电力,为双方核对计数量,开具抄表确认单据的当天。

（6）发、供电企业销售电力产品以外其他货物，其纳税义务发生时间按《增值税暂行条例》及其实施细则的有关规定执行。

政策依据

《电力产品增值税征收管理办法》(2004年12月22日国家税务总局令第10号公布 2018年6月15日国家税务总局第44号令修正)第6条。

10. 油气田企业

油气田企业为生产原油、天然气提供的生产性劳务的纳税义务发生时间为油气田企业收讫劳务收入款或者取得索取劳务收入款项凭据的当天；先开具发票的，为开具发票的当天。

政策依据

《财政部 国家税务总局关于印发〈油气田企业增值税管理办法〉的通知》(财税〔2009〕8号)第12条。

11. 进口货物

进口货物，纳税义务发生时间为货物报关进口的当日。

政策依据

《增值税法》第28条。

主要变化

1. 第1款"应税销售行为"改为"应税交易"，新增"纳税义务发生时间"。

2. 第2款新增"发生视同应税交易，纳税义务发生时间为完成视同应税交易的当日"。

第五章　征收管理

新旧对比

表35　纳税义务发生时间条款的变化

《增值税暂行条例》	《增值税法（征求意见稿）》	《增值税法（草案一次审议稿）》	《增值税法（草案二次审议稿）》	《增值税法》
第十九条　增值税纳税义务发生时间：（一）发生应税销售行为，为收讫销售款项或者取得索取销售款项凭据的当天；先开具发票的，为开具发票的当天。（二）进口货物，为报关进口的当天。增值税扣缴义务发生时间为纳税人增值税纳税义务发生的当天。	第三十三条　增值税纳税义务发生时间，按下列规定确定：（一）发生应税交易，纳税义务发生时间为收讫销售款项或者取得索取销售款项凭据的当天；先开具发票的，为开具发票的当天。（二）视同发生应税交易，纳税义务发生时间为视同发生应税交易完成的当天。（三）进口货物，纳税义务发生时间为进入关境的当天。增值税扣缴义务发生时间为纳税人增值税纳税义务发生的当天。	第二十六条　增值税纳税义务发生时间，按照下列规定确定：（一）发生应税交易，纳税义务发生时间为收讫销售款项或者取得索取销售款项凭据的当日；先开具发票的，为开具发票的当日。（二）视同发生应税交易，纳税义务发生时间为视同发生应税交易完成的当日。（三）进口货物，纳税义务发生时间为货物进入关境的当日。增值税扣缴义务发生时间为纳税人增值税纳税义务发生的当日。	第二十七条　增值税纳税义务发生时间，按照下列规定确定：（一）发生应税交易，纳税义务发生时间为收讫销售款项或者取得索取销售款项凭据的当日；先开具发票的，为开具发票的当日。（二）发生视同应税交易，纳税义务发生时间为完成视同应税交易的当日。（三）进口货物，纳税义务发生时间为货物进入关境的当日。增值税扣缴义务发生时间为纳税人增值税纳税义务发生的当日。	第二十八条　增值税纳税义务发生时间，按照下列规定确定：（一）发生应税交易，纳税义务发生时间为收讫销售款项或者取得销售款项索取凭据的当日；先开具发票的，为开具发票的当日。（二）发生视同应税交易，纳税义务发生时间为完成视同应税交易的当日。（三）进口货物，纳税义务发生时间为货物报关进口的当日。增值税扣缴义务发生时间为纳税人增值税纳税义务发生的当日。

• 典型案例 •

青岛汇吉机械有限公司诉青岛市国家税务局稽查局税务行政管理(税务)案[①]

1. 基本案情

2013年7月1日,原告青岛汇吉机械有限公司(供方)与案外人岚县江川国威新材料有限公司(以下简称江川公司)(需方)签订3份《工矿产品购销合同》。3份合同均约定结算方式及期限为:需方预付合同款的40%作为定金,合同生效,提货前付合同款的55%,供方开具发票。如果分批交货,提货款额度按照分批交货节奏,合同额的5%作为质保金。

合同签订后,原告青岛汇吉机械有限公司分3次收款,共收取合同款1900万元,其中原告仅将收到的第一笔合同款300万元记入预收账款科目,其余1600万元收到后未按规定入账。原告2013~2014年累计向江川公司发货共19,678,000元(含税)。原告发出上述货物在2014年4月之前账目上未进行记载,也未计提销项税。

青岛市四方区国家税务局收到江川公司举报后,向原告下达《税务检查通知》,对原告开具发票及涉税情况进行检查。原告将2013~2014年收取的1600万元进行"借记银行存款,贷记预收账款"账务补记处理,但未确认收入和计提增值税销项税。在进行检查询问后,因涉嫌偷税,青岛市四方国家税务局于2015年9月22日将该案移送被告青岛市国家税务局稽查局。2015年11月至2017

[①] 参见山东省青岛市中级人民法院行政判决书,(2018)鲁02行终67号。

年1月,原告分期补缴了税款1,292,087.73元。2016年9月8日,被告青岛市国家税务局稽查局向原告送达《税务行政处罚事项告知书》。该案经青岛市国家税务局重大税务案件审理委员会审理,被告青岛市国家税务局稽查局于2017年1月4日作出《税务行政处罚决定书》。

后青岛汇吉机械有限公司向人民法院提起诉讼,一审法院依照2017年《行政诉讼法》第69条之规定,判决驳回原告青岛汇吉机械有限公司的诉讼请求。青岛汇吉机械有限公司不服原审判决,提出上诉。

2. 争议焦点

上诉人是否存在偷税行为?

3. 案情分析

上诉人认为,原审法院以〔2017〕2号《税务处理决定书》作为上诉人的偷税行为认定,没有法律依据。偷税只能由行政机关根据法律规定认定。被告答辩称认定上诉人偷税事实清楚、定性准确、适用法律正确。对偷税的认定,应当严格按照法律规定。根据2015年《税收征收管理法》第63条第1款的规定,纳税人伪造、变造、隐匿、擅自销毁账簿、记账凭证,或者在账簿上多列支出或者不列、少列收入,或者经税务机关通知申报而拒不申报或者进行虚假的纳税申报,不缴或者少缴应纳税款的,是偷税。上诉人在2013年7月至2014年9月底之间共收取合同款1900万元,上诉人仅将其中的第一笔合同款300万元记入预收账款科目,其余1600万元在长达两个会计年度的时间内均未按规定入账,前述行为足以反映上诉人主观上隐瞒收入、逃避纳税的故意。上诉人以因所谓的合同性质、采购款以及定金等问题而不能确认收入无法立即申报的抗辩理由与其合同实际履行情况以及询问笔录中的自我陈述内容均不相符，也均不能改变法律的规定。因此，上诉人的行为属于2015年《税收征收管理法》规定的偷税行为。尽管上诉人在2015年8月31日将1600万元货款进行了补记账务处理（借记银行存款，贷记预收账款），但直至被上诉人介入时上诉人也未确认收入，未计提销项税额。因此，上诉人不符合《国家税务总局关于税务检查期间补正申报补缴税款是否影响偷税行为定性有关问题的批复》（税总函〔2013〕196号）规定的不按偷税处理的条件。

关于上诉人是否构成偷税的认定。

本案中，上诉人青岛汇吉机械有限公司为法定的增值税纳税人，应依法缴纳增值税。上诉人与江川公司签订3份购销合同，并通过预收货款、分批发货的方式履行该合同销售货物，其增值税纳税义务发生时间为货物发出当天。上诉人在货物发出当天并未在账簿上列出该笔收入，未按期申报、缴纳税款，符合上述规定的"不列、少列收入"且"不缴或者少缴应纳税款"的情形，被上诉人认定其构成偷税于法有据，并无不当。

对于上诉人提出其与江川公司所签合同实为承揽合同，采取赊销和分期收款方式销售货物，其增值税纳税义务发生时间为书面合同约定的收款日期的当天的主张。法院认为，2011年《增值税暂行条例实施细则》第2条第2款规定："条例第一条所称加工，是指受托加工货物，即委托方提供原料及主要材料，受托方按照委托方的要求，制造货物并收取加工费的业务。"第3条第1款规定："条例第一条所称销售货物,是指有偿转让货物的所有权。"销售合同与加工承揽合同主要区别在于货物所有权是否发生改变。本案中,江川公司并未提供原料及主要材料,且货物所有权发生有偿转让,由上诉人转让给江川公司,应认定为销售合同。根据2011年《增值税暂行条例实施细则》第38条的规定,不同的销售结算方式决定不同的增值税义务发生时间。法院认为,对纳税义务发生时间的确定,应遵循税收征管的"实质重于形式原则"对上诉人与江川公司签订的3份合同内容及实际履行情况对结算方式进行判断。该合同内容为工矿产品的购销合同,上诉人青岛汇吉机械有限公司分别于2013年分3次预收货款共计1700万元,并于2013年分批向江川公司发货共计11,512,900元(含税);2014年3月向江川公司发货8,165,100元(含税),2014年9月29日收取货款200万元,合同整体的实际履行情况即按照预收货款、分批发货的销售结算方式,其分批发货时间即为纳税义务发生时间,被上诉人对该纳税义务发生时间的认定正确。

相关规定

1. 《增值税法》第5条、第28条;
2. 《增值税暂行条例实施细则》第2条、第3条、第4条、第38条;
3. 《税收征收管理法》第63条。

第二十九条 【纳税地点】

条文

增值税纳税地点,按照下列规定确定:

(一)有固定生产经营场所的纳税人,应当向其机构所在地或者居住地主管税务机关申报纳税。总机构和分支机构不在同一县(市)的,应当分别向各自所在地的主管税务机关申报纳税;经省级以上财政、税务主管部门批准,可以由总机构汇总向总机构所在地的主管税务机关申报纳税。

(二)无固定生产经营场所的纳税人,应当向其应税交易发生地主管税务机关申报纳税;未申报纳税的,由其机构所在地或者居住地主管税务机关补征税款。

(三)自然人销售或者租赁不动产,转让自然资源使用权,提供建筑服务,应当向不动产所在地、自然资源所在地、建筑服务发生地主管税务机关申报纳税。

(四)进口货物的纳税人,应当按照海关规定的地点申报纳税。

(五)扣缴义务人,应当向其机构所在地或者居住地主管税务机关申报缴纳扣缴的税款;机构所在地或者居住地在境外的,应当向应税交易发生地主管税务机关申报缴纳扣缴的税款。

条文主旨

本条是关于如何确定增值税纳税地点的规定。主要基于以下思路制定:首先,以纳税义务人是否有固定经营场所为标准,确定不同纳税地点。其次,在此之上对总分机构纳税地点作出更明确的规定。最后,还明确了扣缴义务人以及进口货物纳税人的纳税地点,对自然人发生特定增值税应税行为纳税地点的确立问题也作出补充。相较2017年通过的《增值税暂行条例》,其对于纳税地点的规定更详细且全面,解决了部分增值税纳税地点难以确定的问题。

明确不同情况下增值税的纳税地点,一方面,为税务机关和纳税人提供了明确的法律条文,有助于提高税收效率;另一方面,有助于降低纳税人遵从成本,鼓励纳税人积极行使纳税权利,培养其纳税意识。

条文释义

增值税纳税地点,是指税法规定的纳税义务人与扣缴义务人等申报纳税的地点,是税款实现的重要规定之一。纳税地点的选择对于纳税人以及税务机关有重大意义,对于政府来说,明确划分纳税地点能够确定税款的归属、提升税款征收的行政效率;对于纳税人来说,明确纳税地点利于其经营,降低其遵从成本,在一定程度上还能够增强其法律意识和纳税意愿。

增值税纳税地点主要包括机构所在地主管税务机关、居住地主管税务机关、应税交易发生地主管税务机关、海关规定的纳税地点以及不动产所在地、自然资源所在地、建筑服务发生地主管税务机关。这些地点的确定原则上遵循了与交易或服务相关原则,其具体含义如下:

1. 机构所在地主管税务机关

机构所在地指的是企业、工厂等生产经营单位的注册地或登记地,即其经营执照上载明的地址。在实际操作中,一般以企业法人在工商管理部门进行登记注册的主要办事机构所在地为准,也有可能是其他经营单位或个人的经营场所所在地。

机构所在地主管税务机关指的是负责上述机构所在地辖区的税务机关。

2. 居住地主管税务机关

在一般情况下,增值税纳税人的居住地为其户籍所在地或提供主要生活来源的地点。如果纳税人没有户籍所在地或提供主要生活来源的地点,则其居住地主管税务机关是指纳税人居住地的县(市、区)税务局(分局)。

3. 应税交易发生地主管税务机关

应税交易活动发生地指的是销售应税货物、服务、无形资产、不动产以及进口货物实际发生的地点。该地点所处辖区的税务机关就是相应应税行为主管税务机关。

4. 海关规定的纳税地点

对于进口货物的纳税人,其纳税地点应当按照海关规定的地点申报纳税。通常来说,进口货物应当向报关地海关申报纳税,但也有可能在其他地点纳税。这里的"报关地"是指进口货物的收货人或其代理人向海关办理货物进口报关手续的地点。

相较 2017 年《增值税暂行条例》,纳税地点由报关地海关变为海关指定的地点。这在一定程度上给予海关以及纳税人更多选择,有助于顺利完成税款征收。

5. 不动产所在地、自然资源所在地、建筑服务发生地主管税务机关

不动产、自然资源、建筑服务的地理位置具有一定固定性,不易变动,所以为了有助于行政管理以及给纳税人提供便利,其税款征收管理机关应当是征税对象所在地主管税务机关。

> **理解适用**

制定本条法规的目的和意义在于明确不同类型纳税人的纳税地点和税务机关的管理职责,以保障国家税收收入实现、促进税收公平。同时,对于一些特定业务、特定行为以及纳税人作出补充规定,在立法上具有一定的进步,能够使税收管理更全面。本条的修改、增补也有助于推动增值税管理规范化与高效化,改善营商环境,促进经济稳定发展。此外,明确纳税地点还可以保障国家税收收入的稳定,同时也有助于防范税收不公平现象的出现,提高税收管理的效率、质量,防止偷漏税行为的发生,保障国家利益和公共利益。具体适用如下。

1. 有固定生产经营场所的纳税人

对于有固定生产经营场所的纳税人,其既可以选择在机构所在地主管税务机关申报纳税,也可以选择在居住地主管税务机关申报纳税。相较 2017 年《增值税暂行条例》,本条对有固定生产经营场所纳税人纳税地点的规定更宽泛、更人性化,其纳税地点不再仅限于机构所在地主管税务机关,而是拥有了更多选择,更便于其生产经营。

对于有固定生产经营场所的纳税人来说,其总机构和分支机构不在同一县(市)的,其总机构和分支机构应当分别向各自所在地的主管税务机关申报纳税;但经省级以上财政、税务主管部门批准,可以由总机构汇总向总机构所在地的主管税务机关申报纳税。此条规定并未发生改变,税务处理可延续过往程序。

2. 无固定生产经营场所的纳税人

对于无固定生产经营场所的纳税人,应当向其应税交易发生地主管税务机关申报纳税;若其未向应税交易发生地主管税务机关申报纳税,则应当由其机构所在地或者居住地主管税务机关负责对其补征税款,纳税人应当服从税务机关管理,及时缴纳相应税款。

这一规定主要是从税款管理角度入手,对应税交易发生地主管税务机关、机构所在地主管税务机关、居住地主管税务机关征收税款的责任作出划分,在一定程度上能够减少"大家都管"以及"大家都不管"现象的发生。因此这一规定有助于防范偷漏税,促进税收公平。

3. 自然人发生相关应税行为

本条新增关于自然人销售或者租赁不动产、转让自然资源使用权、提供建筑服务行为的相关规定。这些特定业务由于其特性,通常需要在业务发生地办理相关手续并缴纳税款。这样的规定有利于税务机关对特定业务进行监管和征税。

通过专门划分出此项规定,可以更好地管理自然人。当其发生上述增值税应税行为时,其税务处理应当根据最新规定,向不动产所在地、自然资源所在地、建筑服务发生地主管税务机关申报纳税。在一定程度上,此条规定解决了部分税收争议,完善了我国税制。

4. 进口货物的纳税人

除部分免税货物外,进口货物一般需要缴纳增值税、关税和消费税等税种,而在进口货物环节负责征收增值税的机关正是海关。当进口应税货物时,纳税人应当在海关规定的地点申报纳税。此纳税地点与《增值税暂行条例》中进口货物的纳税地点相比有所变化,海关以及纳税人都应当按照新的规则来确定纳税地点,征纳税款。此条款的改变,一方面是为了便于海关征纳税款,通过规定除"报关地海关"以外的纳税地点,便于海关管理;另一方面也是为了便于纳税人缴纳税款,其可以在更便利的地点缴纳进口货物的税款,有利于其生产经营。

5. 扣缴义务人

扣缴义务人具体是指有义务代收代缴税款的单位或个人,如网络平台、银行等。这些单位或个人在代收代缴税款时应当按照规定办理相关手续并缴纳税款。

本条新增对扣缴义务人纳税地点的规定,由于国际贸易的存在,相当一部分的增值税税款是由扣缴义务人代为扣缴并在规定时间按照指定方式缴纳入库的。因此,对扣缴义务人纳税地点的补充规定,使《增值税法》更完善。

当扣缴义务人发生相关交易需要代为扣缴增值税时,其申报的对象应当是其机构所在地或者居住地主管税务机关,此规定与有固定生产经营场所纳税人的纳税地点一致。但如果扣缴义务人机构所在地或者居住地不在国内而在境外,那么其应当向应税交易发生地主管税务机关申报缴纳扣缴的税款。

新旧对比

表36 纳税地点条款的变化

《增值税暂行条例》	《增值税法(征求意见稿)》	《增值税法(草案一次审议稿)》	《增值税法(草案二次审议稿)》	《增值税法》
第二十二条 增值税纳税地点:(一)固定业户应当向其机构所在地的主管税务机关申报纳税。总机构和分支机构不在同一县(市)的,应当分别向各自所在地的主管税务机关申报纳税;	第三十四条 增值税纳税地点,按下列规定确定:(一)有固定生产经营场所的纳税人,应当向其机构所在地或者居住地主管税务机关申报纳税。总机构和分支机构不在	第二十七条 增值税纳税地点,按照下列规定确定:(一)有固定生产经营场所的纳税人,应当向其机构所在地或者居住地主管税务机关申报纳税。总机构和分支机构不在同一县(市)的,应当	第二十八条 增值税纳税地点,按照下列规定确定:(一)有固定生产经营场所的纳税人,应当向其机构所在地或者居住地主管税务机关申报纳税。总机构和分支机构不在同一县(市)的,应当	第二十九条 增值税纳税地点,按照下列规定确定:(一)有固定生产经营场所的纳税人,应当向其机构所在地或者居住地主管税务机关申报纳税。总机构和分支机构不在同一县(市)的,应当

续表

《增值税暂行条例》	《增值税法（征求意见稿）》	《增值税法（草案一次审议稿）》	《增值税法（草案二次审议稿）》	《增值税法》
经国务院财政、税务主管部门或者其授权的财政、税务机关批准，可以由总机构汇总向总机构所在地的主管税务机关申报纳税。 (二)固定业户到外县(市)销售货物或者劳务，应当向其机构所在地的主管税务机关报告外出经营事项，并向其机构所在地的主管税务机关申报纳税；未报告的，应当向销售地或者劳务发生地的主管税务机关申报纳税；未向销售地或者劳务发生地的主管税务机关申报纳税的，由其机构所在	同一县(市)的，应当分别向各自所在地的主管税务机关申报纳税；经国务院财政、税务主管部门或者其授权的财政、税务机关批准，可以由总机构汇总向总机构所在地的主管税务机关申报纳税。 (二)无固定生产经营场所的纳税人，应当向其应税交易发生地主管税务机关申报纳税；未申报纳税的，由其机构所在地或者居住地主管税务机关补征税款。 (三)自然人提供建筑服	分别向各自所在地的主管税务机关申报纳税；经国务院财政、税务主管部门或者其授权的财政、税务机关批准，可以由总机构汇总向总机构所在地的主管税务机关申报纳税。 (二)无固定生产经营场所的纳税人，应当向其应税交易发生地主管税务机关申报纳税；未申报纳税的，由其机构所在地或者居住地主管税务机关补征税款。 (三)自然人销售或者租赁不动产，转让自然资源使用权，提供建筑服务，应当向不动产所	分别向各自所在地的主管税务机关申报纳税；经国务院财政、税务主管部门或者其授权的财政、税务机关批准，可以由总机构汇总向总机构所在地的主管税务机关申报纳税。 (二)无固定生产经营场所的纳税人，应当向其应税交易发生地主管税务机关申报纳税；未申报纳税的，由其机构所在地或者居住地主管税务机关补征税款。 (三)自然人销售或者租赁不动产，转让自然资源使用权，提供建筑服务，应当向不动产所在地、自然资源所在地、建筑服	分别向各自所在地的主管税务机关申报纳税；经省级以上财政、税务主管部门批准，可以由总机构汇总向总机构所在地的主管税务机关申报纳税。 (二)无固定生产经营场所的纳税人，应当向其应税交易发生地主管税务机关申报纳税；未申报纳税的，由其机构所在地或者居住地主管税务机关补征税款。 (三)自然人销售或者租赁不动产，转让自然资源使用权，提供建筑服务，应当向不动产所在地、自然资源

续表

《增值税暂行条例》	《增值税法（征求意见稿)》	《增值税法（草案一次审议稿)》	《增值税法（草案二次审议稿)》	《增值税法》
地的主管税务机关补征税款。 (三)非固定业户销售货物或者劳务,应当向销售地或者劳务发生地的主管税务机关申报纳税;未向销售地或者劳务发生地的主管税务机关申报纳税的,由其机构所在地或者居住地的主管税务机关补征税款。 (四)进口货物,应当向报关地海关申报纳税。 扣缴义务人应当向其机构所在地或者居住地的主管税务机关申报缴纳其扣缴的税款。	务,销售或者租赁不动产,转让自然资源使用权,应当向建筑服务发生地、不动产所在地、自然资源所在地主管税务机关申报纳税。 (四)进口货物的纳税人,应当向报关地海关申报纳税。 (五)扣缴义务人,应当向其机构所在地或者居住地主管税务机关申报缴纳扣缴的税款。	在地、自然资源所在地、建筑服务发生地主管税务机关申报纳税。 (四)进口货物的纳税人,应当按照海关规定的地点申报纳税。 (五)扣缴义务人,应当向其机构所在地或者居住地主管税务机关申报缴纳扣缴的税款;机构所在地或者居住地在境外的,应当向应税交易发生地主管税务机关申报缴纳扣缴的税款。	务发生地主管税务机关申报纳税。 (四)进口货物的纳税人,应当按照海关规定的地点申报纳税。 (五)扣缴义务人,应当向其机构所在地或者居住地主管税务机关申报缴纳扣缴的税款;机构所在地或者居住地在境外的,应当向应税交易发生地主管税务机关申报缴纳扣缴的税款。	所在地、建筑服务发生地主管税务机关申报纳税。 (四)进口货物的纳税人,应当按照海关规定的地点申报纳税。 (五)扣缴义务人,应当向其机构所在地或者居住地主管税务机关申报缴纳扣缴的税款;机构所在地或者居住地在境外的,应当向应税交易发生地主管税务机关申报缴纳扣缴的税款。

主要变化

1. 将固定业户和非固定业户的表述更换为有/无固定生产经营场所纳税人,概念界定更加准确。

2. 有固定生产经营场所的纳税人纳税地点新增居住地主管税务机关。

3. 取消了关于固定业户到外县(市)销售货物或者劳务纳税地点的规定。

4. 增加部分自然人纳税地点相关规定。

5. 进口货物的纳税地点变更为海关规定的地点。

6. 增加扣缴义务人机构所在地或者居住地在境外的纳税地点的规定。

· 典型案例 ·

夏某某、绍兴银行股份有限公司越城支行房屋买卖合同纠纷案[①]

1. 基本案情

2019年7月15日,绍兴银行股份有限公司在淘宝网发布拍卖公告,将其抵债获得的位于绍兴市越城区,建筑面积为1212.58平方米,原所有权人为林某某的房屋进行拍卖。

拍卖公告【特别提醒】处载明:上述房产经法院裁定抵债后,我行暂未办理过户手续,此次竞价成功后,会产生两次过户税费,二次

---

① 参见浙江省绍兴市越城区人民法院民事判决书,(2020)浙0602民初690号。

过户过程中所应缴纳的一切税、费和所需补交的相关税、费(包括但不限于所得税、营业税、土地增值税、契税、过户手续费、印花税、权证费、出让金以及房产及土地交易中规定缴纳的各种费用)及其可能存在的物业费、水费、电费欠费等,无论法律规定由谁承担,均由买受人承担(税、费及有关欠费的具体金额,请竞买人在竞拍前自行向相应职能部门咨询确认)。

公告所附【标的物详情】载明:标的所有人为本案被告绍兴银行越城支行,同时费用总价部分载明,上述房产经法院抵债后,绍兴银行越城支行暂未办理过户手续,此次竞价成功后,会产生两次过户税费,过户所涉及一切税、费及其可能存在的物业费、水费、电费欠费均由买受人承担(税、费及有关欠费的具体金额,请竞买人在竞拍前自行向相应职能部门咨询确认)。"营改增"后的关于增值税发票的开具及税缴纳问题请买受人自行咨询当地税务部门,若出现无法过户等问题由买受人自行承担不利后果。

2019年7月16日,经网络公开拍卖竞价,原告夏某某以639万元的价格竞得涉案房产。原告现已付清全部房款,原告、被告签订《绍兴市房屋转让合同》1份,合同第9条载明该房屋转让交易发生的各项税费由甲、乙方按照有关规定承担。2019年8月23日,原告以被告名义缴纳印花税、契税合计人民币216,855元。2019年9月3日,绍兴银行股份有限公司开具涉案房屋价格639万元的发票,其中增值税为527,614.68元。2019年10月18日,被告以绍兴银行股份有限公司名义缴纳地方教育费附加、教育费附加、城市维护建设税、增值税合计590,928.44元。

另查明,绍兴银行越城支行在税务系统中未认定为一般纳税人。经征询税务机关,国家税务总局绍兴市税务局第一税务分局出具《情况说明》1份,载明绍兴银行及其分支机构绍兴银行越城支行均系该局税收管户,其增值税采用汇总纳税模式,越城支行属于非独立增值税纳税人,以绍兴银行名称申报、缴纳增值税,适用一般纳税人税率标准。

2. 争议焦点

(1)夏某某认为在竞价公告中提到的"二次过户"是指第二次过户,故其不承担第一次过户税费,是否合理?

(2)夏某某认为绍兴银行越城支行为增值税小规模纳税人,应按照其所提交的文件进行计税,是否合理?

3. 案情分析

关于争议焦点一,夏某某认为,竞价公告中提到的"……会产生两次过户税费,二次过户过程中所应缴纳的一切税、费和所需补缴的相关税、费……无论法律规定由谁承担,均由买受人承担……"这里的"二次过户"是指第二次过户,故其不承担第一次过户税费。对此,根据【标的物详情】关于费用总价的记载,"上述房产经法院抵债后,我行暂未办理过户手续,此次竞价成功后,会产生两次过户税费,过户所涉及一切税、费及其可能存在的物业费、水费、电费欠费均由买受人承担……"可见附在竞价公告后的【标的物详情】明确税费系指过户所涉及的一切税费,且【标的物详情】关于税费情况及其他费用情况均注明"请自行向有关部门了解",不存在理解偏差,故对夏某某的该项意见不予采纳。对于夏某某认为根据转让合同约定税费由甲、乙方按照有关规定承担,此处的"规定"应指税收管理规定,对此竞价公告【特别提醒】载明,"……无论法律规定由谁承担,均由买受人承担……",可见公告已明确双方税费按照该特别提醒负担,故对夏某某的该项意见亦不予采纳,确定夏某某应当承担涉案房屋两次过户过程中应承担的一切税费及相关费用。

关于争议焦点二,原告提交的证明仅表明绍兴银行越城支行未认定为一般纳税人的主体性质,并未表明其实际增值税的纳税方式,国家税务总局绍兴市税务局第一税务分局出具情况说明表明,绍兴银行及其分支机构绍兴银行越城支行均系该局税收管户,其增值税采用汇总纳税模式,越城支行属于非独立增值税纳税人,以绍兴银行名称申报、缴纳增值税,适用一般纳税人税率标准。且根据《增值税法》第29条关于增值税纳税地点的规定,有固定生产经营场所的纳税人,应当向其机构所在地或者居住地主管税务机关申报纳税。总机构和分支机构不在同一县(市)的,应当分别向各自所在地的主管税务机关申报纳税;经省级以上财政、税务主管部门批准,可以由总机构汇总向总机构所在地的主管税务机关申报纳税。因此,绍兴银行总部(绍兴银行股份有限公司)与绍兴银行越城支行系处于同一区县的总分机构,并不适用分开纳税形式,结合税务机关的说明,绍兴银行越城支行的增值税均在绍兴银行总部产生,适用一般纳税人税率标准,绍兴银行越城支行以总行名义缴纳增值税符合规定。按照增值税一般纳税人税费缴纳规定,总价639万元的税额(包括增值税、地方教育费附加、教育费附加、城市维护建设税)总计应为590,928.44元,该税款金额合理,予以确认。

相关规定

《增值税法》第29条。

第三十条 【计税期间】

条文

> 增值税的计税期间分别为十日、十五日、一个月或者一个季度。纳税人的具体计税期间,由主管税务机关根据纳税人应纳税额的大小分别核定。不经常发生应税交易的纳税人,可以按次纳税。
>
> 纳税人以一个月或者一个季度为一个计税期间的,自期满之日起十五日内申报纳税;以十日或者十五日为一个计税期间的,自次月一日起十五日内申报纳税。
>
> 扣缴义务人解缴税款的计税期间和申报纳税期限,依照前两款规定执行。
>
> 纳税人进口货物,应当按照海关规定的期限申报并缴纳税款。

条文主旨

本条主要界定增值税纳税义务人的计税期间,根据纳税人经营情况和应纳税额的大小,有针对性地确定不同类型与规模纳税人的计税期间,并针对不同计税期间分别规定纳税申报的日期。同时对扣缴义务人的解缴税款的期间和申报纳税期限,以及进口环节缴纳税款的期限也作出了明确的规定。旨在进一步明确纳税人、扣缴义务人如实申报、按期纳税的义务,全面贯彻落实税收法定原则。

条文释义

计税期间是税法规定的确定纳税人据以计算应缴纳税款的时间段。《增值税法》规定的按期和按次两种计算方式实质上就是纳税人每10

日、15日、1个月或者1个季度计算1次该时间段内应当缴纳的税款,如果不经常发生应税交易,就以每发生1次应税交易或行为为标准计算应缴纳的增值税。

明确计税期间后,纳税人需要自行对该计税期间内发生的交易行为进行统计整理,并向税务机关提交有关纳税事项的会计与税务资料,计算该期间需要缴纳的增值税,即纳税申报。对以1个月或者1个季度为计税期间的纳税人,应当自期满之日,即计税期限的最后1日的次日开始纳税申报,纳税申报期限为15日;对以10日或15日为1个计税期间的纳税人,应当于次月1日起15日内纳税申报,即在该计税期间所属月份的次月15日前申报纳税。由于存在大部分纳税人不是从某月的1日开始经营的情况,且有部分纳税人从月中或月末开始经营的可能,因此为了方便管理,提高税收征管的效率,便利纳税人办税,本条规定的是自期满之日开始计算纳税申报的日期。相应地,以10日、15日为计税期间的纳税人每个月的计税期间不固定,并且存在1个月多次申报的可能性,所以为了落实深化"放管服"改革精神,进一步减少纳税人办税频次,减轻纳税人申报负担,本条统一规定次月1日起申报纳税。

负有代扣代缴义务的增值税扣缴义务人也应当遵循纳税人的有关规定,按时按质完成自己的代扣代缴义务。比如,中华人民共和国境内某单位9月购买中华人民共和国境外某单位的一项服务,且该境外单位未在境内设立经营机构,也没有雇用代扣代缴代理人,就以购买该服务的境内单位为增值税扣缴义务人,由于不经常发生交易行为,所以扣缴义务人境内单位可以于次月1日至15日内在机构所在地或居住地税务机关申报纳税。

2017年《增值税暂行条例》对纳税人进口货物的纳税申报期限,缺少明确的规定,只规定应自海关填发海关进口增值税专用缴款书之日起

15日内缴纳税款,没有具体指明申报的纳税期限。《增值税法》将该项权利授予海关,允许海关根据有关规定完成纳税申报。

/ 理解适用

2017年《增值税暂行条例》中使用的纳税期限是税法要素之一,包括三个方面的概念,即纳税义务发生时间、纳税期限、缴库期限。纳税期限的概念在该法规中没有明确清晰的界定,导致不同的专家学者对纳税期限的概念有不同的理解,所以在实务过程中容易产生争议,与税收行政效率原则相悖。一部分学者认为纳税期限也称为纳税时间,包括税款计算和缴库的时间;另一部分学者认为纳税期限仅指缴纳税款的期限,如按月、按季或者按次;还有一部分学者认为纳税期限是纳税主体向征税机关具体缴纳税款的时间。多种理解与看法导致增值税纳税期限、申报纳税的确定在具体的实践过程中争议较大,因此将纳税期限的概念准确界定为计税期间,对于厘清这几个概念的逻辑关系来说十分有必要。

纳税期限作为税收固定性的重要体现,其相关概念的准确界定是维持税法稳定的重要因素,准确而清晰的计税期间与纳税申报的概念可以为纳税人提供清晰的指导,帮助他们进行合理的税务规划。此外,税法的确定性也是公民享有的基本保障,它确保了公民在法律面前的平等与公正。因此《增值税法》用计税期间的概念取代了纳税期限,缩小了范围,更清晰地界定了纳税人的计税期间、申报日期等有关规定,保证税法的稳定性,减少纳税人与税务机关的争议。

经过长期、多次的增值税修订改革,我国在完善增值税法过程中不断落实税收法定原则,贯彻要素法定原则。尽管《增值税法》中有对增值税计税期间的明确规定,但都是一般性、原则性的规定,因此对于现实生活中可能出现的特殊情况,不同的纳税人有具体的适用情形。如按固定期限纳税的小规模纳税人可以选择以1个月或1个季度为计税期间,考虑到税法的稳定性和会计年度内的可比较性,计税期间一经选择,1个会计年度内不得变更。该补充政策是对小规模纳税人的照顾。

新旧对比

表37 计税期间条款的变化

《增值税暂行条例》	《增值税法(征求意见稿)》	《增值税法(草案一次审议稿)》	《增值税法(草案二次审议稿)》	《增值税法》
第二十三条 增值税的纳税期限分别为一日、三日、五日、十日、十五日、一个月或者一个季度。纳税人的具体纳税期限,由主管税务机关根据纳税人应纳税额的大小分别核定;不能按照固定期限纳税的,可以按次纳税。纳税人以一个月或者一个季度为一个纳税期的,自期满之日起十五日内申报纳税;以一日、三日、	第三十五条 增值税的计税期间分别为十日、十五日、一个月、一个季度或者半年。纳税人的具体计税期间,由主管税务机关根据纳税人应纳税额的大小分别核定。以半年为计税期间的规定不适用于按照一般计税方法计税的纳税人。自然人不能按照固定计税期间纳税的,可以按次纳税。纳税人以一个月、一个季度	第二十八条 增值税的计税期间分别为十日、十五日、一个月或者一个季度。纳税人的具体计税期间,由主管税务机关根据纳税人应纳税额的大小分别核定。不经常发生应税交易的纳税人,可以按次纳税。纳税以一个月或者一个季度为一个计税期间的,自期满之日起十五日内申报纳税;以十日或者十五日为一个计	第二十九条 增值税的计税期间分别为十日、十五日、一个月或者一个季度。纳税人的具体计税期间,由主管税务机关根据纳税人应纳税额的大小分别核定。不经常发生应税交易的纳税人,可以按次纳税。纳税人以一个月或者一个季度为一个计税期间的,自期满之日起十五日内申报纳税;以十日或者十五日为一	第三十条 增值税的计税期间分别为十日、十五日、一个月或者一个季度。纳税人的具体计税期间,由主管税务机关根据纳税人应纳税额的大小分别核定。不经常发生应税交易的纳税人,可以按次纳税。纳税人以一个月或者一个季度为一个计税期间的,自期满之日起十五日

续表

《增值税暂行条例》	《增值税法（征求意见稿）》	《增值税法（草案一次审议稿）》	《增值税法（草案二次审议稿）》	《增值税法》
五日、十日或者十五日为一个纳税期的，自期满之日起五日内预缴税款，于次月一日起十日内申报纳税并结清上月应纳税款。 扣缴义务人解缴税款的期限，依照前两款规定执行。 第二十四条 纳税人进口货物，应当自海关填发海关进口增值税专用缴款书之日起十五日内缴纳税款。	或者半年为一个计税期间的，自期满之日起十五日内申报纳税；以十日或者十五日为一个计税期间的，自期满之日起五日内预缴税款，于次月一日起十五日内申报纳税并结清上月应纳税款。 扣缴义务人解缴税款的计税期间和申报纳税期限，依照前两款规定执行。 纳税人进口货物，应当自海关填发海关进口增值税专用缴款书之日起十五日内缴纳税款。	税期间的，自次月一日起十五日内申报纳税。 扣缴义务人解缴税款的计税期间和申报纳税期限，依照前两款规定执行。 纳税人进口货物，应当按照海关规定的期限申报纳税，并自完成申报之日起十五日内缴纳税款。	个计税期间的，自次月一日起十五日内申报纳税。 扣缴义务人解缴税款的计税期间和申报纳税期限，依照前两款规定执行。 纳税人进口货物，应当按照海关规定的期限申报纳税，并自完成申报之日起十五日内缴纳税款。	内申报纳税；以十日或者十五日为一个计税期间的，自次月一日起十五日内申报纳税。 扣缴义务人解缴税款的计税期间和申报纳税期限，依照前两款规定执行。 纳税人进口货物，应当按照海关规定的期限申报并缴纳税款。

主要变化

1. 将"纳税期限"的概念修改为"计税期间",概念界定更贴切合理。

2. 取消了1日、3日、5日3种类型的计税期间,新增1个季度的计税期间,不经常发生应税交易的纳税人可以选择按次纳税。

3. 修改了进口环节解缴税款的期限。

· 典型案例 ·

云南玉溪宣桥知识产权代理有限公司、国家税务总局玉溪市红塔区税务局玉带税务分局税务行政管理(税务)案①

1. 基本案情

云南玉溪宣桥知识产权代理有限公司(以下简称宣桥公司)自2005年成立以来,一直开具两种发票,其中代国家知识产权局、国家知识产权局商标局收取的官费通过"收款专用发票"抵扣,无须纳税。自2013年7月起,国家税务总局玉溪市红塔区税务局玉带税务分局(以下简称玉带税务分局)停止给予该项抵扣。

宣桥公司自2014年至2018年多次向玉带税务分局申请,要求免去不应当由宣桥公司承担的税收,均被拒绝。2018年12月至2019年7月,宣桥公司向信访、纪委、政府反映未果。法院、行政复议部门均以玉带税务分局没有对宣桥公司作出任何加盖税务局公章的法律文书为由不予受理宣桥公司对玉带税务分局提起的行政

---

① 参见云南省玉溪市中级人民法院行政判决书,(2020)云04行终13号。

复议和诉讼。

为启动复议和诉讼,宣桥公司未按期申报2019年1月1日至2019年3月31日的企业所得税、增值税,由此取得玉带税务分局发出的加盖公章的法律文书。玉带税务分局催告宣桥公司及时进行纳税申报,宣桥公司仍未申报后,玉带税务分局于2019年4月22日作出红塔玉带分税限改〔2019〕100445号《责令限期改正通知书》。宣桥公司法定代表人于2019年5月14日领取通知书。2019年11月12日,宣桥公司诉至云南省玉溪市红塔区人民法院,请求撤销玉带税务分局作出的红塔玉带分税限改〔2019〕100445号《责令限期改正通知书》。

2.争议焦点

(1)宣桥公司为了享受税收优惠而采取的不当的税收违法行为是否合理?

(2)宣桥公司的行为违反了《增值税暂行条例》中的哪条规定?对玉带税务分局的执法行为有什么看法?

3.案情分析

本案中,玉桥公司认为其没有享受应有的税收优惠,并且没有合理的渠道表达自己的诉求,法院、税务行政复议机关均以没有加盖税务局公章的法律文书为由拒绝其行政复议的申请,采取的拒绝纳税申报和缴纳税款的行为是激进的、不合理的。2015年《税收征收管理法》第25条第1款规定:"纳税人必须依照法律、行政法规规定或者税务机关依照法律、行政法规的规定确定的申报期限、申报内容如实办理纳税申报,报送纳税申报表、财务会计报表以及税务机关根据实际需要要求纳税人报送的其他纳税资料。"第62条规定:"纳税人未按照规定的期限办理纳税申报和报送纳税资料的,或者扣缴义务人未按照规定的期限向税务机关报送代扣代缴、代收代缴税款报告表和有关资料的,由税务机关责令限期改正,可以处二千元以下的罚款;情节严重的,可以处二千元以上一万元以下的罚款。"虽然理解宣桥公司想要表达诉求的心情,但其行为是对法律权威的挑战,法律是神圣不可侵犯的,个人在维护自己合理利益之前,也应先按照法律规定办理纳税并依法纳税后再主张权利,其以没有享受税收优惠为由而不办理纳税申报没有法律依据。

宣桥公司的行为违反了2017年《增值税暂行条例》第23条规定:"增值税的计税期间分别为十日、十五日、一个月或者一个季度。纳税人的具体计税期间,由主管税务机关根据纳税人应纳税额的大小分别核定。不经常发生应税交易的纳税人,可以按次纳税。纳税人以一个月或者一个季度为一个计税期间的,自期满之日起十五日内申报纳税;以十日或者十五日为一个计税期间的,自次月一日起十五日内申报纳税。扣缴义务人解缴税款的计税期间和申报纳税期限,依照前两款规定执行。纳税人进口货物,应当按照海关规定的期限申报并缴纳税款。"(现为《增值税法》第30条)本案被告玉带税务分局系合法税收征管主体,原告宣桥公司在发生应税经营后在限期内未依法进行纳税申报,被告作出的红塔玉带分税限改〔2019〕100445号《责令限期改正通知书》事实清楚,适用法律、法规正确,程序合法。

将《增值税暂行条例》上升为法律,贯彻落实税收法定主义,可以提高增值税法的威慑力和严肃性,减少纳税人通过拒绝纳税申报引起行政机关注意的一系列不当行为,打击纳税人挑战法律权威的侥幸心理。本案也同时反映了在税收征管实务过程中存在的税收信息不对称、对纳税人有关情况的不了解、税务机关没有正视纳税人的有关诉求等问题,税务机关应在今后的实践中积极改进,在保证法律权威、贯彻税收法定原则的同时,也要尽量考虑个体的特殊性。

相关规定

1.《税收征收管理法》第 25 条、第 62 条;

2.《增值税暂行条例》第 23 条。

第三十一条 【预缴增值税】

条文

纳税人以十日或者十五日为一个计税期间的,应当自期满之日起五日内预缴税款。

法律、行政法规对纳税人预缴税款另有规定的,从其规定。

条文主旨

此条文是对哪些纳税人需要预缴增值税的规定,使纳税人更清楚是否需要以及如何预缴税款。计税期间为 10 日和 15 日的纳税人要在期满以后预缴税款。纳税人的具体计税期间,由主管税务机关根据纳税人应纳税额的大小分别核定,不经常发生应税交易的纳税人,可以按次纳税。增值税具有强制性、无偿性和固定性,核定计税期间为 10 日和 15 日的纳税人必须预缴税款。同时,由于企业业务类型等其他原因需要预缴税款的,根据另外的法律规定执行。

条文释义

纳税人以 10 日或者 15 日为一个计税期间的,应当自期满之日起 5 日内预缴税款。

法律、行政法规对纳税人预缴税款另有规定的,从其规定。

本条就是对增值税纳税人如何预缴税款的规定,包括哪些纳税人需要预缴、如何预缴以及特殊预缴的说明。现从"计税期间""纳税义务发生时间"等关键词出发,对整个条文进行解释。

1. 计税期间

解释本条首先要理解"计税期间"。"计税期间"是指纳税人从纳税义务发生起到应该缴纳税款的期间,即纳税人据以计算应纳税额的期间。计税期间说明纳税人应多长时间计缴一次税款,体现了计税的频次。纳税义务发生后,很多纳税人不便或者不能立刻缴税,尤其是对于作为商品劳务税的增值税来说,一般的纳税人几乎每天都在发生纳税义务,不可能每天都去申报缴纳税款。计税期间的规定一方面可使国家节约征管成本,另一方面也可降低纳税人纳税成本,尽可能减少征纳负担。在计税期间届满后,纳税人汇总计税期间内所有因增值税纳税义务产生的应纳税额,并在纳税期限内,将税款缴纳入库。

其次,对于纳税人 10 日和 15 日计税期间的规定,即纳税人的具体计税期间,由主管税务机关根据纳税人应纳税额的大小分别核定。不经常发生应税交易的纳税人,可以按次纳税。例如,主要经营商品买卖的大型商超,每天会产生大量应缴增值税,但每天缴纳增值税比较烦琐且资金压力大。

《增值税法》与《增值税暂行条例》相比,删掉了 1 日、3 日、5 日的规定,间隔日期更长。尤其在现阶段,需要给作为市场主体的纳税人提供更多优惠便利。将纳税间隔日期适当调整可以在保证国家税收稳定的同时,减少企业资金压力、有利于企业进行经营活动。此外,小规模纳税人、银行、财务公司、信托投资公司、信用社,以及财政部和国家税务总局规定的其他纳税人可以以一个季度为计税期间。

2. 纳税期限

"纳税期限"是指税法关于税款缴纳时间的限定,是负有纳税义务的纳税人向国家缴纳税款的最后时间限制,与"计税期间"相比,更强调缴纳税款的最后时间限制。此外它和"计税期间"除了在意思上的差异,还有一点不同,即"纳税期限"是税法构成要素之一,而计税期间目前并非税法构成要素之一。本条将"纳税期限"替换为"计税期间",更突出了国家在立法上的准确与审慎。

3. 纳税义务发生时间

在理解"计税期间"时,也要理解"纳税义务发生时间"。税法对增值税的纳税义务发生时间有明确规定,纳税义务发生时间即纳税人发生应税行为应当承担纳税义务的时间。从税收构成要件来分析,纳税义务在税收实体法要素满足时产生。明确规定增值税的纳税义务发生时间,有利于提高税务人员执法准确性以及纳税人的遵从性。增值税作为商品劳务税,确认收入时间的方法应该以权责发生制为原则。例如,《增值税法》第 28 条第 1 款第 1 项规定,发生应税交易,纳税义务发生时间为收讫销售款项或者取得销售款项索取凭据的当日;先开具发票的,为开具发票的当日。

4. 期满之日

"期满之日"即纳税人经过前述规定的计税期间 10 日、15 日之后,应该向所属税务机关缴纳税款的日期。例如,一企业的计税期间被核定为

10天,那么第11天该企业就需要对前10天内的增值税税款进行预缴。

5. 预缴税款

"预缴税款"就是预先、提前缴纳税金,在实际纳税时间还没到时提前缴税款。预缴税款包括预缴增值税、土地增值税、企业所得税,是按税法相关规定履行预缴义务。"预缴税款"作为税法规定的义务,对于国家税收以及纳税人均有一定益处。

6. 其他法律规定

在预缴税款方面,国家对于一般纳税人、小规模纳税人以及不同行业纳税人均颁布了相关办法以及公告等。

对一般纳税人和小规模纳税人跨地区提供建筑服务、销售不动产、出租不动产等没有计税期间的要求,跨地区提供建筑服务等要求预缴税款。以上情形,《纳税人跨县(市、区)提供建筑服务增值税征收管理暂行办法》、《纳税人提供不动产经营租赁服务增值税征收管理暂行办法》以及《财政部 税务总局关于增值税小规模纳税人减免增值税政策的公告》等作出了明确的规定,包括主体、预缴率以及计算方法等。

理解适用

此部分主要对该条文的理解以及适用进行阐述。第一,从增值税立法主要进程、"放管服"改革方面阐述该条文的背景,紧接着从国家以及纳税人等方面总结该条文的意义,从以上两个方面深入理解第31条。第二,适用方面则根据已经颁布的条例以及办法进行总结。

1. 第31条相关背景

增值税的立法过程比较漫长,可体现出国家对于增值税立法的审慎性。2019年11月27日,财政部、国家税务总局在国家税务总局网站上发布《中华人民共和国增值税法(征求意见稿)》以公开征求意见。2022年12月27日,《增值税法(草案一次审议稿)》提请十三届全国人大常委会第三十八次会议首次审议,从税法体系的完整性、稳定性等方面来说,增值税立法是十分必要的。同时,民营经济等市场主体的复苏也需要国家一系列财税政策支持。《增值税法》简并计税期间,也符合国家"放管服"改革的政策趋势。

2. 第 31 条相关变化

从《增值税法》与《增值税暂行条例》的对比来看,《增值税法》有几个变化:一是将《增值税暂行条例》第 23 条分成了第 30 条和第 31 条,将缴纳税款和预缴税款分成了更清楚明确的两个条文,把预缴税款单独列为一个条文。

二是《增值税法》将"纳税期限"调整为"计税期间"。调整后的表述更准确地体现了纳税义务发生以后应当予以计算并申报缴纳税款的期间范围。而纳税期限却没能体现纳税义务发生时间与计算申报缴纳期间的关系。①

三是减少了 1 日、3 日和 5 日 3 个计税期间。为落实深化"放管服"改革精神,进一步减少纳税人办税频次、减轻纳税人申报负担,《增值税法》第 30 条取消 1 日、3 日和 5 日等 3 个计税期间。②

四是《增值税法》与《增值税暂行条例》的一大不同点是将法条分成了六个章节,分别是总则、税率、应纳税额、税收优惠、征收管理、附则,比原来更方便查找、理解与阅读。第 31 条属于《增值税法》第五章即征收管理中的内容是对纳税人预缴税款的规定。

从上述主要变化可以看出,《增值税法》更符合时代背景、更科学

---

① 参见李欣:《〈增值税法(草案)〉中增值税制度的继承与变化》,载《新理财》2023 年 Z1 期。
② 参见余鹏峰:《数字时代增值税法定的特点、内容与路径——以〈增值税法(草案)〉为中心》,载《山西财政税务专科学校学报》2023 年第 2 期。

易懂。

3. 第 31 条主要意义

预缴税款对于国家以及纳税人均有一定益处。采用预缴方式可以将应缴税款分摊到多个期间,以避免一次性征税导致税负过高。对于国家来说,可以保证税款均衡入库,避免企业对税收政策的滥用,有利于建立良好的税收秩序和提高国家财政收入的稳定性。对于企业来说,预缴税款有利于企业保持良好的现金流,避免一次性缴纳大笔增值税税款使企业产生资金压力,在一定程度上可以提升企业形象和信誉。

4. 第 31 条适用

一般纳税人在纳税期间届满以后就应该预缴增值税。

此处以建筑企业、房地产企业为例,说明其需要异地预缴增值税时的具体计算方法。燎原建筑公司为增值税一般纳税人,假设 2020 年 7 月在 A 市取得跨区域含税建筑收入总额为 600 万元,支付分包款 300 万元,该公司当月应在 A 市预缴的税款是多少万元?应预缴税款 =(全部价款和价外费用 – 支付的分包款)÷(1 + 9%)× 2% = 5.5 万元。

预缴增值税税款主要可以分为以下几个步骤:

(1)填写申报表:企业或个体工商户首先要填写增值税预缴申报表,根据实际情况填写本月销售发票金额、应缴税款金额等项目。

(2)提交申报:将已填写的申报表提交至国家税务局,应在规定的期限内提交。

(3)税务机关审核:税务机关根据申报表上填写的信息进行审核,审核成功后会下发缴款通知。

(4)财务缴纳:收到税务机关发来的缴款通知后,企业或个体工商户应及时缴纳规定的税款,缴款方式包括现金、电汇或网银转账等。

(5)缴款确认:缴款完成后,税务机关会在税务系统中确认预缴税款,缴款成功的预缴税款将被抵扣对应期的应纳税额。

在申报增值税预缴税款时,应注意规定的期限,以免影响纳税义务的履行,另外要特别注意保存税款缴纳的凭证,以备税务查账。

新旧对比

表38 预缴增值税条款的变化

《增值税暂行条例》	《增值税法（征求意见稿）》	《增值税法（草案一次审议稿)》	《增值税法（草案二次审议稿)》	《增值税法》
第二十三条 增值税的纳税期限分别为一日、三日、五日、十日、十五日、一个月或者一个季度。纳税人的具体纳税期限,由主管税务机关根据纳税人应纳税额的大小分别核定;不能按照固定期限纳税的,可以按次纳税。纳税人以一个月或者一个季度为一个纳税期期的,自期满	第三十五条 增值税的计税期间分别为十日、十五日、一个月、一个季度或者半年。纳税人的具体计税期间,由主管税务机关根据纳税人应纳税额的大小分别核定。以半年为计税期间的规定不适用于按照一般计税方法计税的纳税人。自然人不能按照固定计税期间纳税的,可以按次纳税。纳税人以一个月、一个季度或者半年为一个计税期间的,自期满之日起	第二十九条 纳税人应当按照规定预缴增值税,具体办法由国务院财政、税务主管部门制定。	第二十九条 增值税的计税期间分别为十日、十五日、一个月或者一个季度。纳税人的具体计税期间,由主管税务机关根据纳税人应纳税额的大小分别核定。不经常发生应税交易的纳税人,可以按次纳税。纳税人以一个月或者一个季度为一个计税期间的,自期满之日起十五日内申报纳税;以十日或者十五日为一个计税期间的,自次月一日起十五日内申报纳税。	第三十一条 纳税人以十日或者十五日为一个计税期间的,应自期满之日起五日内预缴税款。法律、行政法规对纳税人预缴税款另有规定的,从其规定。

续表

《增值税暂行条例》	《增值税法（征求意见稿）》	《增值税法（草案一次审议稿）》	《增值税法（草案二次审议稿）》	《增值税法》
之日起十五日内申报纳税；以一日、三日、五日、十日或者十五日为一个纳税期的，自期满之日起五日内预缴税款，于次月一日起十五日内申报纳税并结清上月应纳税款。扣缴义务人解缴税款的期限，依照前两款规定执行。	十五日内申报纳税；以十日或者十五日为一个计税期间的，自期满之日起五日内预缴税款，于次月一日起十五日内申报纳税并结清上月应纳税款。扣缴义务人解缴税款的计税期间和申报纳税期限，依照前两款规定执行。纳税人进口货物，应当自海关填发海关进口增值税专用缴款书之日起十五日内缴纳税款。		扣缴义务人解缴税款的计税期间和申报纳税期限，依照前两款规定执行。纳税人进口货物，应当按照海关规定的期限申报纳税，并自完成申报之日起十五日内缴纳税款。第三十条　纳税人以十日或者十五日为一个计税期间的，应当自期满之日起五日内预缴税款。法律、行政法规对纳税人预缴税款另有规定的，从其规定。	

> •典型案例•
>
> ## 广州德发房产建设有限公司与广东省
> ## 广州市地方税务局第一稽查局再审案[①]
>
> 1. 基本案情
>
> 2005年1月,广州德发房产建设有限公司(以下简称德发公司)委托拍卖行将其自有的位于广州市人民中路555号"美国银行中心"的房产拍卖后,按1.38255亿元的拍卖成交价格,向税务部门缴付了营业税6,912,750元及堤围防护费124,429.5元,并取得了相应的完税凭证。2006年,广州市地方税务局第一稽查局(以下简称广州税稽一局)在检查德发公司2004年至2005年地方税费的缴纳情况时,认为德发公司的上述房产拍卖成交单价2300元/平方米,不及市场价的一半,严重偏低,遂于2009年9月,作出"穗地税稽一处〔2009〕66号税务处理决定",核定德发公司委托拍卖的上述房产的交易价格为311,678,775元,并以311,678,775元为标准核定应缴纳营业税及堤围防护费,决定追缴德发公司未缴纳的营业税8,671,188.75元,加收营业税滞纳金2,805,129.56元;决定追缴堤围防护费156,081.40元,加收堤围防护费滞纳金48,619.36元。德发公司不服该决定,先后向广州市天河区人民法院、广州市中级人民法院、广东省高级人民法院提起行政诉讼,均被驳回。德发公司最后向最高人民法院申请再审。最高人民法院依法组成合议庭,于2015年6月29日公开开庭审理了本案,2017年4月7日作出终审

[①] 参见最高人民法院行政判决决书,(2015)行提字第13号。

判决：撤销一审、二审判决，并撤销被诉处理决定中加收营业税滞纳金和堤围防护费滞纳金的部分。

2. 争议焦点

广州税稽一局重新核定德发公司拍卖涉案房产的计税价格后新确定的应纳税额，其纳税义务是否应当自核定之日发生？

3. 案情分析

《税收征收管理法》对税务机关在纳税人已经缴纳税款后重新核定应纳税款并追征税款的期限虽然没有明确规定，但并不意味税务机关的核定权和追征权没有期限限制。税务机关应当在统筹兼顾保障国家税收、纳税人的信赖利益和税收征管法律关系的稳定等因素的基础上，在合理期限内核定和追征。在纳税义务人不存在违反税法和税收征管过错的情况下，税务机关可以参照《税收征收管理法》第52条第1款规定确定的税款追征期限，原则上在3年内追征税款。本案核定应纳税款之前的纳税义务发生在2005年1月，广州税稽一局自2006年对涉案纳税行为进行检查，虽经3年多调查后，未查出德发公司存在偷税、骗税、抗税等违法行为，但依法启动的调查程序期间应当予以扣除，因而广州税稽一局2009年9月重新核定应纳税款并作出被诉税务处理决定，并不违反上述有关追征期限的规定。德发公司关于追征税款决定必须在2008年1月15日以前作出的主张不能成立。

根据依法行政的基本要求，没有法律、法规和规章的规定，行政机关不得作出影响行政相对人合法权益或者增加行政相对人义务的决定；在法律规定存在多种解释时，应当首先考虑选择适用有利于行政相对人的解释。有权核定并追缴税款，与加收滞纳金属于两个不同问题。根据《税收征收管理法》第32条,第52条第2款、第3款的规定,加收税收滞纳金应当符合以下条件之一:纳税人未按规定期限缴纳税款;自身存在计算错误等失误;或者故意偷税、抗税、骗税的。本案中德发公司在拍卖成交后依法缴纳了税款,不存在计算错误等失误,税务机关经过长期调查也未发现德发公司存在偷税、抗税、骗税情形,因此德发公司不存在缴纳滞纳金的法定情形。被诉税务处理决定认定的拍卖底价成交和一人竞买拍卖行为虽然能证明税务机关对成交价格未形成充分竞价的合理怀疑具有正当理由,但拍卖活动和拍卖价格并非德发公司所能控制和决定,广州税稽一局在依法进行的调查程序中也未能证明德发公司在拍卖活动中存在恶意串通等违法行为。同时本案还应考虑德发公司基于对拍卖行为以及地方税务局完税凭证的信赖而形成的信赖利益保护问题。在税务机关无法证明纳税人存在责任的情况下,可以参考《税收征收管理法》第52条第1款关于"因税务机关的责任,致使纳税人、扣缴义务人未缴或者少缴税款的,税务机关在三年内可以要求纳税人、扣缴义务人补缴税款,但是不得加收滞纳金"的规定,作出对行政相对人有利的处理方式。因此,广州税稽一局重新核定德发公司拍卖涉案房产的计税价格后新确定的应纳税额,纳税义务应当自核定之日发生,其对德发公司征收该税款确定之前的滞纳金,没有法律依据。此外,被诉税务处理决定没有明确具体的滞纳金起算时间和截止时间,也属认定事实不清。

相关规定

1.《纳税人跨县(市、区)提供建筑服务增值税征收管理暂行办法》第3条;

2.《纳税人提供不动产经营租赁服务增值税征收管理暂行办法》第3条；

3.《纳税人转让不动产增值税征收管理暂行办法》第3条；

4.《房地产开发企业销售自行开发的房地产项目增值税征收管理暂行办法》第10条；

5.《税收征收管理法》第27条；

6.《财政部 税务总局关于增值税小规模纳税人减免增值税政策的公告》第2条。

第三十二条 【征收机关】

条文

> 增值税由税务机关征收，进口货物的增值税由海关代征。
>
> 海关应当将代征增值税和货物出口报关的信息提供给税务机关。
>
> 个人携带或者寄递进境物品增值税的计征办法由国务院制定，报全国人民代表大会常务委员会备案。

条文主旨

该条明确了国内增值税的一般征收主体和进口货物的增值税的征收机关，明确了税务机关和海关在税收征管方面协同配合，规定了海关作为进口货物增值税的代征机构，应将代征增值税和货物报关信息提供给税务机关的职责。

条文释义

增值税由税务机关征收，进口货物的增值税由海关代征。

从征管机制上来讲，我国税收的授权征管部门只有税务部门和海关，前者负责国内税收，后者负责海关税收，二者在权力来源上一致，但分工不同。增值税是我国的第一大税，经过"营改增"等一系列改革后，覆盖范围非常广泛，也使国内市场和对外贸易双向对接、充分融合。进出口环节融入国内的流通，构成一个大的税收征管体系。增值税因此成为海关税制和国内税制的交集，其要素和征管程序不同于其他税种。

增值税横贯国内税制和海关税制，使两者紧密结合。一方面，增值税抵扣法决定了两类税制在进口环节前后衔接。海关征管的进口增值税与关税同时征收，并作为进项税，用于抵扣国内环节的同期销项税，海关开具的税款缴纳书，作为抵扣发票。在这种情况下，海关征收的税量其实是相对税量，会因为抵扣量的多寡与国内增值税此消彼长。另一方面，出口退税制度使两类税制紧密相依。我国实施的增值税出口退税制度刺激了国内企业的出口积极性，促进了外贸出口的攀升。海关作为出口货物监管部门，不仅履行准确归类、验数的责任，还需要提供出口信息，作为国税部门退税核对的凭据。结合征管实践，《增值税法》明确增值税由税务机关征收，进口货物的增值税由海关代征。增值税的征管体制明确了涉税部门的税收征管职责，强化了政府部门之间的税收共治责任，从而解决了征税主体从事征税行为的法律依据问题。征管体制的核心是税收征管权的划分问题，它与增值税的退税制度、零税率制度等相互衔接，有助于增进各类增值税制度的协调性，强化税收制度的国际协调。

不同于其他税收，进口货物的增值税的应税行为涉及由境外入境，相关入境货物或船舶必然需要办理入境手续,税款的征收显然需要建立在手续完成的基础上,有关纳税义务界定的规定甚至直接与之关联。例如,进口货物增值税的纳税义务在报关进口的当天产生。因此,无论是从专业、技术的角度,还是从效率的角度来看,应当由海关代替税务机关成为进口增值税的的征管机关。加上海关系统与税务系统在运行机制等方面的差异,在税收征管方面,海关对增值税的征管程序、方式必然会有很大特殊性。为此,进口货物的增值税并不由《税收征收管理法》规定,而是由《海关法》来规范。

海关处在进口环节增值税征管链条的前端,而目前进口货物的增值税在海关税收中的比重占80%以上。但所有的海关法条文均将其视为关税的随同税,仅规定了简单的保留条款,如"进口环节海关代征税的征收管理,适用关税征收管理的规定"(《海关法》第65条、《关税法》第70条)。其设计的逻辑在于:进口关税是进口货物的增值税的计价依据,且二者同时征收,所以围绕关税征管程序笼统设计了进口货物的增值税的程序。这种设计在程序上可行,法律规定本身却是模糊的。

如果按"道道征税、税不重征"的税负特点,进口货物的增值税应当和国内增值税一道,由专项的增值税法进行规定。目前,《增值税法》已经出台,而《税收征收管理法》只规定国内增值税的征管程序,该法第90条还规定"关税及海关代征税收的征收管理,依照法律、行政法规的有关规定执行",又把进口货物的增值税的征管程序排除在外。进口货物的增值税的程序不适用《税收征收管理法》,又被《海关法》归入关税的参考系,法律依据尚不完备。这项征管工作需要从多个法律中寻找依据,处于各类法律规定的边缘地带。

根据我国的立法现状,我们要坚持法律的合理性和严肃性,适当保留现有的分层、授权方法,实施税率授权制定,厘清税种法与法规规章的关系,使法律统揽实体和程序,将法规予以细化,并由规章分解执法操作,分散立法压力,避免主体税法过于冗长烦琐,使相关法律相互衔接。

虽然和《增值税暂行条例》相比,《增值税法》第32条以法律形式明确了征管主体职责,但是有关进口货物的增值税,尤其是征管方面的相关规定并未更多涉及,还需要配套文件进一步明确。为兼顾进口货物的税收特点和海关的征管职能,有学者建议在《增值税法》中开设进口税的独立章节,对其要素和程序作出规定,写清海关的主体征管责任和职能边界,并建议在配套的两部实施条例中写清海关和税务基于两个税种的协助义务,避免有可能出现的部门职责交叉。

理解适用

1. 税务与海关联动协作

海关应当将代征增值税和货物出口报关的信息提供给税务机关。目前,随着开放型经济和市场一体化的深入推进,经济参与主体众多且分散,企业组织形式和生产经营方式也日渐复杂,税收征管涉及的数据经常需要从其他政府机关或者相关企业获取,而层级越多,不同参与主体间的信息不对称现象越突出,税务机关的监管链条越长,信息获取通道越不通畅。因此,部门合作变得十分重要,应加强海关税制和国内税制的协作。两类税制从目标、理念到具体措施都有巨大的合作空间,需要加强信息交换程度和执法联动水平。有关部门应当依照法律、行政法规和各自职责,支持、协助税务机关开展增值税征收管理。税务机关应与信息、公安、海关、市场监管、人民银行、金融监督管理等部门建立增值税涉税信息共享机制和工作配合机制。

信息不对称是制约税务机关提升征纳效率的障碍。这方面最棘手的问题就是如何在法律政策层面使涉税信息资料持有部门、组织的信息提供义务明确化、精准化,如何为跨部门税收征管共治提供足够的法律支撑。2015年修正的《税收征收管理法》及2016年修订的《税收征收管理法实施细则》虽然作出了努力,但征管主体权责、征管流程、数字化征管资源共享机制尚未得到细化。目前,省、市层面有要求政府部门进行信息共享的相关规定,但法律总体上在税收风险管理方面尚不完善,有关部门协助税务机关执行职务的条款的规定较宽泛且笼统,难以作为法律支撑直接用于指导具体税收征管实践。例如,《税收征收管理法》第5条规定"各有关部门和单位应当支持、协助税务机关依法执行职务",但"有关部门和单位"具体是指哪些单位,如何支持、如何协助,对相关单位不给予协助、支持的后果及惩戒措施尚不明确。这导致该规定的约束性不强、强制性不足,在实际税收征管实践中可操作性不强。

随着以移动互联网、云计算、大数据等为特征的新一轮科技革命日益深入,"涉税信息共享"将成为税收治理能力的重要组成部分,也成为税收管理现代化的重要途径。2017年,海关总署、国家税务总局、国家外汇管理局在京共同签署《关于实施信息共享开展联合监管的合作机制框架协议》。根据该框架协议,三方一致同意加快推进跨部门的信息互换、监管互认、执法互助,不断完善事中事后监管,提高管理效率,降低管理成本,更好地防范和打击走私、骗取出口退税、逃骗汇等违法违规行为,保证国家海关、税收、外汇政策有效执行。根据党的二十大"健全共建共治共享的社会治理制度"的要求,《关于进一步深化税收征管改革的意见》也明确指出深入推进精确执法、精细服务、精确监管、精诚共治,为推动高质量发展提供有力支撑。

要做好增值税的征管,国税部门和海关尤其应当加强协同,建立紧密配合机制,形成税收征管合力,打造协同共治的征管新格局,实现共进双赢的目的。《增值税法》第32条新增内容,即"海关应当将代征增值税和货物出口报关的信息提供给税务机关"的立法意图非常明显,便是以法律的形式确认协助征管、税收共治的义务要求。该条以"应当"描述海关在代征环节对税务机关的法定义务，无疑是用刚性的规范强化了税务机关的涉税信息获取能力，充分体现了立法的决心和魄力。与此同时，有关"提供涉税信息"的行政程序问题、证据责任问题、违法责任和权利救济问题等在《增值税法》中并未涉及，我国现行《税收征收管理法》和《海关法》对上述内容的规定也尚不完备。

无论是遵循国际惯例，还是适应国内的税收管理现代化需要，"涉税信息获取"相关内容的完善在未来的立法过程中必定是修订的重要内容之一。实现涉税信息共享的基础是涉税信息本身的可靠性，因此，应完善涉税信息获取程序，解决信息不全、失真而导致的漏税问题。以法律保障海关从其他职能部门、金融机构、第三方获取的涉税信息的权力，确认从国际信息合作中获取的涉税信息的效力。如此可将海关国际税收信息自动交换，"三互"（口岸部门间执法互助、信息交换、监管互认）固化为法律认可的制度。

税款征收是税务部门将纳税人应纳税款通过不同方式收缴入库的执法过程和工作，是税收之债给付的过程，指导税款征收过程最重要的税法原则便是税收效率原则。目前，国税部门和海关都已经形成各司其职的综合治税格局。这种格局仅限于各自内部，对于单一主体的税种是适合的，但对于增值税这样覆盖面广的税种，如果相互独立，必然会制约征管效率。因此，两类税制应当开展以信息共享为主的合作，寻求"大综合治税"的共赢。海关和国税的深化合作体现在抵扣、政策性退税、补税、惩治逃税四个方面，必须以稳定的信息交换和配合核查机制作为支撑。抵扣方面主要是海关及时准确开具税款缴纳书，并按权级分工核查国税部门的存疑税款缴纳书；政策性退税方面主要是在已经征收的进口增值税需要退税时，海关需要凭国税部门出具企业是否已经抵扣的有效证明办理,防止企业双重获利;补税方面主要是海关应及时将进口增值税的补税信息提供给国税部门,纳入当期抵扣范围;惩治逃税方面主要是双方运用各自的执法手段进行配合。增值税逃税具有复杂的专业化特征,需要税收征管部门加强执法互动。

出口监管是增值税出口退税的基础,保证着退税的准确性和科学性,非常重要。前些年,不法分子伪造单据骗取出口退税的现象较多,利用的就是国税部门和海关信息不能及时互联的空间差和时间差。自从采用报关单自动联网核对系统后,出口退税的数据可以通过电子口岸实现查询,骗税现象立刻得到遏制。但是技术类违规骗税的风险仍然很大,不法分子采取伪报高退税率的税号、少报多出、空箱出口等手段,试图多退税获利。因此,海关应当在出口环节严格审单,审核出口申报归类、数量的准确性,加强对出口退税信息的联网核对、单证复核。反走私方面,海关缉私也应保障出口退税,发挥执法手段优势,将虚假申报骗税作为走私行为进行严厉打击。国税部门也应将违规骗税的信息通报海关,共同做好反走私综合治理。

2. 个人进境物品计征

(1)改"邮寄"一词为"寄递"

相较《增值税法(征求意见稿)》,本条将"邮寄"改为"寄递",二者在本质上没有区别,都是指通过邮政系统实现快递、运送包裹的服务。具体来说,"邮寄"一词更多强调服务的手段(使用邮件方式进行运输),而"寄递"则更强调这种服务的目的地属性。此处改为"寄递"凸显了本条是针对目的地为中国的进境物品的增值税,符合我国进口增值税征收的目的地原则。

(2)删除"自用"和"连同关税一并计征"的表述

相较《增值税暂行条例》,本条删除了"自用"和"连同关税一同计征"的表述。对于进境物品,《关税法》第2条规定:"中华人民共和国准许进出口的货物、进境物品,由海关依照本法和有关法律、行政法规的规定征收关税。"行邮物品进口税实行从价计征,其完税价格由海关按照物品的到岸价格核定。应缴纳的关税、消费税作为进口环节成本,也属于增值,包括国际运费及相关物流辅助费用等服务价格,这些都和关税完税价格一起,组成了进口增值税的计税价格。纳税人是入境行李物品的携带人和进口邮件的收件人。根据我国《海关法》的规定,个人携带进出境的行李物品、邮寄进出境的物品,应当以自用、合理数量为限,并接受海关监管。自用是指个人携带进出境的行李物品、邮寄进出境的物品为本人自用、馈赠亲友而非为出售、出租牟利或收取带工费等。海关对进出境个人邮递物品的管理原则是,既方便正常往来,照顾个人合理需要,又要限制以商业营利为目的经营活动以及不如实申报的违法走私行为。

由于海关税制的特殊性及复杂性,规范个人进境物品增值税的计征方式也是一项庞大的工程。现行的各类规范规定了个人物品携带/邮寄的限值、免税额和禁止、限制携带/邮寄物品的品种等诸多内容。就纳税主体来说,涉及进境居民旅客、进境非居民旅客、进境非居民长期旅客等;就纳税范围来说,在当前网络经济背景下,大量寄递物品来自跨境电商零售交易渠道;就物品寄发地来说,涉及很多国家和地区,以上种种未尽之要素的繁杂性决定了个人进境物品增值税计征方式是不可能在《增值税法》中作出详细规定的。因此,在不影响该条立法目的的前提下,删除"自用""连同关税一并计征",这些将在其他配套法律文件中作出专门解释和规定的内容,符合立法语言简洁性的特点。

(3)改"由国务院关税税则委员会会同有关部门制定"为"由国务院制定"

相较《增值税暂行条例》,本条将个人携带或者寄递进境物品增值税的计征方法交由国务院制定。税收法定的核心内容是法律保留。也就是说,税收要素和征税程序都要由最高立法机关通过立法程序制定。在我国,法律特指全国人民代表大会及其常务委员会制定的法律,而不包括行政法规、部门规章及其他规范性文件。

税收领域是立法权转授现象尤为突出的一个领域。在税收征收、减免和退税的各个环节,立法权的转授链条像蜘蛛网一样纵横交错。根据《立法法》第11条第6项的规定,税种的设立、税率的确定和税收征收管理等税收基本制度只能制定法律。目前,国务院基于授权立法制定的许多税收条例将课税的基本事项立法权转授给财政部、国家税务总局和地方政府。《立法法》第11条、第12条规定,对税种的设立、税率的确定和税收征收管理等税收基本制度,只能制定法律;尚未制定法律的,国务院可制定行政法规。《增值税法》将个人携带或者寄递进境物品增值税的计征办法的授权立法主体由国务院关税税则委员会上升为国务院,符合《立法法》的要求,有利于贯彻税收法定原则。

有学者提出,授权国务院制定具体的计征办法,可能会扩大征税范围,有碍立法保护纳税人权益目的的实现。的确,由于税收立法的专业性和区域差异,国家立法机关难以一步到位制定完善的法律规则,因此,授权立法及转授权立法的现象较为常见。客观上说,这些做法有其合理性和必要性。如果扩大适用《立法法》第12条的禁止立法权转授原则,税收行政立法中大量根据立法权转授制定的地方政府规章和规章以下的规范性文件都将面临合法性危机。对此,税法学界针对严守税收法定原则的传统立场提出了质疑,强调税收法定不等于税收法治。但无论对税收法定作何种理解,税收立法权的转授都是一个需要处理的问题。基于党的二十大报告提出的备案审查制度,税收领域的法律法规应加强与《立法法》的衔接,优化税收授权和备案制度,严格把控税收授权立法的对象,明确备案机关的选择,降低基层执法风险,使执法行为有据可依。

3. 备案的作用和意义

在《增值税法》第32条中新增"报全国人民代表大会常务委员会备案",主要有以下作用和意义:(1)加强立法监督。全国人民代表大会常务委员会作为国家立法机关的常设机构,对国务院制定的个人携带或者寄递进境物品增值税的计征办法进行备案审查,可确保该办法符合《增值税法》的立法目的、基本原则和相关规定,防止出现与上位法相抵触或超越授权范围的情况,维护法律体系的统一性和严肃性。(2)保障政策合理性。个人携带或寄递进境物品的情况复杂多样,涉及不同的物品类型、价值、用途等,国务院在制定计征办法时需充分考虑各种因素。报全国人民代表大会常务委员会备案,可借助其专业的立法审查和广泛的民意基础,对计征办法的合理性进行把关,避免政策出现不合理或不公平的情况,保护纳税人的合法权益。(3)促进政策透明与公开。备案程序要求国务院将制定的计征办法提交全国人民代表大会常务委员会,这增加了政策制定过程的透明度和公开性。全国人民代表大会常务委员会在审查过程中,可能会要求国务院对计征办法的制定依据、具体内容等进行说明和解释,便于社会公众了解政策的制定背景和具体规定,提高公众对税收政策的参与度和认同感。(4)适应经济社会变化。随着经济社会的不断发展和国际贸易形势的变化,个人携带或寄递进境物品的情况也会发生变化,相应的增值税计征办法需要适时调整。报全国人民代表大会常务委员会备案,可使全国人民代表大会常务委员会及时了解政策的调整情况,根据实际需要对《增值税法》进行进一步的完善和修订,确保法律与经济社会发展相适应。

新旧对比

表39 征收机关条款的变化

《增值税暂行条例》	《增值税法（征求意见稿）》	《增值税法（草案一次审议稿）》	《增值税法（草案二次审议稿）》	《增值税法》
第二十条 增值税由税务机关征收，进口货物的增值税由海关代征。个人携带或者邮寄进境自用物品的增值税，连同关税一并计征。具体办法由国务院关税税则委员会会同有关部门制定。	第三十六条 增值税由税务机关征收。进口货物的增值税由税务机关委托海关代征。海关应当将受托代征增值税的信息和货物出口报关的信息共享给税务机关。个人携带或者邮寄进境物品增值税的计征办法由国务院制定。	第三十条 增值税由税务机关征收，进口货物的增值税由海关代征。海关应当将代征增值税和货物出口报关的信息提供给税务机关。个人携带或者寄递进境物品增值税的计征办法由国务院制定。	第三十一条 增值税由税务机关征收，进口货物的增值税由海关代征。海关应当将代征增值税和货物出口报关的信息提供给税务机关。个人携带或者寄递进境物品增值税的计征办法由国务院制定。	第三十二条 增值税由税务机关征收，进口货物的增值税由海关代征。海关应当将代征增值税和货物出口报关的信息提供给税务机关。个人携带或者寄递进境物品增值税的计征办法由国务院制定，报全国人民代表大会常务委员会备案。

> **典型案例**

武汉朗帛医药有限公司与武汉天河机场海关行政管理纠纷案[①]

1. 基本案情

2017年10月,原告武汉朗帛医药有限公司(以下简称朗帛公司)向武汉天河机场海关(以下简称天河机场海关)申报一批紫杉醇原料药的进口通关手续,天河机场海关接单后认为该批货物存在低报价格的情形,将朗帛公司母公司深圳朗欧医药集团有限公司(以下简称朗欧公司)支付的5万美元先期费用认定为朗帛公司漏报的货物价格,遂要求朗帛公司补缴税款,后又作出武机关缉违字〔2018〕28号《行政处罚决定书》,对朗帛公司处以人民币25,000元罚款。

朗帛公司不服上述《行政处罚决定书》,向湖北省武汉市中级人民法院提出行政诉讼,认为:(1)朗帛公司并未漏报货物价格,朗欧公司此前向美国PHYTON公司支付的5万美元并非货款或特许费,而是保证金性质的先期费用,因而该费用不应算作货物价格,朗帛公司未申报该笔费用并不构成所谓"价格申报不实";(2)朗欧公司已针对案涉5万美元的先期费用向深圳市税务部门进行了申报,并依法缴纳了增值税、企业所得税等共计人民币53,346.40元,因而天河机场海关要求朗帛公司再次对该笔费用补缴税款,违反税收政策,构成重复征收;(3)财政部、海关总署、国家税务总局、国家药品监

[①] 参见湖北省武汉市中级人民法院行政判决书,(2018)鄂01行初438号。

督管理局四部门联合下发《关于抗癌药品增值税政策的通知》,要求自2018年5月1日起对包括紫杉醇在内的进口抗癌药品减按3%征收进口环节增值税,而天河机场海关仍按17%的税率对该批抗癌原料药征收巨额税款,此行为与国家政策背道而驰。综上所述,请求撤销武机关缉违字〔2018〕28号《行政处罚决定书》。

法院经审理,最终作出驳回朗帛公司诉讼请求的判决。

2.争议焦点

(1)朗帛公司是否因未向天河机场海关申报案涉5万美元构成"价格申报不实"?

(2)天河机场海关对朗帛公司追征税款是否构成重复征收、适用税率是否正确?

3.案情分析

从朗欧公司与美国PHYTON公司签订的《独家经销协议》关于产品定义、独家经销权、知识产权等内容的约定可以看出,PHYTON公司授予朗欧公司经销紫杉醇药品的独家经销权,授权期限为10年;PHYTON公司为产品的知识产权权利人,朗欧公司向PHYTON公司支付5万美元先期费用的目的是取得协议产品在区域内和领域内的独家经销权;朗帛公司此次申报进口的紫杉醇为协议定义的"产品",且进口后按照协议可以在区域内进行销售。因此,案涉5万美元属于用于支付分销权、销售权的特许权使用费,根据《海关审定进出口货物完税价格办法》第11条和第51条的规定,该费用与朗帛公司本次进口货物有关,应计入本次进口货物的成交价格。其在进口报关时未对5万美元特许权使用费进行申报,构成价格申报不实。

如前所述，朗欧公司向 PHYTON 公司支付的 5 万美元先期费用是 PHYTON 公司授予朗欧公司产品在区域内和领域内独家经销权对价的一部分，应视为 PHYTON 公司向朗欧公司销售无形资产，因此 PHYTON 公司在我国境内发生应税行为，而 PHYTON 公司在我国境内未设有经营机构，以购买方朗欧公司为增值税扣缴义务人，增值税税目表述为"销售无形资产"，实为营业税改征后的增值税，税率为 6%。另外，2017 年《进出口关税条例》第 2 条规定，"中华人民共和国准许进出口的货物、进境物品，除法律、行政法规另有规定外，海关依照本条例规定征收进出口关税"；第 5 条规定，"进口货物的收货人、出口货物的发货人、进境物品的所有人，是关税的纳税义务人"；《增值税暂行条例》第 20 条规定，"增值税由税务机关征收，进口货物的增值税由海关代征"（现为《增值税法》第 32 条）。依据上述法律规定，朗帛公司作为涉案进口货物的收货人，是进口关税和进口环节增值税的纳税义务人，天河机场海关对依法应作为完税价格一部分的案涉 5 万美元向其补征税款，其课税对象为进口的有形货物。由此可见，天河机场海关与深圳市税务部门对 5 万美元征收税款的课税对象、纳税义务人以及税率并不相同。因此，朗帛公司由于价格申报不实而漏缴了税款，其关于天河机场海关对该笔费用补征税款违反税收政策、构成重复征收的主张不能成立。

《进出口关税条例》第 15 条规定，"进出口货物，应当适用海关接受该货物申报进口或者出口之日实施的税率"；第 17 条规定，"因纳税义务人违反规定需要追征税款的，应当适用该行为发生之日实施的税率；行为发生之日不能确定的，适用海关发现该行为之日实施的税率"。天河机场海关于 2017 年 10 月 16 日接受朗帛公司申报进口货物紫杉醇,其接受朗帛公司申报进口之日即为行为发生之日。因此,适用的税率应为2017年10月16日接受申报之日的税率,即进口关税税率6.5%,进口环节增值税税率17%。朗帛公司认为应依自2018年5月1日起执行的新文件,对进口抗癌药品按3%征收进口环节增值税的主张不成立。

相关规定

1.《增值税法》第34条、第35条;

2.《税收征收管理法》第5条;

3.《海关法》第46条、第65条;

4.《海关关于入境旅客行李物品和个人邮递物品征收进口税办法》部分无效;

5.《关税法》第70条;

6.《税收征收管理法实施细则》;

7.《立法法》第11条、第12条;

8.《进出口关税条例》第15条、第17条。

第三十三条 【出口货物及跨境销售退(免)税办法】

条文

纳税人出口货物或者跨境销售服务、无形资产,适用零税率的,应当向主管税务机关申报办理退(免)税。出口退(免)税的**具体办法,由国务院制定**。

条文主旨

纳税人出口货物或者跨境销售服务、无形资产，适用零税率。本法授权国务院制定行政法规，规定纳税人向主管税务机关申报办理出口退（免）税①的具体办法。本法将授权层级提高至国务院，限缩了授权主体的范围，取消对税务主管部门的授权，在规范税收立法授权的同时，也为国务院根据经济社会发展需要作出适时调控留出了适当空间。这符合《立法法》要求和税收法定原则，也可增强《增值税法》的权威和税制确定性。

条文释义

出口退税政策是指国家把出口货物的原料进口税和在国内生产已缴纳的增值税、消费税等间接税税款退还给出口企业，使出口商品以不含税价格进入国际市场，促进出口贸易。出口退税便是提升服务贸易国际竞争力的重要政策之一。零税率有助于提高出口货物和服务的竞争力，有效提升全球化经济活动的效率，并减少税收对跨境经济活动的扭曲，因而大多数国家将其作为出口货物和服务增值税处理的原则。此外，大多数国家对出口行为适用增值税零税率也是为了保证税收中性。这有利于打通增值税抵扣链条，减少企业资金沉淀，体现增值税的中性原则，顺应国际税制发展趋势，切实体现税收的公平性，减轻企业税负，促进市场经济发展。

零税率是增值税的一个法定税率，意味着纳税义务仍然存在，只不过由于税率是"零"，则计算出的应纳税额为零，纳税人实际上无税可纳。增值税零税率不仅是本交易环节（或流通环节）的增值额部分不用

---

① 属于税收征管的范围，是税收基本制度。

缴纳增值税,而且以前各交易环节(或流转环节)的累积增值额也不用缴纳增值税,具体通过允许免抵或免抵退进项税额实现。具体表现为不征收、可抵扣、可退税。但如果纳税人销售零税率货物、服务或者无形资产,采用简易计税办法计税,则只能免,不能抵,不能退。增值税零税率仅仅适用于纳税人出口货物(国务院另有规定的除外)、境内单位和个人跨境销售国务院规定范围内的服务、无形资产。增值税零税率仅适用于一般纳税人,不适用于小规模纳税人。零税率是增值税税率的一种,只要符合税法规定,就可以适用增值税零税率,并按期向主管税务机关申报办理增值税退(免)税手续。纳税人发生应税行为同时适用免税和零税率规定的,纳税人可以选择适用免税或者零税率。境内的单位和个人销售适用增值税零税率的服务或无形资产的,可以放弃适用增值税零税率,选择免税或按规定缴纳增值税。放弃适用增值税零税率后,36个月内不得再申请适用增值税零税率。

当进项税额超过销项税额时,会出现出口退税和留抵退税竞合的问题。基于不同国情,各国采取了不同的机制进行出口退税和留抵退税,主要有"即时退税制度"和"结转制度"。大部分发达国家实行即时退税制度,即没有将出口退税和留抵退税进行严格区分,采用一套系统进行操作。我国《增值税法》第21条规定"当期进项税额大于当期销项税额的部分,纳税人可以按照国务院的规定选择结转下期继续抵扣或者申请退还";第33条规定"纳税人出口货物或者跨境销售服务、无形资产,适用零税率的,应当向主管税务机关申报办理退(免)税。出口退(免)税的具体办法,由国务院制定",采用"即时退税制度"和"结转制度"并用的方案。在实践中,生产企业在同一申报期既申报出口免抵退税又申请办理留抵退税的,或者在企业申请办理留抵退税时存在尚未经税务机关核准的免抵退税应退税额的,应待税务核准免抵退税应退税额后,按最近一期《增值税纳税申报表(一般纳税人适用)》期末留抵税额,扣减税务机关核准的免抵退税应退税额后的余额确定应退还的留抵税额。也就是说,生产企业当期的进项税额满足已申报的免抵退税额后才可以留抵退税。

本条提高授权立法层级,取消对税务主管部门的授权。对比《增值税暂行条例》《增值税法(征求意见稿)》《增值税法(草案一次审议稿)》,《增值税法》最明显的变化是提高了授权立法层级。出口退(免)税的具体办法由国务院规定,取消对税务主管部门的授权,在规范税收立法授权的同时,也为国务院根据经济社会发展需要相机调控留出了适当空间。这一改动有显著优势,其一,符合《立法法》要求和税收法定原则。《立法法》第11条、第12条规定,税种的设立、税率的确定和税收征收管理等税收基本制度,只能制定法律,尚未制定法律的,全国人民代表大会及其常务委员会有权作出决定,授权国务院根据实际需要,对其中的部分事项先制定行政法规。《增值税法(草案二次审议稿)》将出口退(免)税具体办法的授权立法主体由国务院财政、税务主管部门上升为国务院,这符合《立法法》的规定和税收法定原则的要求。其二,增强了《增值税法》的权威。《增值税法》将税法要素的决定权上收到国家立法机关,并对中央政府运用行政权力调整某些要素作出明确授权,对中央政府及其主管部门运用行政权力调整税收分配关系进行法律约束和监督,增值税法的权威性和严肃性势必得到显著增强。[①] 其三,有助于增强税制确定性。将授权层级提高至国务院,限缩了授权主体的范围,同时规定国务院如果要制定增值税专项优惠政策需报全国人民代表大会常务委员会备案,对于增值税的减免税权限在立法层面予以明确,有助

[①] 参见朱江涛:《增值税立法:意义重大 影响深远——兼论〈中华人民共和国增值税法(草案)〉仍需解决的几个问题》,载《税务研究》2023年第5期。

于增强税制确定性。

> 理解适用

1. 增值税零税率和免征增值税有所区别

其一,免征增值税,是指国家根据政策的需要,免除纳税人的纳税义务。虽然两者形式上都是对某些纳税人或征税对象给予鼓励、扶持的特殊规定,但由于增值税存在一个抵扣链条,免税对于一般纳税人来说,因为不对其征收销项税额,所以进项税额不可抵扣,应该转出。具体表现为不征税、不让抵、不退税;免税开票时只能开具增值税普通发票,对购买方来说不能取得专票从而不能抵扣,导致增值税抵扣链条中断。而在适用零税率的情形下,增值税链条并没有中断,所以不必进行进项转出,为了生产零税率而购入的产品或服务等的进项是可以抵扣的。其二,适用范围不同。增值税免税政策不限于前述跨境应税行为,也适用于境内发生的应税行为,增值税免税政策既适用于一般纳税人,也适用于小规模纳税人。其三,增值税免税是一项税收优惠政策,一般需经税务机关审批,报送税务机关备案。

2. 将"境内单位和个人"的表述改为"纳税人",规定未达增值税起征点的不是增值税纳税人

《增值税法(征求意见稿)》将《增值税暂行条例》中的"境内单位和个人"改为"纳税人",这是其亮点之一。《增值税法(征求意见稿)》明确了纳税人的范围,其第5条明确规定"销售额未达到增值税起征点的单位和个人,不是本法规定的纳税人;销售额未达到增值税起征点的单位和个人,可以自愿选择依照本法规定缴纳增值税"。这意味着销售额未达到增值税起征点的不是纳税人,但可以自愿选择登记为增值税纳税人缴纳增值税,但是他们即使选择依据《增值税法》缴纳增值税,上述单位和个人仍然不是增值税纳税人。《增值税法(征求意见稿)》第6条对

"单位""个人"的含义进行明确,即"单位"是指企业、行政单位、事业单位、军事单位、社会团体和其他单位;"个人"是指个体工商户和自然人。《增值税法》对"纳税人"和"单位"、"个人"的概念进行了明确的界定和区分,在本条中采取"纳税人"的表述,范围上有所限缩,为防止该条被滥用,纳税人应是办理出口退(免)税的主体。关于该条款,之后的审议稿在主体的表述上均保留了"纳税人"的说法。

3. 将"出口服务、无形资产"的表述改为"跨境销售服务、无形资产"

《增值税法(征求意见稿)》中的"出口货物、服务、无形资产"到《增值税法》中又变回和《增值税暂行条例》一致的"跨境销售服务、无形资产",与《增值税法》税率条款中"税率为零"的规定①更契合。而且1994年关贸总协定乌拉圭回合多边贸易谈判达成《服务贸易总协定》,该协定采取列举的方法,将服务贸易定义为四种情形:跨境支付(cross-border supply)、境外消费(consumption abroad)、商业存在(commercial Presence)和自然人流动(presence of natural persons)。根据《服务贸易总协定》提出的国际收支服务贸易统计方法,境外消费、商业存在、自然人流动涉及服务进出口贸易,但是不属于增值税政策限定的"跨境服务"。因此,"零税率或免税"的服务范围应限定为"跨境服务出口"而非"服务出口"。②

4. 将"适用退(免)税规定"的表述改为"适用零税率"

对于退(免)税,无论是《增值税暂行条例》《增值税法(征求意见稿)》,还是《增值税法(草案一次审议稿)》《增值税法(草案二次审议稿)》都没有具体规定,都是授权行政立法,且授权规定仅在此法条中出

---

① 《增值税法》第10条规定,境内单位和个人跨境销售国务院规定范围内的服务、无形资产,税率为零。
② 参见马晓鸣:《部分国家跨境服务增值税政策研究》,载《国际税收》2018年第5期。

现。在税制设计的思路上没有将出口退税制度纳入整个增值税制度体系一体化加以研究,出口退税制度运行相对封闭,未能与增值税的征税制度有机地衔接。① 若继续适用退(免)税这个前提,会使此法条在整部立法中呈现一种割裂感,而适用零税率这个前提,则可以从立法中找到依据,使整个立法体系、逻辑更完整顺畅。

《税收征收管理法》第66条规定了相关法律责任,"以假报出口或者其他欺骗手段,骗取国家出口退税款的,由税务机关追缴其骗取的退税款,并处骗取税款一倍以上五倍以下的罚款;构成犯罪的,依法追究刑事责任。对骗取国家出口退税款的,税务机关可以在规定期间内停止为其办理出口退税"。

新旧对比

表40 出口货物及跨境销售退(免)税办法条款的变化

《增值税暂行条例》	《增值税法(征求意见稿)》	《增值税法(草案一次审议稿)》	《增值税法(草案二次审议稿)》	《增值税法》
第二十五条 纳税人出口货物适用退(免)税规定的,应当向海关办理出口手续,凭出口报关单等有关凭证,在规定的出口退(免)税申报期内按月	第三十七条 纳税人应当如实向主管税务机关办理增值税纳税申报,报送增值税纳税申报表以及相关纳税资料。	第三十一条 纳税人出口货物或者跨境销售服务、无形资产,适用零税率的,应当向主管税务机关申报办理退(免)税。	第三十二条 纳税人出口货物或者跨境销售服务、无形资产,适用零税率的,应当向主管税务机关申报办理退(免)税。	第三十三条 纳税人出口货物或者跨境销售服务、无形资产,适用零税率的,应当向主管税务机关

---

① 参见王建平:《按照增值税零税率的原则改革完善我国出口退税制度》,载《国际税收》2018年第6期。

续表

《增值税暂行条例》	《增值税法（征求意见稿）》	《增值税法（草案一次审议稿）》	《增值税法（草案二次审议稿）》	《增值税法》
向主管税务机关申报办理该项出口货物的退（免）税；境内单位和个人跨境销售服务和无形资产适用退（免）税规定的，应当按期向主管税务机关申报办理退（免）税。具体办法由国务院财政、税务主管部门制定。出口货物办理退税后发生退货或者退关的，纳税人应当依法补缴已退的税款。	纳税人出口货物、服务、无形资产，适用零税率的，应当向主管税务机关申报办理退（免）税。具体办法由国务院税务主管部门制定。扣缴义务人应当如实报送代扣代缴报告表以及税务机关根据实际需要要求扣缴义务人报送的其他有关资料。	出口退（免）税的具体办法，由国务院税务主管部门制定。	出口退（免）税的具体办法，由国务院制定。	申报办理退（免）税。出口退（免）税的具体办法，由国务院制定。

• 典型案例 •

扬州国泰贸易有限公司与江苏省扬州市国家税务局、扬州市邗江区国家税务局行政处罚、行政复议案[①]

1. 基本案情

扬州市邗江区国家税务局(以下简称邗江国税局)认定扬州国泰贸易有限公司(以下简称国泰公司)存在两项违法行为:(1)有5单出口业务以假报出口手段,虚构已税货物出口事实,骗取出口退税款1,004,940元;(2)有40单出口业务提供的备案单证中出口货物运输单据(海运提单)或装货单(场站收据)虚假,已实际退税7,883,406.53元。邗江国税局决定对国泰公司以假报出口手段,虚构已税货物出口事实,骗取出口退税款的5单违法行为追缴已退出口退税款1,004,940元;对国泰公司提供虚假备案单证的40单违法行为为追回出口退税款7,883,406.53元。国泰公司不服,向江苏省扬州市国家税务局(以下简称市国税局)申请行政复议。市国税局经审理维持了邗江国税局的税务处理决定书,国泰公司不服复议决定,提起了诉讼。

[①] 参见江苏省扬州市江都区人民法院行政裁定书,(2017)苏1012行初120号;江苏省扬州市中级人民法院行政判决书,(2017)苏10行终184号;江苏省高级人民法院行政裁定书,(2020)苏行申770号。

2.争议焦点

(1)就涉案的5单业务,一审判决撤销被诉处理决定书第一项关于追缴国泰公司骗取出口退税款1,004,940元的决定是否正确?

(2)被诉处理决定适用法律是否正确?

(3)一审判决撤销市国税局的复议决定是否正确?

3.案情分析

法院认为:(2014)扬邗刑初字第0084号刑事判决书在判决主文第五项已明确载明"被告人庄某某退出所骗取的出口退税款人民币一百二十万一千四百五十九元零五分上缴国库",其中已包含该案中国家流失的税款1,004,940元,且被告人庄某某也已实际退回相应款项。邗江国税局仍就涉案5单业务再次作出处理决定,追缴国泰公司骗取的出口退税款1,004,940元的行为,无事实与法律依据,其处理决定应予撤销。

纳税人出口货物适用退(免)税规定的,应当向海关办理出口手续,凭出口报关单等有关凭证办理。① 出口企业申报出口货物退(免)税时将出口货物运输单据作为备案单证之一存放企业是其义务,税务机关有权在退税审核发现疑点以及退税评估、退税日常检查时,向出口企业调取备案单证进行检查。国泰公司用于备案的货运代理公司出具的货物运输单据系伪造,涉案货物运输单据虚假,

---

① 《增值税法》第33条规定,纳税人出口货物或者跨境销售服务、无形资产,适用零税率的,应当向主管税务机关申报办理退(免)税。出口退(免)税的具体办法,由国务院制定。

则应追回国泰公司已退的出口退税款。①

　　税务行政处理与税务行政处罚毕竟是两个性质完全不同的行政行为,作为复议机关的市国税局应当针对两个不同性质的行政行为分别作出复议决定,而市国税局作出的复议决定未对两个不同性质的行政行为分别作出复议决定,也未在复议决定书中对不同性质的行政行为分项作出复议决定,导致人民法院在判决部分撤销部分维持复议决定时,无法用规范语言进行描述,只能采取整体撤销复议决定的方式,故原审判决撤销市国税局的复议决定正确。

鹤山市惠兴经贸发展有限公司与国家税务总局江门市税务局稽查局、国家税务总局江门市税务局税务行政管理纠纷案②

1. 基本案情

　　上诉人鹤山市惠兴经贸发展有限公司(以下简称惠兴公司)因与被上诉人国家税务总局江门市税务局稽查局(以下简称江门市税务稽查局)、国家税务总局江门市税务局(以下简称江门市税务局)税务行政管理纠纷案,不服广东省江门市江海区人民法院(2019)粤0704行初198号行政判决,向广东省江门市中级人民法院提起上诉。惠兴公司上诉请求:(1)撤销广东省江门市江海区人民法院

---

① 《国家税务总局关于出口货物退(免)税实行有关单证备案管理制度(暂行)的通知》(已失效)第6条规定,出口企业提供虚假备案单证、不如实反映情况,或者不能提供备案单证的,税务机关除按照《税收征收管理法》第64条、第70条的规定处罚外,应及时追回已退(免)税款,未办理退(免)税的,不再办理退(免)税,并视同内销货物征税。
② 参见广东省江门市中级人民法院行政判决书,(2020)粤07行终35号。

(2019)粤0704行初198号行政判决;(2)撤销江门市税务稽查局作出的江税稽处〔2018〕57号《税务处理决定书》以及江门市税务局作出的江税复决字〔2019〕2号《税务行政复议决定书》;(3)判令江门市税务稽查局、江门市税务局承担本案一审、二审诉讼费用。主要事实和理由在于:江门市税务稽查局多次延期处理没有法律依据;船运公司提供的非法走私出口货物海运提单,不具有合法性和真实性,江门市税务稽查局据此认定的事实错误;江门市税务稽查局作出追回第18号、第49号、第64号海运提单共287,719.94元已退税款,没有事实和法律依据。

江门市税务稽查局二审答辩称:江门市税务稽查局作出涉案《税务处理决定书》程序合法;江门市税务稽查局对惠兴公司提供不符合规定备案单证的违法行为认定事实清楚,证据确凿;江门市税务稽查局对惠兴公司作出追回已退库税款10,219,149.74元,其余未退库79,947.40元不再办理退库的税务行政处理决定适用法律正确。

江门市税务局二审答辩称:江门市税务稽查局进行税务检查没有超过法定期限;惠兴公司认为承运人提供的海运提单是非法海运提单没有事实依据;江门市税务稽查局作出案涉《税务处理决定书》,追回已退税税款,事实依据充分,适用法律正确。

一审法院判决:驳回惠兴公司的诉讼请求。

2. 争议焦点

(1)江门市税务稽查局作出的江税稽处〔2018〕57号《税务处理决定书》是否合法?

(2)江门市税务局作出的江税复决字〔2019〕2号《税务行政复

议决定书》是否合法?

以下仅针对第一个争议焦点进行分析。

3. 案情分析

根据《税收征收管理法》第57条的规定,税务机关依法进行税务检查时,有权向有关单位和个人调查纳税人、扣缴义务人和其他当事人与纳税或者代扣代缴、代收代缴税款有关的情况,有关单位和个人有义务向税务机关如实提供有关资料及证明材料。《增值税法》第33条规定,纳税人出口货物或者跨境销售服务、无形资产,适用零税率的,应当向主管税务机关申报办理退(免)税。出口退(免)税的具体办法,由国务院制定。《财政部 国家税务总局关于出口货物劳务增值税和消费税政策的通知》(财税〔2012〕39号)第7条规定,出口企业或其他单位提供虚假备案单证的货物,不适用增值税退(免)税和免税政策,并按视同内销货物征税的有关规定征收增值税。《国家税务总局关于发布〈出口货物劳务增值税和消费税管理办法〉的公告》(国家税务总局公告2012年第24号)第8条第4款规定,有关备案单证指外贸企业购货合同、生产企业收购非自产货物出口的购货合同,包括一笔购销合同下签订的补充合同等;出口货物装货单;出口货物运输单据(包括海运提单、航空运单、铁路运单、货物承运单据、邮政收据等承运人出具的货物单据,以及出口企业承付运费的国内运输单证)等。(此款条文现已被《国家税务总局关于进一步便利出口退税办理促进外贸平稳发展有关事项的公告》废止。)

本案中,江门市税务稽查局经立案调查,发现惠兴公司未按规定如实提供海运提单的备案单证,其提供的备案单证中有103份海运提单与承运出口货物的船运公司提供的海运提单内容不符,依法不适用增值税退(免)税和免税政策,还应当依照视同内销货物征税的有关规定征收增值税。江门市税务稽查局经核算,作出追回已经退库的 10,219,149.74 元税款,并对未退库的 79,947.40 元税款不予办理退税的行政行为并无不当。

相关规定

1.《财政部 税务总局关于全面推开营业税改征增值税试点的通知》(财税〔2016〕36号)附件4《跨境应税行为适用增值税零税率和免税政策的规定》;

2.财政部、国家税务总局、海关总署《关于深化增值税改革有关政策的公告》第3条、第7条;

3.《立法法》第11条、第12条。

第三十四条 【增值税发票】

条文

纳税人应当依法开具和使用增值税发票。增值税发票包括纸质发票和电子发票。电子发票与纸质发票具有同等法律效力。国家积极推广使用电子发票。

条文主旨

本条是关于增值税发票的种类和效力以及国家推广电子发票的

第五章 征收管理

规定。

条文释义

1. 纳税人具有依法开具、使用增值税发票的义务

本条第1款规定了纳税人开具和使用增值税发票的法律义务。增值税发票是纳税人缴纳增值税的依据,也是纳税人的缴税凭证。作为纳税人必须依据法律规定,按照相关程序和要求开具增值税发票,并妥善保管和正确使用发票,确保发票的真实性和有效性。

(1)纳税人开具、使用的增值税发票的内容要真实、准确、清晰,发票必须真实反映交易的内容

所有单位和从事生产、经营活动的个人在购买商品、接受服务以及从事其他经营活动支付款项,应当向收款方取得发票。取得发票时,不得要求变更品名和金额。销售方开具增值税发票时,发票内容应按照实际销售情况如实开具,不得根据购买方要求填开与实际交易不符的内容。

我国纸质发票的基本内容包括发票的名称、发票代码和号码、联次及用途、客户名称、开户银行及账号、商品名称或经营项目、计量单位、数量、单价、大小写金额、开票人、开票日期、开票单位(个人)名称(章)等。全面数字化的电子发票(以下简称全电发票)无联次,基本内容包括:二维码、发票号码、开票日期、购买方信息、销售方信息、项目名称、规格型号、单位、数量、单价、金额、税率/征收率、税额、合计、价税合计(大写、小写)、备注、开票人。全电发票的发票号码为20位,其中第1~2位代表公历年度后两位,第3~4位代表开具地区行政区划代码,第5位代表全电发票开具渠道等信息,第6~20位代表顺序编码。

(2)纳税人应在发生增值税纳税义务时开具发票

根据《发票管理办法实施细则》(国家税务总局令第56号)第24条

的规定,"填开发票的单位和个人必须在发生经营业务确认营业收入时开具发票。未发生经营业务一律不准开具发票"。

(3)虚开发票的认定

虚开发票,是指不如实开具发票的一种行为,纳税单位和个人为了达到某种"节税"目的或者购货单位为了某种需要在商品交易过程中开具发票时,在商品名称、商品数量、商品单价以及金额上采取弄虚作假的手法,甚至利用比较熟悉的关系,虚构交易事项虚开发票。发票上的销货方、购货方、商品名称、数量、单价、金额必须与实际经营业务一致,有一处不一致,即为虚开。《发票管理办法》第21条第2款规定,任何单位和个人不得有下列虚开发票行为:①为他人、为自己开具与实际经营业务情况不符的发票;②让他人为自己开具与实际经营业务情况不符的发票;③介绍他人开具与实际经营业务情况不符的发票。虚开发票不仅要面临税法的处罚,构成犯罪的,还要依法追究刑事责任。

2.电子发票与纸质发票具有同等法律效力

增值税发票分为纸质发票和电子发票两种形式,无论是纸质发票还是电子发票,都具有同等的法律效力,消费者可用于维权或报销,受票企业可作为正式的会计凭证入账。其中,带有"增值税专用发票"字样的电子发票,其法律效力、基本用途等与现行增值税专用发票相同;带有"普通发票"字样的电子发票,其法律效力、基本用途等与现行增值税普通发票相同。

(1)电子发票的定义

电子发票,是指符合《发票管理办法》及相关规定,在购销商品、提供或者接受服务以及从事其他经营活动中,开具、收取的以数据电文为载体的收款凭证。电子发票有版式文档格式和非版式文档格式,可供使用人下载储存在电子储存设备中并以数字电文形式进行流转。本条中的"增值税电子发票"是增值税电子普通发票和增值税电子专用发票的统称。

（2）电子发票使用注意事项

①取消发票专用章

《国家税务总局关于增值税发票综合服务平台等事项的公告》规定,新版电子发票采用电子签名代替发票专用章,即电子发票可以没有发票专用章。

②电子发票必须保存源文件

财政部、国家档案局《关于规范电子会计凭证报销入账归档的通知》规定,以电子发票纸质打印件作为报销入账归档依据的,必须同时保存该纸质打印件的电子文件,即必须保存 OFD 源文件,不得以截图等其他形式保存。

③电子发票查验真伪

受票试点地区的企业可以通过增值税发票综合服务平台接收发票。此外,也可取得销售方以电子邮件、二维码等方式交付的全电发票。企业可以通过全国增值税发票查验平台来查验全电发票真伪。

3. 国家积极推广使用电子发票

为贯彻落实中共中央办公厅、国务院办公厅印发的《关于进一步深化税收征管改革的意见》要求,按照国家税务总局对发票电子化改革(金税四期)的部署,2021 年 12 月 1 日起,内蒙古自治区、上海市和广东省(不含深圳市)三个地区开展推行全电发票试点工作。全电发票因具有无须领用、开具便捷、信息集成、节约成本等优点,受到越来越多纳税人的欢迎。国家税务总局本着稳妥有序的原则,逐步扩大试点地区和纳税人范围。自 2022 年 8 月 28 日起,各省、自治区、直辖市和计划单列市实现全电发票受票全覆盖。

本条第 2 款是关于国家明确推广电子发票的规定。电子发票相比传统纸质发票,具有便捷、环保、效率高等优点。推行增值税电子发票,对降低纳税人经营成本、节约社会资源、方便消费者保存使用发票、营造健康公平的税收环境有重要意义。

理解适用

1. 电子发票的优势和挑战

电子发票作为一种数字化形式的发票,相较传统纸质发票,具有许多优势。首先,电子发票的开具和管理流程更便捷和高效,可以减少纳税人的行政成本和时间成本。其次,电子发票的存储和归档更方便,不需要占用大量的物理空间,且易于检索和管理。最后,电子发票的使用也更环保,减少了纸张的浪费和对环境的影响。然而,电子发票的广泛推广和应用也面临一些挑战,如信息安全和防伪问题,因此,需要建立完善的技术和管理机制保障其可靠性和有效性。

2. 政府推广电子发票的目的

国家积极推广使用电子发票,是为了提升税务管理的效率和质量,防止发票的伪造和滥用,进一步加强税收征管工作。通过推广电子发票,可以实现发票数据的实时录入和自动记录,有助于提高纳税信息的准确性和完整性。同时,电子发票的推广也为税务机关提供了更好的资源调配和监管手段,税务机关可借此进一步加强对纳税人的监督和执法力度。

(1)纳税人的合规风险与责任

纳税人在开具和使用增值税发票过程中,要严格遵守法律法规的规定,确保发票的真实性和合法性。对于电子发票的开具和使用,纳税人还需严格遵循相关的技术标准和操作规程,确保电子发票的合规性和有效性。如纳税人违反相关规定或者实施伪造、篡改发票等违法行为,将承担相应的法律责任,并可能面临税务机关的惩处。

（2）法律监督与维权机制

为了保障发票的真实性和合法性,税务机关在电子发票的管理上扮演着重要的角色。税务机关将进行电子发票的审查和验证,确保其符合法律要求,并且有权对不符合要求的电子发票进行处罚和追责。同时,纳税人也可以依法维护自己的权益,如遇到发票纠纷或争议,可以向税务机关申诉、投诉,并有权通过行政、民事诉讼途径维权。

在理解和适用本条时,需要重点关注电子发票的推广与使用、纳税人的义务与责任、政府推广电子发票的目的、合规风险与责任等方面的内容。同时,了解相关的法律监督与维权机制也是非常重要的,有助于纳税人在实际操作中保护自身权益并履行纳税义务。

新旧对比

表41 增值税发票条款的变化

《增值税暂行条例》	《增值税法(征求意见稿)》	《增值税法(草案一次审议稿)》	《增值税法(草案二次审议稿)》	《增值税法》
第二十一条第一款 纳税人发生应税销售行为,应当向索取增值税专用发票的购买方开具增值税专用发票,并在增值税专用发票上分别注明销售额和销项税额。	第三十九条 纳税人发生应税交易,应当如实开具发票。	第三十二条 纳税人应当依法开具和使用增值税发票。增值税发票包括纸质发票和电子发票。电子发票与纸质发票具有同等法律效力。国家积极推广使用电子发票。	第三十三条 纳税人应当依法开具和使用增值税发票。增值税发票包括纸质发票和电子发票。电子发票与纸质发票具有同等法律效力。国家积极推广使用电子发票。	第三十四条 纳税人应当依法开具和使用增值税发票。增值税发票包括纸质发票和电子发票。电子发票与纸质发票具有同等法律效力。国家积极推广使用电子发票。

• 典型案例 •

贵州省长顺县某某建筑有限公司、贵州省长顺县某某房地产开发有限公司建设工程施工合同纠纷案[1]

1. 基本案情

2019年4月20日,某乙公司与某甲公司签订《贵州省黔南布依族苗族自治州长顺·御龙某工程施工合同》,某乙公司将位于贵州省黔南布依族苗族自治州长顺县××道(廖家湾)的"长顺·御龙某"工程发包给某甲公司施工。合同约定:(1)基础施工至主体期间,每月25日承包人提交工程进度,次月10日前经发包人和监理审核后至主体结构15层结合整体形象月累计支付进度款的75%,主体结构完成后结合整体形象支付月累计进度款的75%,后续施工按月完成核准量进度款的75%并结合整体形象支付。进度款每次支付时,承包人都需先提供相应金额的工程所在地的符合当地政府与税务部门要求的发票。支付工程竣工款时,承包人应提供竣工结算款金额(含保修金在内)的工程所在地当地政府与税务部门要求的发票。(2)工程进度款按照监理与发包人审定的月进度完成合格工程量的75%进行支付。(3)累计支付至工程签约合同价的75%时,暂停支付工程款。待竣工验收合格后,支付至合同签约价的85%。工程结算、审计完成,支付至审定结算金额的97%,剩余金额3%在质保期满后(见房屋建筑工程质量保修书)无责一次性无息付清。第

---

[1] 参见贵州省高级人民法院民事判决书,(2023)黔民终703号。

17.1.2 条约定:因发包人原因未能按合同约定支付合同价款的违约责任:按通用条款规定超过 10 天后,未按期支付合同约定的工程进度款,按应付进度款的日万分之 6.5 支付逾期利息给承包方。上限不超过合同总价的 10%。该合同发包人处由法定代表人常某签名并加盖公司印章,承包人处由王某伦签名并加盖某甲公司印章。

2019 年 5 月 9 日,某甲公司与王某伦签订《经营承包合同》,将该工程交由王某伦进行施工,合同约定王某伦与某甲公司实行内部承包经营模式,采取自负盈亏的模式承包,某甲公司只收取工程管理费,任何资金风险、法律责任及各类纠纷均由王某伦自行承担。工程概况、承包范围、施工内容、质量标准以某甲公司与某乙公司签订的主合同为准。项目中的债权债务关系、安全事故责任、质量达标、各类经济纠纷、民事纠纷、民工闹事及上访、工人工资、税金等相关规费均由王某伦承担。合同中附有项目负责人授权委托书,某甲公司授权委托王某伦为代理人,以某甲公司的名义负责"长顺·御龙某"工程项目相关事宜,并授权王某伦领用某甲公司"长顺·御龙某"工程项目专用章一枚。

2020 年 4 月 18 日,某甲公司书面通知"长顺·御龙某"项目部,因项目存在安全隐患,责令项目部于 2020 年 4 月 18 日起立即停工整顿,某丙公司另行通知。后某甲公司停止了对案涉工程的施工。2020 年 5 月 19 日,某乙公司以某甲公司未按要求组建项目管理团队,现场混乱,多次擅自停工,致合同目的不能实现等为由,向长顺县人民法院提起诉讼,其诉讼请求为:(1)判令解除某乙公司与某甲公司于 2019 年 4 月 20 日签订的《贵州省黔南布依族苗族自治州长顺·御龙某工程施工合同》;(2)判令某甲公司向某宇公司支付停工违约金 3,811,900.62 元(截至 2020 年 5 月 15 日,计算标准:工程总价款 115,512,140 元×0.0005×66 天),2020 年 5 月 16 日至宏盛天安移交、搬离施工现场或停工结束之日的停工违约金以工程总价款 115,512,140 元为基数按日万分之 5 计算;(3)履约定金 200 万元不予返还;(4)判令某甲公司立即向某宇公司移交长顺·御龙某项目施工现场及已施工工程(含施工资料);(5)判令某甲公司立即搬离其存放或其提供于施工现场的机械设备、原材料;(6)本案诉讼费用由某甲公司承担。后某乙公司增加诉讼请"本案鉴定费用由某甲公司承担"。

2. 争议焦点

某甲公司是否应向某宇公司开具享有的税务发票?

3. 案情分析

法院认为,《公司法》第 19 条规定:"公司从事经营活动,应当遵守法律法规,遵守社会公德、商业道德,诚实守信,接受政府和社会公众的监督。"《税收征收管理法》第 21 条第 2 款规定:"单位、个人在购销商品、提供或者接受经营服务以及从事其他经营活动中,应当按照规定开具、使用、取得发票。"本案中,案涉《贵州省黔南布依族苗族自治州长顺·御龙某工程施工合同》亦约定"支付工程竣工款时,承包人应提供竣工结算款金额(含保修金在内)的工程所在地当地政府与税务部门要求的发票"。故某乙公司作为发包方对某甲公司已施工完成的部分支付工程款,某甲公司作为收款方也应及时在税务机关开具其应得工程款金额 28,574,664.91 元的发票。

相关规定

1.《发票管理办法》第 19 条、第 22 条;
2.《发票管理办法实施细则》第 24 条。

第三十五条 【涉税信息共享机制和工作配合机制】

条文

> 税务机关与工业和信息化、公安、海关、市场监督管理、人民银行、金融监督管理等部门建立增值税涉税信息共享机制和工作配合机制。
>
> 有关部门应当依照法律、行政法规,在各自职责范围内,支持、协助税务机关开展增值税征收管理。

条文主旨

本条是关于多部门建立增值税涉税信息互联互通机制及有关部门职责的规定。此新增条款将继续夯实"金税四期"要求的信息共享和区块链集成,为跨部门联动打击违法行为提供法律支撑。

2021 年 3 月,中共中央办公厅、国务院办公厅印发的《关于进一步深化税收征管改革的意见》指出,深化税收大数据共享应用,在 2025 年建成税务部门与相关部门常态化、制度化数据共享协调机制,依法保障涉税涉费必要信息获取;健全涉税涉费信息对外提供机制,高效发挥数据要素驱动作用。

条文释义

本条明确税务机关应当与工业和信息化、公安、海关、市场监督管理、人民银行、金融监督管理等部门建立增值税涉税信息共享机制和工作配合机制。把握本条规定,一是要理解增值税涉税信息,二是要理解增值税涉税信息共享机制,三是要理解各部门的职责。

1. 关于增值税涉税信息

增值税是以在我国境内销售货物或者加工修理修配劳务,销售服务、无形资产及不动产的增值额和货物进口金额为计税依据而课征的一种流转税。纳税人日常生活或者生产经营势必涉及增值税的征纳。税务机关认为,与增值税有关的所有信息,都应当被视为增值税涉税信息。但是这种不加限制的认定,极易造成税务机关行政权力的滥用,从而引发纳税人信息保护问题。学界认为,纳税人在经济活动中形成的课税信息才应当被视为涉税信息,其必须满足征税行为的合法性、经济活动的关联性、征税活动的合目的性等条件。行为的合法性既包括征税机关自身的正当性,也包括征税程序的合法性。由此产生的涉税信息才具备合法性,能够被税务机关进行收集分析。经济活动的关联性,是指纳税人在经济活动中的行为与税务机关的征管活动存在直接或间接联系;如果纳税人的行为与税务机关没有关系,产生的信息就不应当被视为涉税信息。征税活动的合目的性,是指税务机关开展的税收管理活动应当符合征税的基本目的,遵从税法的基本原则和精神,以收集最少的信息达成目的。税务机关的执法权不应当超出目的范围,不能将该部分信息用作其他目的;否则,可能构成个人信息侵权。有学者认为,涉税信息的内涵与外延应当作广义解释,包括纳税人在日常经济活动、政治活动、文化活动和社会活动中产生的与税收活动相关的一切纳税人信息,以满足信息共享机制的要求。笔者认为,相较个人所得税涉税信息的私密性,增值税信息在一定程度上需要满足信息披露的要求,所以可以适当拓宽范围,以便税务机关能够更好地开展税务征管活动。但是为了限制政府权力的滥用,仍需满足一般涉税信息的构成要件。

2. 关于增值税涉税信息共享机制

根据《税收征收管理法》的规定,目前我国建立的涉税信息共享机制是第三方单向提供的涉税信息共享机制。第三方涉税信息,是指征纳双方之外的政府部门或单位提供的与税收征管活动有联系的纳税人生产经营活动的相关信息。第三方涉税信息共享机制包括两条路径:一是税务机关从其他政府部门获取涉税信息;二是税务机关从社会机构获取涉税信息。但是此前我国立法并没有明确第三方包括哪些政府部门和单位,以及它们需要提供的具体信息类别,导致涉税信息共享机制并没有完全发挥作用,在跨部门打击增值税违法犯罪方面留有一定缺漏。此次增值税单独立法,明文规定工业和信息化、公安、海关、市场监督管理、人民银行、金融监督管理等部门应当配合税务机关建立增值税涉税信息共享机制,并指明有关部门应当依照法律、行政法规,在各自职责范围内,支持、协助税务机关开展增值税征收管理。

3. 关于各部门的职责

建立增值税涉税信息共享机制,应当首先明确六部门的职责。

工业和信息化部的职责之一便是统筹推进国家信息化工作,组织制定相关政策并协调信息化建设中的重大问题,促进电信、广播电视和计算机网络融合,指导协调电子政务发展,推动跨行业、跨部门的互联互通和重要信息资源的开发利用、共享。由此,工业和信息化部协助税务机关建立增值税涉税信息共享机制的首要任务是推进"金税四期"的建立。

公安部的首要职责是预防、制止和侦查违法犯罪活动。近年来增值税违法犯罪案件层出不穷,公安必须与税务机关建立信息共享和工作配合机制,严厉打击增值税违法犯罪活动,夯实我国税基。公安部还有一大职责是管理户口、居民身份证、国籍、出入境事务和外国人在中国境内居留、旅行的有关事务。跨境增值税的征收势必涉及前述信息,因此税务机关与公安机关之间信息互联互通确有必要。公安机关应当提供的信息包括公民信息、车辆注册登记及注销信息等,可用于纳税人身份识别、车辆购置税税源监控和税务稽查等。

海关承担进出境监管、征税、打击走私等职能,并且掌握企业进出口货物和服务信息、企业享受税收优惠政策情况,其与税务机关建立增值税涉税信息共享机制可以有效加强进出口税款核查,促进"鼓励类"商品出口,减少"限制类商品"出口等。

市场监督管理部门负责市场主体的统一登记注册,建立市场主体信息公示和共享机制,依法公示和共享有关信息,加强信用监管,推动市场主体信用体系建设。税务机关进行大数据监测,应当根据纳税人的纳税历史等因素综合判定纳税人信息,划定风险类别,并与信用体系挂钩,加强偷税漏税惩治力度。由此,市场监督管理部门应当与税务机关实现信息共享,在源头加强增值税涉税信息监测,在事后加强震慑效果,从而减少偷税漏税行为。

中国人民银行掌握纳税人的账户信息与往来流水,可以帮助税务机关及时准确地追踪到实际流水。除此之外,中国人民银行牵头建设了国家金融基础数据库。增值税涉税信息一大部分源于金融活动,打通中国人民银行的金融基础数据库与税务机关的涉税数据库之间的壁垒,可以有效提升税务机关开展增值税征收管理的效率。

金融监督管理部门负责除证券业之外的金融业监管,职责之一便是监管金融控股公司等金融集团的日常经营活动,可以为税务机关提供生产经营信息,减少纳税人增值税违法犯罪机会。

第五章 征收管理

理解适用

当前,数据较分散,我国不同部门内部系统之间无法实现高度融合,由此降低了税务部门间的数据信息交互速度,不利于风控部门对涉税数据的进一步挖掘,影响涉税数据发挥二次价值。从外部信息的角度来说,税源管控需要充分利用、整合各类公共资源。税务部门与海关、银行等部门间没有良好的信息共享渠道,致使信息共享成为空中楼阁,尤其是出口退税这种涉及多个部门的业务,仅依靠税务机关所掌握的数据根本无法发掘潜在的涉税疑点、风险点。缺乏纳税人完整、翔实的涉税信息,将导致税务部门在税收征管中处于被动地位。

工业和信息化、公安、海关、市场监督管理、人民银行、金融监督管理等部门协助税务机关建立增值税涉税信息共享机制和工作配合机制,首要任务是推进"金税四期"的建设与运用。

"金税三期"通过互联网打通了税务、工商、社保等有关部门之间的信息壁垒,不仅实现了国地税数据的合一,还实现了对税务系统业务流程的全面监控。"金税四期"在"以数治税"的大背景下应运而生,在"金税三期"的基础上增加了"非税业务"。通过涉税信息共享机制,可以有效实现企业相关人员手机号码、企业纳税状态、企业登记注册信息核查三大功能,进一步推进"税费"全数据、全业务、全流程的"云化"打通,为智能办税、智慧监管夯实基础。

金税工程即利用覆盖国家税务机关的计算机网络密切监控增值税专用发票和企业增值税纳税状况的系统,可以说我国金税系统的发展史就是增值税法的发展史。"金税一期"着力建设增值税专票的交叉稽核系统;"金税二期"在完善交叉稽核系统的基础上,着力防伪税控;"金税三期"重点在以票控税;"金税四期"重点在以数治税。以数治税要求税务机关建立健全税务大数据采集与分析系统,而仅靠税务机关难以实现涉税信息的全覆盖,必须与其他政府部门建立涉税信息共享机制,加强涉税信息的交叉核对能力,由此提高增值税征管活动的效率。

建立增值税涉税信息共享机制与工作配合机制必须坚持以税务机关为核心,才能够实现初衷。税务机关相当于信息系统的核心,所有增值税涉税信息在这里完成采集与分析,并反馈给原部门,对于异常的涉税信息,税务机关应当及时进行核查。这就要求税务机关:一是升级涉税大数据系统技术,二是在内部建立信息异常核查部门,三是建立与各部门之间的互联互通机制。其他政府部门和单位应当严格按照法律法规的要求,认真履职,为税务机关提供有效的增值税涉税信息;无效、重复的数据信息应当在源头就被剔除,以此减小税务机关的工作压力。

《增值税法》第35条为新增的条文,与之相关的是《税收征收管理法》第5条与第6条的规定。

《税收征收管理法》第5条第3款规定:"各有关部门和单位应当支持、协助税务机关依法执行职务。"

《税收征收管理法》第6条规定:"国家有计划地用现代信息技术装备各级税务机关,加强税收征收管理信息系统的现代化建设,建立、健全税务机关与政府其他管理机关的信息共享制度。纳税人、扣缴义务人和其他有关单位应当按照国家有关规定如实向税务机关提供与纳税和代扣代缴、代收代缴税款有关的信息。"

《税收征收管理法》虽然明确各有关部门和单位应当支持、协助税务机关依法执行职务,但仅为原则性规定,既没有明确哪些部门、单位应当对税务机关执法予以支持帮助,也没有明确相关涉税主体应当提供哪些涉税信息、以何种方式提供,更没有明确要求各部门应当在各自职责范围内,与税务机关建立增值税涉税共享机制与工作配合机制,支持、协助税务机关开展增值税的征收管理工作。

第五章 征收管理

《增值税法》第 35 条明确规定工业和信息化、公安、海关、市场监督管理、人民银行、金融监督管理等部门应当与税务机关建立增值税涉税信息共享机制和工作配合机制,在各自的职责范围内为税务机关开展增值税征收管理工作提供支持与帮助。这不仅指明了有义务进行增值税涉税信息共享的主体,也明确要求各部门之间应当建立增值税涉税信息的共享机制与工作配合机制,衔接了"金税四期"关于信息共享和区块链集成的要求,为跨部门联动打击违法行为提供了法律支撑。

新旧对比

表42　涉税信息共享机制和工作配合机制条款的变化

《增值税暂行条例》	《增值税法（征求意见稿）》	《增值税法（草案一次审议稿）》	《增值税法（草案二次审议稿）》	《增值税法》
	第四十四条 国家有关部门应当依照法律、行政法规和各自职责,配合税务机关的增值税管理活动。税务机关和银行、海关、外汇管理、市场监管等部门应当建立增值税信息共享和工作配合机制,加强增值税征收管理。	第三十三条 有关部门应当依照法律、行政法规和各自职责,支持、协助税务机关开展增值税征收管理。税务机关与工业和信息化、公安、海关、市场监管、人民银行、金融监督管理等部门应当建立增值税涉税信息共享机制和工作配合机制。	第三十四条 税务机关与工业和信息化、公安、海关、市场监管、人民银行、金融监督管理等部门建立增值税涉税信息共享机制和工作配合机制。有关部门应当依照法律、行政法规,在各自职责范围内,支持、协助税务机关开展增值税征收管理。	第三十五条 税务机关与工业和信息化、公安、海关、市场监督管理、人民银行、金融监督管理等部门建立增值税涉税信息共享机制和工作配合机制。有关部门应当依照法律、行政法规,在各自职责范围内,支持、协助税务机关开展增值税征收管理。

相关规定

1.《深圳经济特区税收管理和信息共享保障条例(征求意见稿)》；
2.《河北省税收征管保障办法》；
3.《关于贯彻实施契税法若干事项执行口径的公告》；
4.《关于进一步深化税收征管改革的意见》；
5.《税收征收管理法》第5条、第6条。

第三十六条 【征收管理适用法律】

条文

> 增值税的征收管理依照本法和《中华人民共和国税收征收管理法》的规定执行。

条文主旨

本条是关于增值税征收管理适用法律法规的规定。

条文释义

增值税是对商品生产、流通等多个环节的新增价值或商品的附加值征收的一种流转税，但在实践中，商品新增价值或附加值在生产和流通过程中通常难以精确计算，因此我国采用国际上普遍使用的税款抵扣办法，以做到不重复征税、逐环节增税。增值税的征收管理是税收机关对纳税人依法征纳税和进行税务监督管理的总称，包括税款的开征、停征以及减税、免税、退税、补税等。增值税的征收管理由国家各级税务行政管理机关进行，税收机关作为税务管理的主体，在法律的规定下进行宣传、解释、执行税收政策法律,大力组织税款入库,加强征收管理,开展纳税检查等工作,维护国家税收工作的统一性。

本条意在指明税收机关在征收管理增值税的过程中适用的规范。与《增值税暂行条例》相比,本条将"依照《中华人民共和国税收征收管理法》及本条例"改为了"依照本法和《中华人民共和国税收征收管理法》",通过语序的调整明确了《增值税法》作为增值税领域单行税法的优先地位。税收机关在征管增值税的过程中应严格按照《增值税法》和《税收征收管理法》执行。

理解适用

1. 如何理解《税收征收管理法》

本条所述《税收征收管理法》,是 1992 年 9 月 4 日第七届全国人民代表大会常务委员会第二十七次会议通过,经 2015 年 4 月 24 日第十二届全国人民代表大会常务委员会第十四次会议第三次修正,为加强规范税收征收管理、保障国家税收收入、保护纳税人权益而制定的一部单行法。该法共 6 章 94 条,对税务机关、纳税人或扣缴义务人的行为及权利义务进行了明确的规定。不同税种的征收管理为何能统一依照《税收征收管理法》进行? 第一,《税收征收管理法》第 2 条规定:"凡依法由税务机关征收的各种税收的征收管理,均适用本法。"《税收征收管理法》本不是专门规范增值税的法律,但二者有一定的共同性。通过《税收征收管理法》第 2 条的授权性规范对法律关系进行处理,在没有对应的法律关系之前,可依照《税收征收管理法》的内容进行确定。第二,《税收征收管理法》属于程序法,不同税种的实体性权利义务可能不尽相同,但在征收管理的程序性问题上却可以做到统一,以避免程序冗杂。因此,《税收征收管理法》中有关税收征收管理的规定,如税务登记、账簿、凭证管理制度,税收征收程序和保障制度等,仍可适用于增值税的征收管理工作。

2. 如何理解"依照"

全国人大常委会法制工作委员会出台的《立法技术规范(试行)(一)》对"依照"作了清晰定义:第18.1条规定,规定以法律法规作为依据的,一般用"依照"。因此,税收机关对于增值税的征收管理要严格以《增值税法》和《税收征收管理法》为依据,从而排除了增值税征收管理过程中适用其他法律的可能性。在《增值税法》出台前,有关税收征收管理均按照《税收征收管理法》与《增值税暂行条例》的规定执行。此次《增值税法》作为特别法而单独立法,将《增值税暂行条例》和有关政策规定上升为法律,意味着《增值税暂行条例》将被废止,增值税的征收管理规范更新,兼顾本法与《税收征收管理法》;同时根据新法优于旧法、特别法优于普通法的基本原则,应以本法规定优先。

新旧对比

表43 征收管理适用法律条款的变化

《增值税暂行条例》	《增值税法(征求意见稿)》	《增值税法(草案一次审议稿)》	《增值税法(草案二次审议稿)》	《增值税法》
第二十六条 增值税的征收管理,依照《中华人民共和国税收征收管理法》及本条例有关规定执行。		第三十四条 除本法规定外,增值税的征收管理依照《中华人民共和国税收征收管理法》的规定执行。	第三十五条 增值税的征收管理依照本法和《中华人民共和国税收征收管理法》的规定执行。	第三十六条 增值税的征收管理依照本法和《中华人民共和国税收征收管理法》的规定执行。

相关规定

1.《税收征收管理法》第2条；
2.《增值税暂行条例》第26条；
3.《立法技术规范(试行)(一)》第18.1条。

第三十七条 【法律责任】

条文

> 纳税人、扣缴义务人、税务机关及其工作人员违反本法规定的,依照《中华人民共和国税收征收管理法》和有关法律、行政法规的规定追究法律责任。

条文主旨

本条是关于作为税收法律关系主体的纳税人、扣缴义务人、税务机关以及具体履行税收征管职责的工作人员违反本法相关规定,如何追究法律责任的规定。

条文释义

作为准用性规则[①],本条旨在通过其指引,使违反本法规定的相关主体依照被准用对象——《税收征收管理法》和有关法律、行政法规的规定被追究法律责任。本条是新增条款,主要参考了《个人所得税法》

---

① 法律规则本身没有明确具体的规则内容,而是准许引用(依照、援用、参照)其他法律规定来使本规则的内容得以明确的法律规则被称为准用性规则。

第19条,它的出现能够促进税法体系协调,弥补责任条款的缺失。当前税法体系中税收基本法缺位,《税收征收管理法》在一定程度上承担了统筹各税种法的职责,其第五章"法律责任"当然适用于各税种法。然而《增值税暂行条例》对此并未作出规定,因此,《增值税法》有必要规定该准用性规则,明确二者之间的联结,促进法律间的协调配合。

理解适用

1. 责任主体的界定

作为本法唯一的责任条款,本条明确责任主体包括:纳税人、扣缴义务人、税务机关及其工作人员。

(1) 纳税人

纳税人是指税法直接规定的负有纳税义务的单位和个人。[1] 本条所涉纳税人并非泛指,具体是指增值税的纳税义务人。《增值税法》第3条明确规定:"在中华人民共和国境内(以下简称境内)销售货物、服务、无形资产、不动产(以下简称应税交易),以及进口货物的单位和个人(包括个体工商户),为增值税的纳税人,应当依照本法规定缴纳增值税。"

(2) 扣缴义务人

扣缴义务人,是指法律、行政法规规定负有代扣代缴、代收代缴税款义务的单位和个人。《增值税法》第15条第1款规定:"境外单位和个人在境内发生应税交易,以购买方为扣缴义务人;按照国务院的规定委托境内代理人申报缴纳税款的除外。"

(3) 税务机关及其工作人员

税务机关是代表作为征税权主体的国家行使征税权的机构,《税收

---

[1] 参见张怡主编:《财税法教程》,法律出版社2019年版,第106页。

征收管理法》第 14 条规定:"本法所称税务机关是指各级税务局、税务分局、税务所和按照国务院规定设立的并向社会公告的税务机构。"税务机关的工作人员具体履行税收征管职责,开展征税活动。

2. 各责任主体的违法行为及其法律后果

(1)纳税人的税收违法行为及其法律责任

①违反登记管理制度的行为

按照《增值税法》第 9 条的规定,小规模纳税人会计核算健全且能够提供准确税务资料的,可以向主管税务机关办理登记,而一般纳税人必须向主管税务机关办理登记,若不登记,则属于违法行为,将按照《税收征收管理法》第 60 条第 1、2 款的规定,承担限期改正、一定数额罚款的责任;逾期不改正的,经税务机关提请,由工商行政管理机关吊销其营业执照。

②违反税款征收制度的行为

税收本质上是国家对社会成员的强制性课征,是对私人财产的剥夺;从纳税人的角度来说,税收则是社会成员的义务牺牲。[①] 因此,纳税人会产生抗拒心理。根据《增值税法》第 29、30 条的规定,纳税人应当在规定的纳税地点和计税期间内申报纳税,若违反此规定,根据《税收征收管理法》第 62、63 条的规定,由税务机关责令限期改正,可以处一定数额的罚款;拒不申报或者虚假申报的,由税务机关追缴税款、滞纳金,并处一定数额罚款;构成犯罪的,依照《刑法》第 201、202、203 条的规定,以逃税罪、抗税罪、逃避追缴欠税罪论处。

③违反发票管理制度的行为

我国实行增值税发票管理制度,根据《增值税法》第 34 条第 1 款的

---

① 参见秦前红:《论宪法上的税》,载《河南财经政法大学学报》2012 年第 3 期。

规定,纳税人应当依法开具和使用增值税发票。《税收征收管理法》第21条第2款规定:"单位、个人在购销商品、提供或者接受经营服务以及从事其他经营活动中,应当按照规定开具、使用、取得发票。"为了加强发票管理,保障国家税收收入,国务院专门制定了《发票管理办法》。因此,若纳税人违反《增值税法》第34条的规定,则应按照该行政法规追究其法律责任。具体而言,针对其应当开票而未开票、扩大发票使用范围等违法行为,依照《发票管理办法》第33条至第39条的规定,承担责令改正、一定数额罚款、没收违法所得等责任。其中,值得注意的是《发票管理办法》第38条,该条规定对违反发票管理规定2次以上或者情节严重的单位和个人,税务机关可以向社会公告。其在一定程度上发挥了"声誉罚"的作用,并加强了社会监督。另外构成犯罪的,将依据《刑法》第205条至第209条的规定追究其虚开发票等的刑事责任。另外,还需要注意,针对增值税专用发票犯罪的还有《全国人民代表大会常务委员会关于惩治虚开、伪造和非法出售增值税专用发票犯罪的决定》。

(2)扣缴义务人的税收违法行为及其法律责任

纳税主体有广义和狭义之分,狭义的纳税主体仅指纳税人,广义上还包括扣缴义务人,因此,从这个层面来讲,扣缴义务人的违法行为和法律责任与纳税人类同,在此不再赘述。

(3)税务机关的税收违法行为及其法律责任

税务机关的违法行为主要包括违法征税、违法处罚,二者均可从程序和实体两方面进行理解,也即税务机关可能存在征税程序、处罚程序不合法,征税依据、处罚依据不充分,征税数额、处罚形式不准确等违法情形。

对于税务机关的上述违法行为,主要的责任类型是行政责任,表现为多征税时应立即退还超过应纳税额缴纳的税款并加算银行同期存款利息;因税务机关责任而少征税时,应通知纳税主体补缴税款,但是不得加收滞纳金;税务机关违法实施税收保全措施、强制执行措施,使纳税人的合法利益遭受损失的,税务机关应当承担赔偿责任;税务机关违反规定擅自改变税收征收管理范围和税款入库预算级次的,责令限期改正,对直接负责的主管人员和其他直接责任人员依法给予降级或者撤职的行政处分;税务机关查封、扣押纳税人个人及其所扶养家属维持生活必需的住房和用品的,责令退还……另外,根据《税收征收管理法》第8条第4款的规定,纳税人、扣缴义务人对税务机关所作出的决定依法享有请求国家赔偿的权利。

至于包括税务机关在内的行政机关是否为承担刑事责任的适格主体,亟待理论界进行深入研究。目前而言,税务机关并不因税务违法行为承担刑事责任。

(4)税务工作人员的税收违法行为及其法律责任

税务机关代表国家行使征税权,而税务工作人员是代表税务机关具体履行税收征管职责的国家工作人员,因而税务工作人员的违法行为与税务机关类同,表现为不作为、乱作为,例如,应当征税而不征、少征或多征税、不应当征税而征税。《税收征收管理法》第9条第3款规定:"税务人员不得索贿受贿、徇私舞弊、玩忽职守、不征或者少征应征税款;不得滥用职权多征税款或者故意刁难纳税人和扣缴义务人。"

税务工作人员对其税收违法行为主要承担的责任类型包括行政责任和刑事责任。在行政责任方面,由于税务人员是依法履行公职、纳入国家行政编制并由国家财政负担工资福利的工作人员,因此其受《公务员法》的约束,若其不按照《增值税法》的规定征收税款,理应受到行政处分。在刑事责任方面,《刑法》涉及税务工作人员犯罪的条文主要有第402条徇私舞弊不移交刑事案件罪,第404条徇私舞弊不征、少征税款罪,第405条第1款徇私舞弊发售发票、抵扣税款、出口退税罪以及一般性职务犯罪条款,如第385条受贿罪等。《税收征收管理法》对此也有规定,比如第77条第2款、第80条至第82条等。另外,《税收征收管理法》第8条第5款还赋予了纳税人、扣缴义务人控告和检举税务人员违法违纪行为的权利。

新旧对比

表44　法律责任条款的变化

《增值税暂行条例》	《增值税法(征求意见稿)》	《增值税法(草案一次审议稿)》	《增值税法(草案二次审议稿)》	《增值税法》
第二十七条 纳税人缴纳增值税的有关事项,国务院或者国务院财政、税务主管部门经国务院同意另有规定的,依照其规定。		第三十五条 纳税人、扣缴义务人、税务机关及其工作人员违反本法规定的,依照《中华人民共和国税收征收管理法》和有关法律、行政法规的规定追究法律责任。	第三十六条 纳税人、扣缴义务人、税务机关及其工作人员违反本法规定的,依照《中华人民共和国税收征收管理法》和有关法律、行政法规的规定追究法律责任。	第三十七条 纳税人、扣缴义务人、税务机关及其工作人员违反本法规定的,依照《中华人民共和国税收征收管理法》和有关法律、行政法规的规定追究法律责任。

相关规定

1.《税收征收管理法》第8条第4款、第5款,第9条第3款,第14条,第21条第2款,第60条至第88条;

2.《刑法》第 201 条、第 202 条、第 203 条、第 205 条至第 209 条、第 385 条、第 402 条、第 404 条、第 405 条第 1 款；

3.《发票管理办法》第 33 条至第 39 条；

4.《全国人民代表大会常务委员会关于惩治虚开、伪造和非法出售增值税专用发票犯罪的决定》；

5.《公务员法》；

6.《个人所得税法》第 19 条。

第六章 附　则

第三十八条 【生效时间】

> **条文**
>
> 本法自2026年1月1日起施行。《中华人民共和国增值税暂行条例》同时废止。

条文主旨

本条是《增值税法》的施行条款,直接决定了《增值税法》的生效日期,即2026年1月1日,符合《立法法》第61条的基本要求。在正式生效之后,由于增值税应税交易发生时间、纳税义务发生时间、纳税期限等要素的差异,本条还将涉及是否溯及既往的法律效力问题。另外,本条还包含了法律废止条款,即明文规定废止《增值税暂行条例》。

条文释义

《立法法》第104条规定:"法律、行政法规、地方性法规、自治条例和单行条例、规章不溯及既往,但为了更好地保护公民、法人和其他组织的权利和利益而作的特别规定除外。"本条通过明确规定施行时间,利于稳定经济社会关系,利于维护《增值税法》权威,利于维护增值税征管秩序。

1. 法不溯及既往原则和有限例外

《增值税法》与《增值税暂行条例》虽都属于税收法律范畴,但实际在法律效力方面存在模糊之处。本条通过施行条款与废止条款的结合,使《增值税法》施行前后发生的应税交易,能够准确区分适用法律规范。

按照税收法定原则及税收债务说的基本要求,应以应税交易的发生时间作为判断是否适用《增值税法》的基准点。原因在于,增值税纳税义务是经《增值税法》评价之后的结果,其前提就需要明确是适用新法还是旧法来进行评价。如果以纳税义务时间作为判断标准,那么势必会出现新法适用过宽,进而冲击法不溯及既往原则的情况。《增值税法》第28条规定了纳税义务发生时间的一般情形。例如,纳税人选择先开具发票时,纳税义务发生时间为开具发票的当日。若纳税人在2025年12月31日签订合同,并开具发票,而在2026年1月1日收到款项,则此时原则上应适用《增值税暂行条例》及相关规定。《增值税法》施行前的应税交易所生成的增值税纳税义务,原则上适用当时的《增值税暂行条例》及相关规定,这是法不溯及既往原则的体现;《增值税法》施行后的应税交易所生成的增值税纳税义务,则适用《增值税法》及后续补充规定,这是《增值税法》施行后对其效力的当然解释。《增值税法》施行前的应税交易持续如果至《增值税法》施行后,那么一般适用《增值税法》的规定。

2. 有利溯及适用规则

《增值税法》在第1条明确规定"保护纳税人的合法权益",因此,有利溯及适用规则是《增值税法》体系解释的应然之义。由于增值税具有链条税特征,通常涉及双方乃至多方市场主体的权益,有的还与增值税专用发票的虚开认定直接相关,如何确定有利溯及的具体标准十分复杂。其一,有利溯及的判定应当限定在对各方市场主体均更有利,或者至少对一方更有利的同时,不损害其他方权益的情形。其二,维护增值税征管秩序是本法的立法目的之一,"规范增值税的征收和缴纳"标准能够涵盖维护增值税征管秩序等具体判断因素,可以作为有利溯及的重要判断标准。这对于尊重和保护增值税纳税人合理预期,维护法律秩序稳定有积极意义,同时,也将进一步统一对于虚开增值税专用发票行为

第六章 附 则

的认定与处罚,稳定《增值税法》及相关规定的适用。

理解适用

1. 税收法定原则的落实

从《增值税暂行条例》上升为《增值税法》,在落实税收法定原则上具有标志性意义。上升为基本法律后,增值税制度的调整需要经过更严格的法定程序,由《增值税法》确立的企业、居民与政府之间的税收关系将更加透明、更加规范,对于优化营商环境意义重大。这将进一步增强企业发展信心,释放市场主体发展活力。

从横向来看,本法在落实税收法定原则上呈现出三个重点领域:一是加强法际协调,充分关注《增值税法》与《关税法》的协作(《增值税法》第29条),积极协同《税收征收管理法》(《增值税法》第20条、第37条)。二是加强备案审查,对于本法授权国务院的立法事项予以必要监督,如小规模纳税人标准的调整权(本法第9条)、增值税起征点标准的制定权(本法第23条)、增值税专项优惠政策制定权(本法第25条)、进境物品增值税计征办法的判定权(本法第32条)。三是限缩授权立法的范围与层级。一方面,通过严格限定"依照本法规定缴纳增值税",将财税部门在实际执行本法过程中的解释权限缩;另一方面,本法在明确授权国务院制定具体规则时详细规定授权事项与备案。

从纵向来看,《增值税法(征求意见稿)》第46条曾尝试概括授权"国务院依据本法制定实施条例",但最终立法并未采纳此种方案。从规范运作征税权视角来看,这实质也构成限缩授权立法范围的方式。但需注意的是,《增值税法》删除此种概括授权并非意味着未来国务院将不再制定增值税法实施条例。尽管没有"国务院依据本法制定实施条例"条款支撑,为准确、公平执行《增值税法》,降低纳税人的不确定性,国务院及财税主管部门仍需进一步细化本法相关规定。根据既有税收立法情况,若具体税种法中未规定"国务院依据本法制定实施条例"条款,则国务院通常不会制定具体实施条例(《环境保护税法》属于例外情形)。具体税种法的征管实践高度依赖财税主管部门的实施办法、事项公告、具体通知。因此,本法虽未保留"国务院依据本法制定实施条例"条款,但根据既有实践经验,并不当然否认国务院制定增值税法实施条例的可能性及权力。当然,这种方案与"国务院依据本法制定实施条例"条款概括授权之间存在明显差异。一方面,国务院制定增值税法实施条例的权力来源除了具体税种法直接授权外,还包括《立法法》第72条规定的"为执行法律的规定需要制定行政法规的事项"。另一方面,本法未规定"国务院依据本法制定实施条例"条款,赋予了国务院一定的灵活性。其根据实际增值税征管情况,既可以单独制定实施条例,也可以由财税主管部门承担具体的细化任务(见表45)。

表45 既有税收立法中授权国务院制定实施条例情况

税种法	授权条款	具体执行文件
《车船税法》	第12条	《车船税法实施条例》
《企业所得税法》	第59条	《企业所得税法实施条例》
《个人所得税法》	第21条	《个人所得税法实施条例》
《环境保护税法》	无	《环境保护税法实施条例》
《烟叶税法》	无	《财政部 税务总局关于明确烟叶税计税依据的通知》(财税〔2018〕75号)
《船舶吨税法》	无	无
《耕地占用税法》	无	《耕地占用税法实施办法》(财政部 税务总局 自然资源部 农业农村部 生态环境部公告2019年第81号)
《车辆购置税法》	无	无

第六章 附　则

续表

税种法	授权条款	具体执行文件
《资源税法》	无	《关于资源税有关问题执行口径的公告》（财政部　税务总局公告2020年第34号）
《城市维护建设税法》	无	《关于城市维护建设税计税依据确定办法等事项的公告》（财政部　税务总局公告2021年第28号）；《国家税务总局关于城市维护建设税征收管理有关事项的公告》（国家税务总局公告2021年第26号）
《印花税法》	无	《关于印花税若干事项政策执行口径的公告》（财政部　税务总局公告2022年第22号）；《关于印花税法实施后有关优惠政策衔接问题的公告》（财政部　税务总局公告2022年第23号）；《国家税务总局关于实施〈中华人民共和国印花税法〉等有关事项的公告》（国家税务总局公告2022年第14号）
《契税法》	无	《国家税务总局关于契税纳税服务与征收管理若干事项的公告》（国家税务总局公告2021年第25号）；《关于贯彻实施契税法若干事项执行口径的公告》（财政部　税务总局公告2021年第23号）；《关于契税法实施后有关优惠政策衔接问题的公告》（财政部　税务总局公告2021年第29号）
《关税法》	无	无

2.税收法定原则下的税制平移

2024年12月25日，十四届全国人大常委会第十三次会议审议通过了《增值税法》，同时宣告《增值税暂行条例》于《增值税法》施行时同时废止。增值税立法遵循税制平移的思路,保持现行税制框架和税负水平总体不变,将暂行条例上升为法律,这既是落实税收法定原则的重要举措,也是税制改革的关键环节。

税制平移的立法思路强调在新法制定过程中,尽量保持现行税制框架和税负水平基本不变,以确保税收政策的连续性和稳定性。自改革开放以来,增值税制度随着市场经济和税费制度的深化改革而不断完善。1993年,我国出台《增值税暂行条例》,并在不同时代背景下进行了两次修订。2022年,《增值税法(草案一次审议稿)》首次提交全国人大常委会审议,明确指出立法总体上按照税制平移的思路进行,保持现行税制框架和税负水平基本不变。经过三次审议,《增值税法》于2024年正式表决通过。《增值税法》基于"平移式"的立法原则,对现行增值税制度框架和税率水平直接进行平移,延续《增值税暂行条例》《增值税暂行条例实施细则》等法律法规和相关政策的主要内容,同时不乏创新之处。

将《增值税暂行条例》上升为法律,是税收法定背景下的税制平移,是中国依法治税进程中的一个重要里程碑。2013年11月,党的十八届三中全会首次提出"落实税收法定原则"。增值税作为我国第一大税种,其立法工作对于新一轮财税体制改革具有深远意义。通过增值税立法,可以增强税收制度的权威性和稳定性,为税收征管提供坚实的法治保障。增值税立法在依法治税的背景下进行税制平移,既保持了税制的稳定性,又提升了税收的法治化水平。

增值税的税制平移式立法不仅符合税收法定的形式要求,更体现了税收法定的实质价值。增值税的立法不是简单的复制粘贴,除了对现有制度的沿袭之外,也有对现有制度的反思与修正。在增值税立法过程中,立法机关对《增值税暂行条例》进行了全面梳理和评估,充分考虑了税制平移的需要,确保了新法与现行税制的衔接和过渡。同时,立法机关还严格按照税收法定原则的要求,对增值税的征税范围、税率、税收优惠等核心要素进行了明确规定,为税收征管提供了明确的法律依据。此外,《增值税法》对现有制度进行了完善,如建立各部门之间的涉税信息共享机制,强化了政府部门之间的涉税信息互通,有助于提升税收征管的精准性,进而可以精确打击增值税偷漏税行为。可见,增值税的立法,让我国依法治税的制度基础越来越坚实。

增值税立法总体上按照税制平移的思路进行,这一做法有利于稳定市场预期,促进税收遵从。增值税作为我国第一大税种,其纳税人覆盖范围广泛,几乎涵盖了大部分市场主体;因此,增值税税制的任何变动都直接关系绝大部分市场主体的切身利益。

在正式立法之前,增值税税制要素已经经过长期的实践检验,被证明基本合理,比较符合我国当前经济发展形势及税收征管实际。从《增值税暂行条例》到《增值税法》的转变,立法机关在充分调研和论证的基础上,保持了征收范围、税率与征收率、应纳税额、税收优惠等基本要素的稳定性。这种税制平移的做法,不仅体现了立法机关对现行税制稳定性和连续性的高度重视,更是对税收法定原则的深入贯彻和实践。对于企业和个人来说,税制的稳定性和连续性意味着他们可以在一个相对确定的税制环境下进行经济活动,无须因税制频繁变动而不断调整经营策略或财务安排。这有助于增强市场主体的投资信心和经营稳定性。同时,明确的税收法律规定也可促进税收遵从,使纳税人能够更加自觉地履行纳税义务,共同维护良好的税收秩序。因此,增值税立法不仅是对现行税制的巩固和完善,更是对市场预期的稳定和对税收遵从的促进。

新旧对比

表46　生效时间条款的变化

《增值税暂行条例》	《增值税法（征求意见稿）》	《增值税法（草案一次审议稿）》	《增值税法（草案二次审议稿）》	《增值税法》
第二十七条　纳税人缴纳增值税的有关事项，国务院或者国务院财政、税务主管部门经国务院同意另有规定的，依照其规定。第二十八条　本条例自2009年1月1日起施行。	第四十六条　国务院依据本法制定实施条例。第四十七条　本法自20××年×月×日起施行。《全国人民代表大会常务委员会关于外商投资企业和外国企业适用增值税、消费税、营业税等税收暂行条例的决定》（中华人民共和国主席令第18号）、《中华人民共和国增值税暂行条例》（中华人民共和国国务院令第691号）同时废止。	第三十六条　本法自　年　月　日起施行。2008年11月10日国务院公布的《中华人民共和国增值税暂行条例》同时废止。	第三十七条　本法自　年　月　日起施行.《中华人民共和国增值税暂行条例》同时废止。	第三十八条　本法自2026年1月1日起施行。《中华人民共和国增值税暂行条例》同时废止。

相关规定

1.《车船税法》第12条；

2.《车船税法实施条例》；

第六章 附 则

3.《企业所得税法》第 59 条；

4.《企业所得税法实施条例》；

5.《个人所得税法》第 21 条；

6.《个人所得税法实施条例》；

7.《环境保护税法》；

8.《环境保护税法实施条例》；

9.《烟叶税法》；

10.《财政部 税务总局关于明确烟叶税计税依据的通知》（财税〔2018〕75 号）；

11.《船舶吨税法》；

12.《耕地占用税法》；

13.《耕地占用税法实施办法》（财政部 税务总局 自然资源部 农业农村部 生态环境部公告 2019 年第 81 号）；

14.《车辆购置税法》；

15.《资源税法》；

16.《关于资源税有关问题执行口径的公告》（财政部 税务总局公告 2020 年第 34 号）；

17.《城市维护建设税法》；

18.《关于城市维护建设税计税依据确定办法等事项的公告》（财政部 税务总局公告 2021 年第 28 号）；

19.《国家税务总局关于城市维护建设税征收管理有关事项的公告》（国家税务总局公告 2021 年第 26 号）；

20.《印花税法》；

21.《关于印花税若干事项政策执行口径的公告》（财政部 税务总局公告 2022 年第 22 号）；

22.《关于印花税法实施后有关优惠政策衔接问题的公告》（财政部 税务

总局公告 2022 年第 23 号）；

23.《国家税务总局关于实施〈中华人民共和国印花税法〉等有关事项的公告》（国家税务总局公告 2022 年第 14 号）；

24.《契税法》；

25.《国家税务总局关于契税纳税服务与征收管理若干事项的公告》（国家税务总局公告 2021 年第 25 号）；

26.《关于贯彻实施契税法若干事项执行口径的公告》（财政部 税务总局公告 2021 年第 23 号）；

27.《关于契税法实施后有关优惠政策衔接问题的公告》（财政部 税务总局公告 2021 年第 29 号）；

28.《关税法》。